二十一世纪普通高等院校实用规划教材　经济管理系列

商品流通实务实验教程

霍　焱　编著

清华大学出版社
北　京

内 容 简 介

进入 21 世纪，作为社会化大生产的两大过程之一的流通过程正在发生着深刻的变革，本书将理论与实务相结合，对商品流通的基础知识和业务流程进行了阐释。

本书共分为三篇，第一篇为商品流通概论，共四章，主要介绍了商品流通的产生与发展、商品流通体系、批发与零售、商业主要经营方式；第二篇为商品流通过程与管理，共五章，主要介绍了采购与供应、商品管理、营销策略的选择、客户关系管理和配送中心管理等相关基础知识；第三篇为商品流通实训，结合两个商业连锁经营软件设计了九个实验环节，主要包括商业连锁经营企业总部基础档案的建立、价格与促销、会员与结算、门店定单与商流管理、配送中心的日常管理等业务流程，以及模拟商业经营决策训练。

本书可作为高校、贸易经济专业本科生的综合实验课程教材，也可作为经济、管理类专业的本、专科生学习连锁经营管理、进行商业经营决策训练的实验教材。

本书封面贴有清华大学出版社防伪标签，无标签者不得销售。

版权所有，侵权必究。举报: 010-62782989, beiqinquan@tup.tsinghua.edu.cn。

图书在版编目(CIP)数据

商品流通实务实验教程/霍焱编著. —北京：清华大学出版社，2017(2024.2重印)
(二十一世纪普通高等院校实用规划教材　经济管理系列)
ISBN 978-7-302-48076-1

Ⅰ.①商…　Ⅱ.①霍…　Ⅲ.①商品流通—实验—高等学校—教材　Ⅳ.①F713-33

中国版本图书馆 CIP 数据核字(2017)第 202695 号

责任编辑：陈冬梅
封面设计：刘孝琼
版式设计：杨玉兰
责任校对：张彦彬
责任印制：宋　林

出版发行：清华大学出版社
网　　址：https://www.tup.com.cn, https://www.wqxuetang.com
地　　址：北京清华大学学研大厦 A 座　　邮　编：100084
社 总 机：010-83470000　　邮　购：010-62786544
投稿与读者服务：010-62776969, c-service@tup.tsinghua.edu.cn
质量反馈：010-62772015, zhiliang@tup.tsinghua.edu.cn
课件下载：https://www.tup.com.cn, 010-62791865

印 装 者：三河市君旺印务有限公司
经　　销：全国新华书店
开　　本：185mm×230mm　　印　张：16.5　　字　数：357 千字
版　　次：2017 年 9 月第 1 版　　印　次：2024 年 2 月第 5 次印刷
定　　价：48.00 元

产品编号：075616-02

前　　言

为全面落实《国家中长期教育改革和发展规划纲要(2010—2020年)》，教育部下发了《教育部等部门关于进一步加强高校实践育人工作的若干意见》，进一步要求高等学校强化实践教学环节，把建立和完善实践教学体系作为提高教学质量的重要内容。长期以来，财经类院校是向社会输送各类经营管理人才的主要培养基地，但普遍存在重知识传授、轻能力素质培养，重理论教学、轻实践教学的现象，导致毕业生就业出现"口径宽而浅"的现象。为此，南京财经大学为实现"创新型、复合型、应用型"人才培养目标，提出各专业增设一门专业综合实验课程。

进入21世纪后，随着经济全球化和互联网时代的到来，信息技术的快速发展、电子商务新型商业模式的实现等流通条件的变化使得商贸流通领域发生了深刻的变革，流通渠道、流通组织、流通方式、流通技术等方面都在为适应生产与消费等社会经济环境的变化而进行改革和创新。这个领域值得经济类、管理类专业的大学生去认识、去学习、去投入、去开创！

本书作为为南京财经大学贸易经济专业综合实验课而编写的一部实验教材，其教学目标是希望通过这一课程为学生模拟出商品从生产领域进入消费领域所经历的整个流程，力求让学生进入工作岗位之前能认识商品从生产领域到消费领域的具体流程，并在模拟的市场经营环境中训练学生的商业经营决策能力。

本书有两点突出的特色：第一，本书是贸易经济领域第一部实验教材。贸易经济研究的是社会商品从生产到消费的流通过程，以宏观视角去研究商品在流通过程中的主要规律、渠道建设、效率评价、国家宏观引导和调控等问题。本书根据国家关于强化高校实践教学环节的要求，首次尝试模拟商品流通过程，将其应用于学生的实验课程中。第二，本书在广泛调研商贸流通业本科生就业岗位类型和层次的基础上，根据不同岗位的能力和素质要求，本书编者选择了两款连锁经营管理软件，一款为苏果超市在用的"连锁经营ERP"软件，另一款是我国台湾地区的"流通大师"，结合两款软件设计了教材内容，涉及商品流通实务的基础知识和业务流程实验操作。通过知识点学习和实验操作，使学生掌握商品流通的基本业务流程并提高其商业经营管理能力。教材的设计体现了以社会需求引导课程建设的新特色，力求满足未来职业经营管理岗位的要求。

本书可作为高校贸易经济专业本科生的综合实验课程教材，也可作为经济、管理类专业的本、专科生学习连锁经营管理、进行商业经营决策训练的实验教材。

编　者

目 录

第一篇 商品流通概论

第一章 流通的产生与发展 ... 1
第一节 流通的产生 ... 1
一、流通的产生 ... 1
二、流通的中介原理 ... 2
第二节 流通的功能 ... 5
一、媒介交换功能 ... 5
二、物流功能 ... 6
三、成本节约功能 ... 7
四、风险分担功能 ... 8
五、流通金融功能 ... 9
第三节 现代流通的发展趋势 ... 10
一、进入流通的要素禀赋发生了根本性变化 ... 10
二、流通呈现出国际化、社会化、信息化、多维化的时代特征 ... 10
三、生产与流通日益融合，其边缘界限益愈模糊 ... 11
四、流通组织形式出现革命性变革 ... 11

第二章 商品流通体系 ... 12
第一节 流通中的商流 ... 12
一、交易费用和交易关系类型 ... 12
二、流通渠道及渠道结构 ... 13
三、纵向关系类型 ... 14
第二节 流通中的物流 ... 15
一、物流的分类 ... 15
二、物流的功能 ... 17
三、现代物流管理 ... 19
第三节 流通中的信息流 ... 20

一、流通信息的分类 ... 20
二、流通信息的特征 ... 21
三、流通信息化技术 ... 22

第三章 批发与零售 ... 26
第一节 批发 ... 26
一、批发的定义 ... 26
二、批发的类型 ... 26
三、批发的特点 ... 27
四、批发的功能 ... 28
五、批发业的发展 ... 29
第二节 零售 ... 30
一、零售的定义 ... 30
二、零售贸易的特征 ... 30
三、零售贸易的功能 ... 31
四、现阶段零售业的发展趋势 ... 32

第四章 商业主要经营方式 ... 35
第一节 经销和代理 ... 35
一、经销 ... 35
二、买断包销 ... 36
三、代理 ... 39
第二节 工商联营和代销 ... 45
一、工商联营 ... 45
二、代销 ... 47
第三节 连锁经营 ... 48
一、连锁经营的定义 ... 48
二、连锁经营的类型 ... 49
三、连锁经营的特征 ... 51
四、开展连锁经营的驱动因素 ... 51

第四节 电子商务 54
  一、电子商务的定义 54
  二、电子商务的特征 55
  三、电子商务的模式 56
  四、电子商务的交易过程 58

第二篇 商品流通过程与管理

第五章 采购与供应 61

第一节 采购与供应概述 61
  一、采购与供应的内涵 61
  二、采购与供应的作用 61
  三、采购作业流程 62

第二节 供应商选择与管理 72
  一、供应商选择与评估的目的 72
  二、供应商选择的原则 72
  三、供应商选择的步骤 74
  四、供应商的审核方法 75
  五、供应商考评指标 76
  六、供应商考评范围 77

第三节 采购技术与方法 79
  一、JIT 采购 79
  二、MRP 采购 82
  三、电子商务采购 84

第六章 商品管理 87

第一节 商品品种类别与结构 87
  一、商品品种分类 87
  二、商品品种类别 87
  三、商品品种结构 89

第二节 商品质量和定价 90
  一、商品质量 90
  二、商品定价 93

第三节 商品包装分类和功能 97
  一、商品包装的分类 98
  二、商品包装的功能 100

第七章 营销策略的选择 102

第一节 市场细分与营销策略选择 102
  一、市场细分的概念 102
  二、市场细分战略的产生与发展 .. 102
  三、市场细分的原理与依据 103
  四、市场定位的方式 105
  五、目标市场营销战略选择 106

第二节 产品生命周期与营销策略
        选择 107
  一、产品生命周期的概念 107
  二、产品生命周期各阶段的划分 .. 108
  三、产品生命周期各阶段特点及企业
      营销策略 108

第八章 客户关系管理 112

第一节 客户关系管理起源与发展 112
  一、客户关系管理的起源 112
  二、客户关系管理在我国的发展 .. 112
  三、客户关系管理的内涵 113

第二节 客户关系管理作用和功能 114
  一、客户关系管理出现的原因 114
  二、客户关系管理的作用 116
  三、客户关系管理的功能 117

第三节 客户关系管理的实现 118
  一、客户关系管理的基础 118
  二、信息系统实施的两个支柱 120
  三、客户关系管理实施的五个
      步骤 120

目录

　　四、客户关系管理的日常工作 123
　　五、客户关系管理(CRM)实现的关键
　　　　因素 125

第九章　配送中心管理 126
第一节　配送中心货位管理 126
　　一、货位管理的步骤 126
　　二、编号作业 132
第二节　配送中心的出库管理 134
　　一、出库作业管理的含义 134
　　二、商品出库的基本要求 135
　　三、出库业务程序 135
第三节　配送中心盘点作业 140
　　一、盘点作业的目的 140
　　二、盘点作业的步骤 141
　　三、盘点的种类与方法 143

第三篇　商品流通实训

实训一　总部基础档案建立 145
　　一、实训目标 145
　　二、实训内容 145
　　三、实训步骤 145

实训二　价格与促销 157
　　一、实训目标 157
　　二、实训内容 157
　　三、实训步骤 157

实训三　会员与结算 173
　　一、实训目标 173
　　二、实训内容 173
　　三、实训步骤 174

实训四　门店订单与商流管理 181
　　一、实训目标 181
　　二、实训内容 181
　　三、实训步骤 181

实训五　门店其他日常操作与报表查询 205
　　一、实训目标 205

　　二、实训内容 205
　　三、实训步骤 205

实训六　配送中心日常管理 218
　　一、实训目标 218
　　二、实训内容 218
　　三、实训步骤 219

实训七　经营决策实训准备 234
　　一、实训目标 234
　　二、实训内容 234
　　三、实训步骤 234

实训八　经营决策 PK 模拟赛 243
　　一、实训目标 243
　　二、实训内容 243
　　三、实训步骤 243

实训九　经营决策 PK 大赛 251
　　一、实训目标 251
　　二、实训内容 251
　　三、实训步骤 251

参考文献 254

后记 255

目录

四、客户关系管理的日常工作 123
五、客户关系管理(CRM)实施与发展
趋势 125

第九章 配送中心管理 126
第一节 配送中心的管理 126
一、防损与商品安全 126
二、紧急事故 132
第二节 配送中心的账务处理 134
四、客户关系管理的意义 134
五、商品出库的基本要求 135
三、出库业务办理 137

第十六章 配送中心顾客作业 140
一、验货销售项目 140
二、账务作业的流程 141
三、店内物流与方式 143

第三篇 商品流通实训

实训一 总部基础档案建立 145
一、实训目标 145
二、实训内容 145
三、实训步骤 145

实训二 价格与促销 157
一、实训目标 157
二、实训内容 157
三、实训步骤 157

实训三 会员与结算 171
一、实训目标 171
二、实训内容 173
三、实训步骤 174

实训四 门店打单与商务管理 181
一、实训目标 181
二、实训内容 181
三、实训步骤 181

实训五 门店其他日常操作与报表查询 ... 205
一、实训目标 205

二、实训内容 205
三、实训步骤 205

实训六 配送中心日常管理 218
一、实训目标 218
二、实训内容 218
三、实训步骤 219

实训七 综合业务实训准备 234
一、实训目标 234
二、实训内容 234
三、实训步骤 234

实训八 零售决算 PK 模拟赛 243
一、实训目标 243
二、实训内容 243
三、实训步骤 243

实训九 零售实务 PK 大赛 251
一、实训目标 251
二、实训内容 251
三、实训步骤 254

参考文献 254

后记 265

第一篇　商品流通概论

第一章　流通的产生与发展

第一节　流通的产生

一、流通的产生

社会的经济活动可以概括为社会再生产过程，而社会再生产是由生产过程和流通过程所构成的。企业作为生产单位，从作为消费单位的家庭筹集劳动力、资本和土地来进行生产，并把生产出的商品销售给专业化流通机构。流通机构把商品作为消费资料转售给最终消费者，或者作为生产资料转售给生产者。可见，生产过程和流通过程互为媒介，生产决定流通，流通反作用于生产。关于流通与生产的关系，马克思指出："一定的生产决定一定的消费、分配、交换和这些不同要素相互之间的一定关系。当然，生产就其单方面形式来说也决定于其他要素。"[①]流通作为社会再生产的必要过程，如今已确立为社会经济运行过程中的先导产业、基础产业部门。

什么是流通？马克思说："流通本身只是交换的一定要素，或者也是从交换总体上看的交换。"[②]这一定义在流通理论中普遍得到认可，此定义下的流通产生于人类社会的三次大分工。从历史上看，分工特别是社会分工是商品交换的前提，商品交换的形式与规模是随着社会分工的出现及不断深化而不断发展与扩大的。第一次社会大分工带来社会上原始农业与原始畜牧业剩余产品的物物交换；第二次社会大分工，手工业和农业分离，社会上有了货币，同时出现了直接以交换为目的的商品的生产，就有了以货币为媒介的商品交换；第三次社会大分工，社会上产生了专门从事商品交换的商人，就有了以商人为媒介的商品交换形式。同时，商品交换形式的发展与商品交换规模的扩大，也是社会分工不断深化的条件。不论是物物交换、以货币为媒介的商品交换，还是以商人为媒介的商品交换，从本

---

① 马克思恩格斯选集(第2卷)，北京：人民出版社，1995年版，16页。
② 同上。

质上讲都是劳动产品或商品从生产领域到消费领域的转移,这种一系列的交换活动的转移就形成了流通,尤其是以商人为媒介的商品的交换形式的出现,使交换行为在规模和空间范围上,都更体现了交换总体意义上流通的内涵,即流通是商品从生产领域向消费领域转移的一系列交换活动的总和。流通是商品所有者的不断变换过程,体现了社会各成员的利益关系,从宏观上看是商品经济的运行方式。

  流通有广义与狭义之分。广义的流通是指资金的运动过程,也就是以价值形式表现的社会再生产过程。马克思在分析资本的运动形式时,创新了资本循环、周转以及社会总资本再生产和流通的理论。资金运动要顺次经历购买、生产、销售三个阶段,相应地采取货币、生产、商品三种职能形态,以完成自己的循环。要保证循环的连续性,又必须把资金按比例分成三部分,同时并存于三种职能形态上,使三种职能形态能够一个紧跟一个地相互继起。在国家、部门、企业资金周转的相互交错中,又形成了资金的总周转。狭义的流通就是指商品的流通。它同资金流通是相互联系、相互依存、相互制约的关系。一方面,资金流通是商品流通存在的基础,是发挥商品流通客观作用的必备条件;另一方面,商品流通是资金流通的纽带,是实现资金运动目的的途径。

二、流通的中介原理

  商品从生产领域向消费领域的流通活动中,大量的买卖交易活动,或者说商品所有权的不断变换过程,推动了商品向需求者的转移,而流通活动的主要完成者是无数独立的人和组织型商业中介者。商业中介者作为生产者和消费者之间独立的经济主体,具有"中立性",既是生产者的销售代表,也是消费者的购买代表。消费者并不一定要求所买的产品必须是特定厂家的产品,而是希望尽可能买到物美价廉的商品。生产者却希望把自己的商品以尽可能高的价格卖掉。这一矛盾由于商业中介者的存在而大大缓和了。

(一)直接交易的困难性

  如果在商品流通活动中没有商业中介者的介入,由生产者和消费者直接交易,交易的当事者之间必然产生不可克服的矛盾。首先,双方寻找与自己进行交易的对象需要花费时间。在众多生产者和消费者之中,为了辨别出能够和自己进行交易的对象,需要在广泛的地域中搜寻,以确定谁的产品是自己所需要的,谁的质量符合需求,谁是出价最高的,等等。其次,即使找到了能提供所需商品的交易对象,但对具体的交易条件又难以达成一致。在交易过程中,买卖双方就商品的价格和商品往往难以达成一致意见,任何一项条件不能满足,交易也不会发生,即使已经投入了大量搜寻成本。具体来讲,生产者与消费者之间存在着空间背离、时间背离、产销背离、价值背离、所有权背离、信息背离等多项背离。

  这样,直接交易就需要漫长的时间,可是困难并不仅如此。生产者和消费者的数量众多,从交易成本理论来看,每一笔交易都存在着较高的交易成本。如果有 M 个生产者和 N

个消费者，N 个消费者的消费所需要的商品都需由 M 个生产者来提供，这样交易次数就需要 M×N 次，如图 1-1 所示，而且商品的运输可能需要长途跋涉，对质量的评测需对相关人员进行专业培训或购买相关仪器设备。

商业中介者的介入，使得交易的条件得到了很大的改善。首先，商业者会从 M 个生产者的对比中选择合适的商品进行转售，为此，会投入搜寻成本和交涉成本，交易发生后还会投入一定的合同履约的监督成本。商业中介者参与的交易规模是生产者和消费者都无法达到的规模，相比直接交易的规模大得多，因此，可以使平均交易成本得到下降。并且，长期大量的交易会使交易成本的投入进一步降低。另外，从交易次数来看，商业中介者的介入，使交易的次数大大简化了，从直接交易的 M×N 次降为间接交易的 M＋N 次交易。

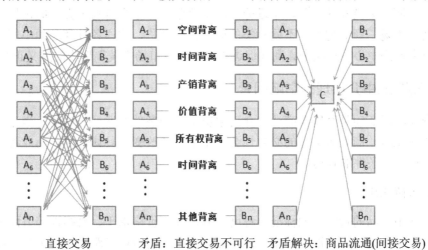

图 1-1 流通中介的产生

(二)商业对市场机制的驱动因素

买卖如果在完全市场上进行，会出现什么结果呢？由于完全竞争市场的假设前提是：
(1) 成为买卖对象的产品是同质的；
(2) 存在很多买者和卖者；
(3) 谁也不能自由决定该产品的价格；
(4) 所有买卖当事人对交易情况有充分的信息；
(5) 买卖的加入和退出完全自由，交易在瞬间即可完成。

所以，在完全竞争市场上，每个人根据从市场价格中得到的信息决定自己的行为，这是最合理的。其结果便会达到理论上所说的"资源是最佳配置"状态，并且形成由消费者的需要和欲望来决定所有资源利用的"消费者主权"。结果是既没有妨碍任何竞争，又使资源得到最佳配置。但现实中，交易既需要时间也需要费用，而且完全的交易信息也是不可能的。由于商业介于卖者与买者之间，更准确地说是生产者与消费者之间，因此可创造出与现实中不存在的完全竞争市场相似的环境。这是由于商业在生产者和消费者之间把买卖社会性地集中，并把有关交易信息进行提炼与整合，使上述状态成为可能。在这种状态下进行交易，交易费用便会大大降低。

而且，商业集中性的社会备货是多样化的，这使得商业所处理的不仅仅是一种商品的交易。正是由于这一特点，才能更加有效地处理生产阶段和消费阶段的信息。作为各种生产者和消费者之间的媒介，商业所追求的不只是关于某种商品市场的完全竞争，商业的作用可以说是在各个流通环节的市场上形成了"完全竞争市场系统"。

从理论上说，市场是关于某种物品的所有卖者和买者都参加并决定该物品交易条件的场所。从而，因商业的介入，市场分为两个阶段，即生产者与中介者间市场、中介者与商业者间的市场。商业把很多不同种类的商品进行备货，这样各种商品的中间市场和最终市场便以商业为中心聚集起来。商业促进"完全竞争市场系统"形成的意义正在于此。

(三)商业中介原理的影响因素

商品流通活动是否需要商业中介还取决于流通条件的发展与变化。当流通活动的诸条件发生变化时，商业者中介的必要性会发生强弱的改变。具体来讲，商业者的中介原理受以下流通任务条件的制约。

1. 商品特性

流通中商品的特性，如标准化程度、复杂性、价格水平、易损性等方面都存在着很大的差异，通常来讲，标准化程度高的商品，生产和消费可以距离相对远些，流通的中介原理就会加强。而易损易腐的商品的生产和消费无论是流通环节还是流通空间距离都需更靠近些，甚至需要直接交易。单价高、难运输的商品通常经历的环节会少些，商业中介的原理就会变弱。

2. 市场因素

每种商品的生产者数量、消费者数量、两者的空间地理分布、市场的竞争状况等也都是有区别的。有的商品只是地方小市场的商品，流通的空间不大，而有些通过前店后厂的流通方式也能完成商品流通活动。如果商品的生产或消费相对比较集中，产销对接的可能性就比较大，商业中介的原理就会弱；反之，商业中介性原理就强。另外，如果某些商品的生产者数量或消费者数量较多，相对来说流通环节就会多，商业的中介性原理就强。

3. 技术要素

商品的流通活动还要受到生产技术、消费技术、物流技术、信息技术等的制约。近年来，随着高新技术和知识经济的迅猛发展，生命科学、材料科学、信息技术、微电子技术、航空航天等新兴的科学技术不断涌现。计算机技术、信息技术、自动化技术与传统制造技术相结合的先进制造技术应运而生,对传统的制造业生产技术产生了巨大的影响。随着自动化生产技术的发展,产品能够批量生产,这将促进流通空间的扩大,商业的介入可能性因此增大;而信息技术的发展,使产销直接对接的可能性更大,商业的中介原理就弱。当消费者可以采用电子商务技术进行消费时,流通的环节相对减少,直接交易成为可能。物流技术也会影响商业的中介性,物流技术的快速发展使商品从生产领域向消费领域的物流活动变得容易了,这样,相应的商流环节就将减少。

可见,在经济发展的不同阶段,流通任务条件在发生不断的变化,流通体系将向多层次发展,商业的中介性原理也随着各种流通条件而发生着或强或弱的变化。

第二节 流通的功能

商品流通处于社会再生产过程中的中介地位,它对工农业生产的发展、人民生活水平的提高、地区经济联系的加强、市场物价的稳定等各个方面都具有非常重要的作用。流通活动在商品或产品的生产与消费过程中所发挥的功能表现为以下几个方面。

一、媒介交换功能

分工带来了商品交换的必然,尤其是随着进入交换领域的商品规模的扩大和交易范围的扩大,流通对社会分工的促进及媒介功能也日益增强。社会分工造成了生产者与消费者之间的社会性分离,由于消费者自己不能生产供其消费的商品,而必须消费由专业生产者生产的商品,因而消费者必须首先取得商品的所有权。也只有通过商品所有权的转移,商品才能真正从生产领域转移到消费领域。在市场经济条件下,这种所有权的转移是通过商品交换过程完成的。也就是说,现代社会的商品流通是通过生产者支配的商品与消费者支配的货币进行交换即买卖进行的。因此,商品生产者与消费者之间能否顺利地实现商品交换是商品所有权转移的关键。为了更好地说明这一问题,笔者将生产者的经济活动区分为商品生产活动与商品销售活动,从而可以将生产者理解为商品生产活动与销售活动的主体。显然,生产者为了完成生产和销售活动还必须完成一些购买活动。

但生产者实际上是具有生产者与消费者双重身份的主体,当其进行购买活动时,是以消费者的身份出现的,因此在理论上可以将从事购买活动的生产者作为消费者来处理,或者可以在消费者的概念下来研究生产者的购买活动。同样,可以将消费者的经济活动区分为商品购买活动和商品消费活动,从而将消费者理解为商品购买活动和消费活动的主体。生产者与消费者之间的流通活动,实际上就是生产者的商品销售活动与消费者的商品购买活动的统一。当然,这两种活动统一的过程实际上就是双方进行商品交换的过程。因而使生产者的销售活动与消费者的购买活动实现统一的首要条件是适当的交易价格——即对于生产者来说，该价格能够弥补商品生产所花费的所有费用；而对于消费者来说，该价格应该是其能够支付得起的代价。显然，为完成这个交换过程，还需要很多前提条件，如生产者与消费者如何见面、如何相互了解与认知等，而这些活动则包含在其他流通功能中。从全社会来看，商品流通过程的本质即是商品所有权从生产领域向消费领域转移的过程，而这种转移的路径则被称为商品流通渠道。根据商品所有权转移所经过的环节的多少，商品流通渠道大致分为直接流通渠道与间接流通渠道两种。其中，直接流通渠道是指商品所有权直接从生产者转移到消费者的路径，即生产者的销售活动与消费者的商品购买活动是直接结合的。在现代市场经济条件下，这种产销直接见面的流通形式显然不是主流，但在一些领域仍然广泛地存在着，如农业生产者直接将农产品出售给消费者。间接流通渠道不是通过产销直接见面的方式完成商品所有权的转移，而是通过专业流通机构作为生产者与消费者之间转移商品所有权媒介的转移路径。这种间接流通渠道是现代社会的主流形式，在这个转移的路径中，商品所有权从生产者向消费者的转移要经过一系列的商品交换活动才能完成，而所经过的中间阶段的数量则取决于商品的种类与性质、生产与消费的方式，以及生产与消费的时间或空间特性。专业流通机构的职能就是通过商品的买卖活动来实现商品在流通渠道内向消费者的渐次转移，所以专业流通机构媒介商品交换活动的存在有助于商品从生产者向消费者的转移。

二、物流功能

虽然商品所有权通过商品的买卖活动实现了从生产者向消费者的转移，但商品流通过程并没有结束。因为商品流通的最终目的是消费者能够现实地消费商品，从而满足消费者的需求，而商品所有权的转移仅仅为消费者现实地消费商品提供了一个前提条件，只有所有权的转移，并不能保证消费者能够现实地完成商品的消费活动。只有在完成商品所有权转移的同时，商品实体也发生相应的转移，才能使消费者现实地消费，从而实现商品流通的目的。商品实体从生产者向消费者转移的过程一般称为商品的物流过程，与之相应，商品流通的物流功能也是商品流通的基本功能之一。物流活动之所以必要，是因为生产与消费不仅在主体方面是分离的(社会性分离)，而且在空间与时间上也是分离的。生产与消费的空间分离意味着商品的生产地点与消费地点的分离，生产与消费在时间上的分离则意味着生产与消费的时间是不一致的。而物流活动正是通过商品运输、储存等活动来解决生产与消费在时间与空间上的分离问题。因而，物流活动是创造时间效用与空间效用的流通活动。但是，为了使商品更好地运输和储存，还需要对商品实体进行诸如装卸、包装甚至加工活动，这些活动和运输与储存活动一起构成了商品物流活动的基本内容。一般来讲，由于物流是伴随着商品所有权的转移而发生的各种活动，因此，物流活动的主体也就应该是参与商品所有权转移的各种流通主体，即商品买卖的当事人。在产销直接见面的直接流通情况下，物流活动是由生产者和消费者这两个当事人分别承担的。而在以中间商为媒介的间接流通情况下，物流活动的当事人包括生产者、中间商和消费者，相关的物流活动则由它们共同承担。至于在这样的流通过程中哪个主体承担的物流更多一些,则由流通主体的类型、分工与专业化程度以及主体之间合作的方式决定。一般而言,在间接流通的情况下,中间商尤其是批发商承担的物流活动要多一些。但是,随着流通经济的发展和分工的深化,逐渐产生了专门承担物流活动的专业机构——物流机构。专业物流机构的产生主要基于以下几点原因:一是商品运输、储存和保管的要求。随着商品流通范围的扩大,尤其是当流通活动跨越国界时,就需要长距离地运输商品并大量地储存和保管商品,为了安全、迅速、准确地完成商品的运输与保管活动,在客观上就需要由专门的物流机构来完成物流职能,从而可以从分工所产生的专业化中获得收益。二是物流经济性的要求。为了完成大量的物流活动,需要对各种物流工具和设施投入大量的资金,而对于专注于生产与流通活动的生产者和中间商而言,投入大量的资金完成这些物流活动往往是不经济的,相反,将物流活动委托给专门的物流机构更有效率。三是物流活动的技术要求。要高效率、低成本地完成物流活动,不仅需要大量的投资,还需要专门的技术和组织,因此,将这些活动作为一个独立的经济组织来运营是必要和可能的,而生产者和商业机构委托这个组织来完成物流活动也是有效率的。因此,在现代社会,生产者或商业机构的大部分物流活动都可以委托给专门的物流机构来承担,从而大大提高了物流活动和整个商品流通活动的效率。

三、成本节约功能

商品流通过程是商品从生产领域向消费领域的转移过程,这个过程是通过不同流通主体之间的一系列交换活动完成的。商品流通主体之间的每一次交换活动都会推动商品向消费者的转移,但商品的这种转移过程却不是"平滑"的,是需要发生成本或费用的。这些在商品流通过程中发生的费用称为流通成本,它主要表现为为达成交易、推动商品向消费者转移而付出的成本总和。根据交易成本理论的观点,这些在推动商品转移过程中所发生的成本,至少包括获取准确的市场信息所需要的成本、讨价还价与签订合同所需要的成本、监督合同执行所需要的成本、实物转移所需要的成本以及交易主体的运营成本等。在生产者与消费者直接进行交易的情况下,一方面,生产者为了将自己生产的商品售给合适的消费者,需要付出巨大的搜寻成本;另一方面消费者为了找到所需商品的供给者,同样需要花费巨大的搜寻成本。在市场经济条件下,所有的商品如果都按照这样的方式进行流通,其结果是难以想象的。另外,在生产者与消费者之间除了存在主体分离、空间分离和时间分离之外,还存在着另一个重要的矛盾与差异,即商品种类与数量的矛盾。生产者为了获得生产活动的规模经济效益,往往大批量地生产少数品种的商品;而消费者则往往需要多品种的商品,并且每一种商品的需求量都是很小的。这种商品种类与数量的矛盾无疑会加剧商品流通过程中的信息搜寻成本。在有专业流通机构介入商品流通的情况下,各个流通主体通过分工与专业化,都可以专注于自己的专业领域,在商品的生产、交换与物流等领域获得规模经济效益,从而可以极大地降低流通成本。

如前所述，消费者对商品的需求是复杂而多样的，作为与消费者分离的生产者，在向消费者提供商品时，必须使这些商品充分地满足消费者的需求。为此，必须将消费者的需求信息正确地传递给生产者，使其能够按照这种需求信息更加有效地组织生产。如果生产者已经获得了消费者的需求信息，并据此对商品的生产活动进行了调整，从而为商品流通的顺利进行提供了前提条件，此时消费者若不能立即了解生产者供给调整的全部信息，流通过程也不会顺利完成。为此，生产者的供给信息也需要及时而准确地向消费者传递。在市场经济条件下，消费者虽然只能消费生产者提供的商品来满足自己的需求，但有时消费者并不能完全了解生产者所提供的商品是否就是自己所需要的商品。这种情况往往是由于消费者商品知识缺乏所导致的，因而生产者有必要及时地向消费者传递关于商品如何满足需求以及满足何种需求之类的信息。另一方面，消费者有时并不能清晰地意识到自己的需求是什么，因此也需要包括产品生产者在内的供给者的推动来唤起和影响消费者的需求。供给信息向消费者的传递基本上是通过生产者与消费者的接触进行的。当这种接触是通过中间商间接传递的时候，供给信息就伴随着商品在这些流通机构之间转移的过程而向消费者渐次传递。因此，供给信息实际上是伴随着商品流通机构的销售活动而传递的，即商品和供给信息的传递机构是同一的。供给信息的传递方式是多样的，既可以通过流通机构的销售人员在商品的销售过程中通过人际进行传递，也可以通过诸如商品陈列、商品展示会和展览会、销售现场的演示以及广告等传播手段来实现。随着现代信息技术的发展，信息的传播手段正在变得越来越丰富。可见，供求信息的传递实际上包括两个过程，即需求信息向供给者的传递和供给信息向消费者的传递。但供求信息的传递过程却不是一次性的，而是循环进行的。这种信息循环传递的过程可以概括为：需求信息向供给者的传递——供给者根据需求信息调整供给——供给信息向消费者的传递——消费者根据供给信息购买商品，并通过消费改变消费观念、习惯从而产生新的需求信息——新的需求信息向供给者的传递——供给者根据新的需求信息调整新的供给——新的供给信息再向消费者进行传递。正是通过上述供求信息的循环传递，才使供给与需求相互适应，从而实现生产与消费过程的统一。

四、风险分担功能

在商品从生产者向消费者转移的过程中，商品所有权和实体要经过多次流转，才能最终被消费者所消费。商品在这个流转的过程中，总会由于各种原因而存在各种风险，这就是所谓的流通风险。流通风险按照其发生的原因可以分为物理性风险和经济性风险两种。所谓物理性风险，是指商品在流通过程中由于火灾、水灾、被盗、腐蚀、变质等原因而遭受的物理、化学变化而产生的风险；而经济性风险则是指商品在流通过程中由于经济形势的变化、价格的波动或者信用危机（呆账、坏账或不良债权）而产生的风险。商品流通过程是通过流通主体之间的商品买卖过程实现的，除消费者以外的所有流通机构都要依靠商品的销售而收回由于商品的生产与流通活动而投入的资本,并将收回的资本投入再生产过程中去,从这个角度来看,如果流通过程中的风险一旦发生,不仅会对流通当事人产生巨大的影响,而且商品流通过程也会因此而受到影响,从而使社会的再生产过程也会受到相应的影响。因此,流通风险是商品流通过程中普遍存在的一种经济现象,流通风险必须在流通主体之间进行分担,这种风险必须由商品流通的参与者来承担,并要进行必要的防范。

五、流通金融功能

商品从生产领域向消费领域的转移首先是以商品所有权的转移为开端的,由于所有权的转移是通过商品的买卖过程实现的,因此,货币资金的支付与流动是伴随着商品所有权转移必不可少的流通要素。而对于流通主体而言,为保障商品流通活动的顺利进行,对经营投入资本以及周转资本等必要资本的融通是十分重要的,这种资金融通活动对于保障商品流通过程的顺利、通畅同样是必不可少的。这就是流通的金融功能。

在商品流通过程中,资金融通主要有两种类型:一是对流通机构商品销售活动的资金融通;二是对消费者购买商品的资金融通。对流通机构商品销售活动的资金融通可以分为以下两种情况。一种情况是在有专业商业机构参与的流通活动中,中间商从商品的供给方(生产者或上游中间商)购入商品时,商品的销售活动尚未发生,即商品尚未转移到最终消费者手中,而此时商品的供给方已经获得了商业机构的货款,实现了货币资本的回收。因此,这种情况下相当于专业商业机构代替消费者向商品的供给方垫付了资金,实际上也相当于商业机构为商品的供应者提供了资金融通。另一种情况是流通机构之间以相互提供商业信用的方式来融通资金,弥补商品买卖过程中的资金不足。这种商业信用的主要形式是企业之间通过延期付款的方式进行商品的买卖,因此也称为信用交易。在商品流通过程中,这种信用交易既可能发生在生产者与商业机构之间,也可能发生在不同类型的商业机构之间。

商品流通过程中的另一类资金融通就是对消费者购买活动的融资。商品流通过程是以消费者对商品的购买为终结的,而消费者购买商品则是以其定期或不定期的收入为前提的。然而,在现代生活方式与收入制度下,消费者需要商品时却资金不足的情况非常普遍。因此,对消费者的购买活动提供金融支持,不仅可以加快商品流通过程的完成,还可以进一步加速资本的循环以及社会再生产的过程。一般而言,对消费者提供的金融支持主要有三种形式,即赊销、分期付款和消费者信贷。在多数情况下,赊销是零售商业机构向消费者提供的资金融通,但有时生产者和批发商也可以通过批发商或零售商实行赊销,从而间接地为消费者提供融资。对于流通机构而言,赊销可以起到稳定顾客、促进销售的目的,从而加速企业资本的周转;而对于全社会而言,它可以加速商品的流通。分期付款一般适用于高价值商品,通常也是由商业机构尤其是零售商向消费者提供的金融支持。与前两种形式不同,消费信贷是由专门的金融机构直接向消费者提供的金融支持,当然其目的仍然是帮助消费者提前实现商品的购买,进而加速商品的流通。

第三节 现代流通的发展趋势

21世纪的经济是流通主导型经济。流通的概念、内涵都发生了革命性变化,出现了前所未有的发展趋势。①

一、进入流通的要素禀赋发生了根本性变化

过去流通中的要素禀赋以有形的、刚性的形态为主,如有形商品、有形货币、有形资产等。现在更多无形的、柔性的、更高级形态的要素禀赋进入了流通领域,如无形商品、无形货币、无形资产等。原来以实物流转为主体的流通分流为商流、物流、信息流、资金流等,原来固定不变的土地、厂房、机器设备等资产分流为以实物形态存在的有形资产和可分割、可交易、可流动的以无形形态存在的无形资产;原来以产业资本为基本形态的资本循环与周转分流为产业资本的流通、商业资本的流通、货币资本的流通、金融资本的流通,或分流为有形资本的流通、无形资本的流通或虚拟资本的流通;原来充当一般等价物的媒介——货币分流为与金银保持一定比价的有形货币和代表信用关系的无形货币;原来可以度量的劳动力价值和使用价值分流为可以度量的价值和难以度量的价值,劳动力的体力支付在被使用过程中所占的比重越来越小,而脑力和智能的支付在被使用过程中发挥的效力则越来越大,等等。

二、流通呈现出国际化、社会化、信息化、多维化的时代特征

当代流通已经跨越了国界,一切国家的生产与消费都成为世界性的。如果说过去流通受容量和密度、规模和速度的限制,不能达到真正的国际化,那么当代流通则用高科技、高智能和现代化的营销手段,把几乎所有国家都纳入国际化大流通的轨道,达到了生产的社会化、需求与消费的社会化、服务的社会化、资本的社会化、信息的社会化,可以说进入流通的一切物质与非物质载体都变得越来越社会化了。流通的社会化是所有进入流通的流通物共同作用的必然结果。信息进入流通成为最活跃的因素,信息化已超出单一国家,是经济全球化的黏合剂,这是当代流通最显著的特征。流通的本质是开放,是运动,是不断地在流通中交换物质、能量和信息。在当代流通中,既有实物形态的物质替换和流动,又有无形的能量释放和组合,还有信息的生产与传输。信息的波动性与不确定性使流通成了一个开放的非线性、非单一性、非均衡性的多维化体系。

---

① 陈文玲. 当代流通发展的若干趋势. 财贸经济,2001(4),第43-44页。

三、生产与流通日益融合，其边缘界限益愈模糊

由于社会生产力的加速度发展，科技创新的步伐越来越快，致使一切可以用于交换的要素禀赋都被纳入了流通的范畴。工业革命时代生产过程与流通过程相对独立的形态逐渐隐退，社会的分工和交易都被流通的"囊袋"所吞食，真正体现了"生产生产着流通，流通流通着生产"。生产是流通中的生产，更多的产品无法在一个国度、一个工厂、一条生产线或一个工序完成；分工是流通中的分工，社会化的流通把各个"部件"配置在最能发挥效用的地方；交易是流通中的交易，所有进入流通的要素禀赋的交换价值的实现必然伴随着自身的流动；消费是流通中的消费，消费的施动者就是流通中的劳动力所有者、资本所有者或企业家等以人的形态存在于社会的有生命、有思想的生灵。在这种情况下，流通成了所有要素集合的集合，形成一副蔚为壮观的"流通景观"。

四、流通组织形式出现革命性变革

流通革命使过去生产领域的利润向流通中的分销领域转移，以市场消费需求为起点，围绕满足即期消费需求、开发潜在消费需求、创造崭新需求形成新的流通组织形式。一是形成了社会化的物流配送体系，以第三方物流为纽带组成了供应链、销售链，重建了新型分销体系；二是形成了一批超大型的跨国流通企业集团，以连锁、特许连锁形式，及现代化的管理手段，使企业的组织成本极小化，从而使企业的边际极大化；三是形成了各种创新的经营业态，超级市场、仓储式商场、便利店、专业店、无店铺销售等新型业态如雨后春笋般地发展起来。为了使全球化的大流通顺畅无阻，在世界范围内出现了更新的流通组织形式或场态，一是形成了世界性的协调和平衡全球贸易、投资和金融运作的组织，如世界贸易组织、世界银行、国际货币基金组织等；二是形成了若干流通圈，如欧盟、北美自由贸易区等；三是形成了适应新经济要求的新型市场，特别是无形市场，如电子商务等。

第二章 商品流通体系

商品从生产领域向消费领域转移是一个丰富的流通过程。从商品的内在要素来看,价值和使用价值构成了商品的二重性,这样,在商品流通过程中,既包括商品价值的转移过程,也包括商品实体使用价值的转移过程,并且在转移过程中还存在着反映活动过程的大量信息的运动。这就构成了商品流通体系的三项基本内容:商流、物流和信息流。商流是指商品从生产领域向消费领域运动中一系列价值形态变换和所有权转移的过程;物流是指商品使用价值实体的转移过程;信息流反映商流活动和物流活动历史、现实和未来的运动情况。

第一节 流通中的商流

由于商流代表商品价值形态的变换,即从商品的资本价值形态到商品价值形态,再到资本价值形态,经过一系列价值形态的变换,商品从生产者手里转移到消费者手里,消费者让渡手中的货币,获取具有使用价值的商品实体。商流通常是由一系列的交易活动完成的,如生产商和商业中间商之间的交易,商业中间商和产业用户或消费者个人之间的交易。而交易是人与人之间基于经济动机而进行的交换,其本质在于连接人与人的行为。从这个意义上来说,流通的社会作用就是消除生产者与消费者之间的分离。

一、交易费用和交易关系类型

从交易费用理论来看,任何交易都是存在交易成本的,原因在于人的"有限理性"和"机会主义"行为。在"理性经济人"的假设前提下,每个经济主体都会采取自身利益最大化行为,但是由于受到对信息收集、处理和使用等能力的制约,人们无法做到对各种方案、决策、未来预测作出准确、最优的判断,理论上的"理性"实为"有限理性";另外,由于经济生活中的人都是利己的,当对己有利时,会不惜采取背叛、欺骗、威胁等"机会主义"行为。为了防止"有限理性"和"机会主义"行为,就必须完善信息条件,就具体的交易达成协议并加强监督,以减少交易过程中产生的以下交易费用:①寻找合适交易对象的搜寻费用;②为达成交易而解除信息不对称的交涉费用;③保证交易正常履行的监督费用。

但是,当交易费用超过一定的水平时,或者说基于市场的交易不经济时,企业就会把市场交易转化为内部化组织交易。当然,交易制度的选择也不是在市场交易与企业内部交易中二者择一，基于市场与企业这种组织类型之间还存在着向纯粹市场交易和企业组织交易两个方向转化的多种中间形态，如企业之间的市场交易、反复交易、长期交易、伙伴关系交易和战略合作关系。这些降低企业交易成本的各种交易关系，也是企业为了改善竞争环境，由企业与企业之间的竞争向供应链与供应链之间的竞争过渡而必然采取的组织形式。在激烈的竞争环境下，商品流通活动中的各个主体往往结成伙伴关系乃至战略合作关系。

二、流通渠道及渠道结构

在商品流通活动中，可以把推动商品从生产领域向消费领域转移的由生产商、批发商、零售商和消费者所组成的组织序列称为流通渠道。在传统的市场流通渠道上，各渠道成员的交易关系就存在着上述的各种类型。而渠道的结构可以从终端用户的类型、渠道的长度和宽度来区分。

终端类型渠道结构分为消费者类型渠道和产业用户类型渠道。渠道终端为消费者类型的渠道结构有四种渠道模式，如图2-1所示。其中，渠道模式1是指生产者直接和消费者进行的交易，如农业生产者直接将自己种植的农产品销售给消费者，还有前店后厂模式、上门推销、网上旗舰店直销、厂家专卖店销售等。生产者直接将商品销售给消费者或用户的渠道类型通常也称为直接渠道，而商品通过商业中间商从生产者向消费者或产业用户转移的渠道类型称为间接渠道。作为终端消费者渠道模式比较常见的是间接渠道，如图2-1中的渠道模式2、渠道模式3、渠道模式4。

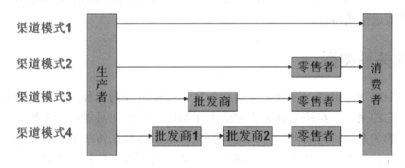

图2-1 消费者类型渠道结构

渠道终端为产业用户类型的渠道结构如图2-2所示。其中，渠道模式1为终端产业用户渠道的常见类型，也有制造商通过自身的分销机构或代理商、经销商来分销商品。

长度渠道结构分为零级渠道、一级渠道、二级渠道和三级渠道。零级渠道是指在生产者和消费者(包括生产性消费者)之间没有商业中间商的直接渠道，一级渠道是指在和生产者和消费者之间有一个中间商，如存在一个批发类型或一个零售类型的中间商。二级渠道、三级渠道同理。

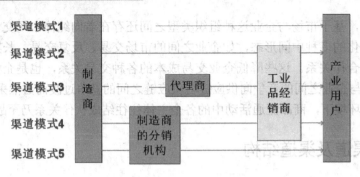

图 2-2　产业用户类型渠道结构

宽度渠道结构是流通渠道的宽度结构，是根据每一层级渠道中间商的数量的多少来定义的一种渠道结构。具体分为如下三种类型：密集型分销渠道(intensive distribution channel)，也称为广泛型分销渠道，就是指制造商在同一渠道层级上选用尽可能多的渠道中间商来销售自己产品的一种渠道类型，多见于消费品领域中的便利品，如牙膏、牙刷、饮料等。选择性分销渠道(selective distribution channel)，是指在某一渠道层级上选择少量的渠道中间商来进行商品分销的一种渠道类型；在 IT 产业链中，许多产品都采用选择性分销渠道。独家分销渠道(exclusive distribution channel)，是指在某一渠道层级上选用唯一的一家渠道中间商的一种渠道类型；在 IT 产业链中，这种渠道结构多出现在总代理或总经销一级，一般适用于技术性强、价格较高、售前售后服务水平要求比较高的产品。同时，许多新品的推出也多选择独家分销的模式，当市场广泛接受该产品之后，许多公司就从独家分销渠道模式向选择性分销渠道模式转移。

三、纵向关系类型

从产业组织理论来讲，企业之间组织的紧密程度可分为三种类型：纵向组合型、纵向一体化和纵向约束型。经济运行过程中的上下游两个企业间只能通过市场交易才能取得产品和服务时的关系，称为纵向组合。这种类型的组织类型在传统的市场交易中比较常见，企业之间是纯粹的买卖交易关系。而纵向一体化又叫垂直一体化，指企业将生产与原料供应或者生产与产品销售联合在一起的战略形式，是将公司的经营活动向后扩展到原材料供应或向前扩展到销售终端的一种战略体系，因此包括后向一体化和前向一体化。这种模式下流通活动的单位量大，交易关系是固定的，对环境变化的应对能力差，投入资本也较大，像汽车、高端品牌服饰、寝具等的流通，一般为生产—批发一体化、批发—零售一体化，由单一资本的企业系统运营。而纵向约束是指在具有纵向关系的产业链中，一个企业利用所在市场的垄断势力或讨价还价能力，通过各种纵向约束或控制的方式，以影响上游或下游的竞争状态，达到阻止市场进入或延伸垄断势力的目的，包括价格约束和非价格约束。例如，价格约束有特许费、通路费、维持转售价格、歧视性价格折扣、延迟毛利等，而非价格约束有格式合同、排他性交易(排他性购买、排他性销售)、搭配销售、零售商自有品牌、数量定额、服务限定等。

第二节 流通中的物流

物流是代表商品流通中商品使用价值实体的转移过程。"物流"概念的产生,源于二战期间美国的军事战时供应中首次采用了"物流管理"(Logistics Management)这一名词,并对军火的运输、补给、屯驻等进行全面管理。二战后,物流管理被美国人用到企业管理中,称作"企业物流"(Business Logistics),是指对企业的供销、运输、存储等活动进行综合管理。日本于20世纪60年代引进"物流"概念,并将其解释为"物的流通"。中华人民共和国国家标准《物流术语》中将物流定义为"物品从供应地向接收地的实体流动过程。根据实际需要,将运输、储存、搬运、包装、流通加工、配送、信息处理等基本功能实施有机结合"。值得一提的是,从流通理论来看物流,主要关注的是商品从生产领域向消费领域转移过程中代表商品使用价值实体的转移过程。另外,电子商务这一新型流通模式的产生带来了大量从消费领域向生产领域的退换货物流,这也在流通研究领域之列。

一、物流的分类

(一)依据研究对象的范围划分:宏观物流与微观物流

宏观物流是指社会再生产总体的物流活动。这种物流活动的参与者是构成社会总体的大产业、大集团,宏观物流也就是研究产业或集团的物流活动和物流行为。宏观物流还可以从空间范畴来理解,在很大空间范畴的物流活动往往带有宏观性,在很小空间范畴的物流活动则往往带有微观性。宏观物流也指物流全体,从总体看物流而不是从物流的某一个构成环节来看物流。因此,在我们常提出的物流活动中,下述若干物流应属于宏观物流,即:社会物流、国民经济物流、国际物流。宏观物流研究的主要特点是综观性和全局性。宏观物流的主要研究内容是物流总体构成、物流与社会之关系在社会中的地位、物流与经济发展的关系、社会物流系统和国际物流系统的建立和运作等。

消费者、生产者企业所从事的实际的、具体的物流活动属于微观物流。在整个物流活动中的一个局部、一个环节的具体物流活动以及在一个小地域空间发生的具体的物流活动属于微观物流。针对某一种具体产品所进行的物流活动也是微观物流。经济活动中下述物流活动皆属于微观物流:企业物流、生产物流、供应物流、销售物流、回收物流、废弃物流、生活物流等。微观物流研究的特点是具体性和局部性。由此可见,微观物流是更贴近具体企业的物流,其研究领域十分广阔。

(二)依据物流服务对象的范围划分：社会物流和企业物流

社会物流是指超越一家一户的以一个社会为范畴、面向社会的物流。这种社会性很强的物流往往是由专门的物流承担人承担的。社会物流的范畴是社会经济的大领域。社会物流研究再生产过程中随之发生的物流活动，研究国民经济中的物流活动，研究如何形成服务于社会、面向社会又在社会环境中运行的物流，研究社会中的物流体系结构和运行，因此带有综观性和广泛性。

企业物流是指企业内部的物品实体流动。它从企业角度出发研究与之有关的物流活动，是具体的、微观的物流活动的典型领域。

(三)依据物流活动涉及的范围划分：国际物流和区域物流

国际物流是现代物流系统发展很快、规模很大的一个物流领域，国际物流是伴随和支撑国际间经济交往、贸易活动和其他国际交流所发生的物流活动。随着近十几年国际间贸易的急剧扩大、国际分工日益深化以及诸如欧洲等地一体化速度的加快，国际物流也成了现代物流研究的热点问题。

相对于国际物流而言，一个国家范围内的物流、一个城市的物流、一个经济区域的物流都处于同一法律、规章、制度之下，都受相同文化及社会因素的影响，都处于基本相同的科技水平和装备水平，因而，都有其独特的特点，都有其区域的特点。研究各个国家的物流，找出其区别及差异所在，并找出其连接点和共同因素，是研究国际物流的重要基础。物流有共性，但不同国家各有其特性，例如，日本的物流中，海运是其非常突出的特点，日本国土狭小，覆盖全国的配送系统也很有特点；美国物流中，大型汽车的作用非常突出；欧洲各国由于一体化进程，各国分工的特点也很突出，等等。这种研究不但对认识各国的物流的特点会有所帮助，而且在促进互相学习、促进发展方面作用巨大。日本便是在研究美国物流的基础上，吸收、消化、发展起独具特色的物流。

区域物流研究的一个重点是城市物流。世界各国的发展有一个非常重要的共同点，即社会分工，国际合作的加强使一个城市及周边地区都逐渐形成小的经济地域，这成为社会分工和国际分工的重要微观基础。城市经济区域的发展有赖于物流系统的建立和运行。城市物流要研究的问题很多，例如，一个城市的发展规划不但要直接规划物流设施及物流项目，如建公路、桥梁、物流园区、配送中心等，而且需要以物流为约束条件来规划整个市区，如工厂、住宅、车站、机场等。物流已成为世界上各大城市规划和城市建设研究的一项重点。

在城市形成之后，整个城市的经济活动、政治活动、人民活动等也是以物流为依托的，所以城市物流还要研究城市生产、生活所需物资如何流入，如何以更有效的形式供应给每个工厂、每个机关、每个学校和每个家庭，城市巨大的耗费所形成的废物又如何组织物流，等等。可以说城市物流的内涵十分丰富，很有研究价值。

(四)依据哲学一般和特殊范畴标准的划分：一般物流与特殊物流

一般物流指物流活动的共同点和一般性。物流活动的一个重要特点是涉及全社会、各企业，因此，物流系统的建立和物流活动的开展必须有普遍的适用性。物流系统的基础点也在于此，否则，物流活动便有很大的局限、很小的适应性，物流活动对国民经济和社会的作用便大大受限了。一般物流研究的着眼点在于物流的一般规律，建立普遍适用的物流标准化系统，研究物流的共同功能要素，研究物流与其他系统的结合、衔接，研究物流信息系统及管理体制，等等。

专门范围、专门领域、特殊行业在遵循一般物流规律的基础上，带有特殊制约因素、特殊应用领域、特殊管理方式、特殊劳动对象、特殊机械装备特点的物流皆属于特殊物流范围。特殊物流活动的产生是社会分工深化、物流活动合理化和精细化的产物，在保持通用的、一般的物流活动的前提下，具有特点并能形成规模、产生规模经济效益的物流便会形成本身独特的物流活动和物流方式。特殊物流的研究对推动现代物流的发展有巨大的作用。

二、物流的功能

物流的基本职能从总体上来说是从事商品实体运动，与商品使用价值的运动有关。因此，建立和健全必要的储存、运输基础设施，是发挥物流职能的前提条件。在此基础上，物流总体功能得以通过商品运输、保管、装卸、包装、配送、流通加工及与此有密切关联的物流情报职能的发挥体现出来。

(一)运输职能

商品产地与销地之间存在着空间的背离。有的商品是甲地生产，乙地消费；有的商品是乙地生产，甲地消费；有的商品是国外生产，国内消费；有的商品是城市生产，农村消费；有的商品是农村生产，城市消费。所以要使消费者或用户买到所需商品，必须使商品从产地到达销地，这一职能只有通过商品运输才能发挥。因此，物流的运输职能创造着物流的空间效用，它是物流的核心。不少人说物流就是商品运输，也正是从运输的核心地位的角度来分析的。

(二)保管职能

商品生产与商品消费存在着时间上的不均衡。农副土特产品大多是季节性生产、常年消费，日用工业品大多是集中生产、分散消费，这就使商品流通的连续进行存在着时间上的矛盾。要克服这一矛盾，必须依靠商业储存来发挥作用。通过商业储存，才能保证商品流通连续地、均衡地顺畅进行，才能将商品连续地、充足地提供给市场。所以说，保管职能创造着物流的时间效用，是物流的支柱，虽然商品储存在商品流通过程中处于一种或长或短的相对停滞状态，但这种停滞状态是由产品的产销方式和产销时间决定的，它是商品流通的物质保证，是商品流通所必需的。正如马克思在分析商品流通与商品储存关系时指出的："商品停滞要看作商品出售的必要条件。"并断言："没有商品储备，就没有商品流通。"在商品储存中还必须对商品进行主动养护，防止商品在储存期间遭受各种损失。

(三)包装职能

要能使商品实体在物流中通过运输、储存环节，顺利地到达消费者手中，必须保证商品的使用价值完好无损。因此，商品包装职能十分必要。合适的商品包装可以维护商品的内在质量和外观质量，使商品在一定条件下不致因外在因素的影响而被破坏或散失，保障物流活动顺利进行。包装职能是运输、储存职能发挥的条件。

(四)流通加工职能

由于商品产销方式的不同，生产性消费一般要求大包装、单花色、大统货、单规格、散装件，而个人生活消费则需要商品小包装、多花色、分规格、组合件等，这就需要在流通中进行必要的流通加工，以适应商品销售的需要。流通加工是在商品从生产者向消费者运动的过程中，为了促进销售、保证商品质量和实现物流效率，而对商品进行的再加工。流通加工的内容包括装袋、分装、贴标签、配货、数量检查、挑选、混装、刷标记、剪断、组装和再加工改制等。流通加工职能的发挥，有利于缩短商品的生产时间，满足消费者的多样化需求，克服生产单一性与需求多样化的矛盾，提高商品的适销率。

(五)配送的职能

配送是指按用户的订货要求，在物流中心进行分货、配货工作，并将配好的货物送交收货人。配送在整个物流过程中的重要性与运输、保管、流通加工等并列，而形成物流的基本职能之一。它与运输职能的区别在于，在商品由其生产地通过地区流通中心发送给用户的过程中，由生产地至配送中心之间的商品空间转移称为"运输"，而从分配中心到用户之间的商品空间转移则称为"配送"。目前配送采取以下几种方式：增大订货批量，以达到经济地进货的目的；将用户所需的各种商品配备好，集中起来向用户发货；将多个用户的小批量商品集中起来一次发货。采取配送方式，可以获得规模经济效益，因此尤其是当前各地出现的新的商业经营形式——连锁商店的兴起，提高了物流的经济效益。

(六)信息职能

如果把一个企业的物流活动看作一个系统的话，那么这个系统中就包括两个子系统：一个是作业子系统，包括上述运输、保管、包装、流通加工、配送等具体的作业功能；另一个则是信息子系统。信息子系统是作业子系统的神经系统。企业物流活动状况的及时收集，商流和物流之间经常互通信息，各种物流职能的相互衔接，这些都要靠物流信息职能来完成。物流信息职能是由于物流管理活动的需要而产生的，其功能是保证作业子系统的各种职能协调一致地发挥作用，创造协调效用。

三、现代物流管理

(一)现代物流管理的内涵

物流管理是指为了以最低的物流成本达到用户所满意的服务水平，对物流活动进行的计划、组织、协调与控制。现代物流(modern logistics)指的是将信息、运输、仓储、库存、装卸搬运以及包装等物流活动综合起来的一种新型的集成式管理，其任务是尽可能地降低物流的总成本，为顾客提供最好的服务。我国许多专家学者则认为：现代物流是根据客户的需求，以最经济的费用，将物品从供给地向需求地转移的过程。它主要包括运输、储存、加工、包装、装卸、配送和信息处理等活动。

随着社会经济和时代的发展，物流消费者的需求日趋向个性化发展，如何满足越来越挑剔的顾客需求成为物流行业发展的难题。供应链管理以物流企业为核心，管理内容贯穿物流活动的始终，使所有的物流活动形成完整的体系，管理对象包括供应商、制造商、分销商和消费者等，所以说，供应链管理是现代物流管理发展的高级阶段。

(二)现代物流管理的特点

现代物流管理是跨企业物流管理。由于物流管理不仅仅发生在某个企业内部，因此企业对物流的管理往往超出了单个企业的边界。不管是供应链下的物流管理，还是企业将物流外包出去，企业在物流管理的过程中都会和相关企业产生各种联系。正是因为这一"跨企业"的特点，使得物流要素之间的效益背反现象时常发生，从而使物流跨企业的管理成为必然趋势。

现代物流管理是信息全程管理，物流信息化是现代物流运作的基础和前提。物流信息化是物流信息收集的电子化和计算机化、物流信息传递的标准化和实时化、物流信息存储的数字化和商品化等。因此，条形码技术、数据库技术、电子订货系统、电子数据交换系统、快速反应系统、有效顾客反应系统、物联网技术等在物流领域得到了广泛的应用。

现代物流管理是系统化管理。现代物流是一个由人和作为劳动手段的设备、工具所组成的"人-机系统"，物流各功能要素之间是相互联系、相互制约的，有时甚至是相互矛盾的，因此，必须在整体上加以协调，用系统化的思想加以整合、提升。只有强调物流管理的系统性，才能消除要素之间的矛盾与冲突。

现代物流管理是服务化管理。从本质上讲，物流是一种服务，是服务商品实体转移的生产性劳动，特别是随着经济的服务化发展，人们对于服务化物流服务消费的需求在不断增加。可以说，经济服务化的发展对传统物流形式提出了新的挑战，进而使得现代物流出现了多样化、全方位化和高度化的发展趋势，并且，服务化物流代表了现代物流发展的延伸。

第三节　流通中的信息流

信息流伴随着商流、物流的运动过程，反映商流、物流历史和现实的运动情况，同时预测它们的潜在和可能的运动情况。流通信息是指伴随流通活动而产生并且为流通活动服务的信息，包括由文字、语言、图表、信号等表示的各种文件、票据和情报资料等。流通信息是对流通活动的客观描绘，是流通领域中各种关系及其状态的真实反映。

一、流通信息的分类

从流通活动内容来看，流通信息包括商流信息、物流信息和市场信息。商流信息是伴随着买卖双方的交易活动产生的，如商品信息、价格信息、合同信息以及辅助交易活动中不可缺少的金融信息、促销信息等。零售阶段的交易信息包括收款机和POS机销售信息。生产者和流通业者之间的交发货信息以及货款支付信息等。物流信息是物流各个环节生成的信息，具体来说是关于入库、出库、库存、运输状况的信息。物流库存信息包括到达信息、配送信息、物流费用信息等。市场信息是指通过调查收集而得到的关于市场状况的信息。也就是说，只限定为调查机构收集整理的信息，包括供应变动信息、消费者行为信息、竞争对手和竞争商品信息、市场管理信息等。

另外，流通信息还可以按下面几种方式来进行划分。

(一)按信息的来源划分

按信息的来源，可将流通信息划分为商品流通内信息与商品流通外信息。商品流通内信息来自商品销售、商品流转以及在商品流通过程中所获得的信息。商品流通外信息是指从政府有关商品流通的法律、法规等外部因素中获取的信息。

(二)按信息来源的稳定程度划分

按信息来源的稳定程度，可将流通信息划分为固定信息、流动信息与偶然信息。固定信息具有相对的稳定性，如销售月度统计报表；流动信息只具有短期使用价值，时效性强，如商品交易所的每日交易行情；偶然性信息来自外部经营环境的偶然性变化，如政府颁布某种商品进口的禁令，或者突发自然灾害造成某种商品供求失衡，等等。

(三)按信息产生的过程划分

按信息产生的过程,可将流通信息划分为原始信息和加工信息。原始信息是经营活动中直接产生和记录的原始凭证、单据、数据记录等信息;加工信息是对原始信息进行加工而获得的信息。

(四)按信息发生的时间划分

按信息发生的时间,可将流通信息划分为滞后信息、实时信息和预测信息。滞后信息是对商品流通变化状态及其相互联系的客观反映;实时信息反映商品流通运动的特点和变动趋势;而预测信息是管理者对现时信息的分析结果。

(五)按信息的作用划分

按信息的作用,可将流通信息划分为决策信息、控制信息与业务信息。决策信息是高层管理者制订商品流通计划所需要的信息;控制信息是内部管理人员完成经营控制过程所需要的信息;业务信息是日常经营和流通活动中所出现的信息。

(六)按信息的内容划分

按信息的内容,可将流通信息划分为商流信息、物流信息及市场信息。商流信息是在买卖活动中生成的交易信息,如商品信息、价格信息等;物流信息是物流各个环节所形成的信息,如库存信息、配送信息、运输信息等;市场信息是收集的市场状况信息,包括供求变动、消费者行为变化、竞争对手的信息等。

二、流通信息的特征

流通信息依存于商品流通,又有信息运动自身的规律,一般具有如下几个特点。

(一)系统性

流通信息的系统性是其基本特征,这是由流通系统结构所决定的。流通是社会化大生产的一个重要环节,它连接生产和消费领域,又以商品的生产和消费为基础,保证生产和消费正常进行。因此,流通信息的先后顺序、前后联系以及组合方式都体现出有机的整体联系,这样才能保证流通信息的完整,反映流通过程的真实情况,使人们对流通活动有一个整体的认识。

(二)多样性

多样性是指信息源和信息接收者多种多样。流通信息的多样性取决于流通体系复杂的外部环境和内部结构。从外部环境来看，生产环境、消费环境、技术环境和体制环境等是流通体系存在、发展和变化的客观基础和外部条件。外部环境的状况，如生产规模、产业结构收入水平、消费结构、人口数量、人口结构、生活方式、科技水平、体制结构、经济政策以及文化教育、民族习俗等，都是流通体系的信息源。从内部结构来看，无数的商品都承载着信息，成为信息源。每一个流通机构既产生着各种各样的信息，又接收着自己需要的信息。

(三)多向性

多向性是指信息流的流向具有多方向流动的特征。多向性取决于流通体系要素的相互联系和流向。从流通体系要素的运动来看，流通过程是商品从生产者到消费者之间的运动。在这个过程中，既有伴随着流通过程的流向产生的正向信息流动，也有消费者将意见和建议反馈到生产厂商形成的逆向信息流，还有各个流通体系主体之间以及地区之间的横向与斜向的交互联系，所以流通信息在它们之间往返传递，形成纵横交错的多方向流动。

(四)共享性

流通信息的共享性包括两层含义：一是流通信息交换的双方，即传播者和接收者都可以享有被交换的同一信息；二是信息在交换或交流过程中，可以同时为众多的接收者所接收和利用。流通信息的这一特征决定了流通信息能够以无成本或低成本的方式迅速扩展和传播，产生连锁反应，带动生产力的迅速提高，从而推动整个产业和国民经济的飞速发展。

(五)时效性

伴随着客观事物的不断发展变化，信息也是不断发展变化的。因此，信息总是存在于一定的时间、地点和条件下，具有时效性，否则就失去了其存在的价值。流通信息是国家宏观经济调控和企业经营决策的客观依据，现代市场经济竞争激烈，市场供求关系、价格水平等瞬息万变，信息生成速度快、数量大，信息活动频繁，时效性极强。及时准确地捕捉信息是作出正确决策的关键。

三、流通信息化技术

(一)条码技术

条码是由一组按一定编码规则排列的条、空符号，用以表示一定的字符、数字及符号组成的信息，如图 2-3 所示。条码系统是由条码符号设计、制作及扫描阅读组成的自动识别系统。

图2-3 条形码

条码技术至今已有70多年的历史。它于20世纪40年代在美国使用，20世纪70~80年代在国际上得到了广泛的应用。1988年12月，我国成立了"中国物品编码中心"，并于1991年4月19日正式申请加入了国际编码组织EAN协会。近年来，我国的条码事业发展迅速，条码技术在我国已得到了广泛的应用。目前，商品使用的前缀码有690、691、692和693。

条形码是迄今为止最经济、实用的一种自动识别技术。条码技术具有以下几个方面的优点：输入速度快、可靠性高、采集信息量大、灵活实用。条码技术广泛应用于批发零售、工业自动化生产装配线、交通客运货运车站、码头机场、邮电通信、电子贸易、银行证券、多种票证、医药卫生、图书文献、宾馆饭店、仓储管理等行业和领域，特别是在世界各国的自动扫描超级市场、连锁店、专卖店、便民店、百货食品商店里，应用更加普遍。

(二)EDI技术

电子数据交换(Electronic Data Interchange，EDI)就是在企业的内部应用系统之间，通过计算机和公共信息网络，以电子化的方式传递商业文件的过程。国际标准化组织(International Organization for Standardization，ISO)将EDI描述成"将贸易(商业)或行政事务处理按照一个公认的标准变成结构化的事务处理或信息数据格式，从计算机到计算机的电子传输"。而国际电信联盟(International Telecommunication Union，ITU)、电信标准分局(ITU Telecommunication Standardization Sector，ITU-T)将EDI定义为"从计算机到计算机之间的结构化的事物数据互换"。

20世纪60年代末，欧洲和美国几乎同时提出了EDI的概念。20世纪70年代，数字通信技术的发展大大加快了EDI技术的成熟和应用范围的扩大，也带动了跨行业EDI系统的出现。20世纪80年代，EDI标准的国家化又使EDI的应用跃入了一个新的阶段。

数据标准化、EDI软件及硬件、通信网络是构成EDI系统的三个要素。EDI标准是由各企业、各地区代表共同讨论、制定的电子数据交换共同标准，可以使各组织之间的不同文件格式通过共同的标准，达到彼此之间文件交换的目的。实现这一目的需要配备相应的EDI软件和硬件。EDI软件具有将用户数据库系统中的信息译成EDI的标准格式以供传输交换的能力。通信网络是实现EDI的手段。EDI通信方式有多种，为了克服这些问题，许多应用 EDI 的公司逐渐采用第三方网络与贸易伙伴进行通信，即增值网络(VAN)方式。

(三)POS 系统

POS 系统(Point Of Sales)也称为销售时点管理系统。它利用电子收款机(即 POS 收款机)进行销售数据的实时输入，系统实时处理销售业务，并进行经营业务分析。POS 系统的基本作业原理是先将商品资料创建于计算机文件内，通过计算机、收银机联机架构，将商品条码通过收银设备上的光学读取设备直接读入后马上显示商品信息，如商品单价、生产单位、折扣等，加速收银的速度与正确性。每笔商品销售的明细资料(售价、部门、时段、客层)被自动记录下来，再由联机系统传回计算机，经由计算机计算处理，即能生成各种销售统计分析信息。

POS 系统由后台主机、收款机、条码扫描器、打码机、微型票据打印机组成，以上硬件是构成商业 POS 系统的必要构件，商家根据业务需要和系统功能开发，还可选取多种外设，如专用键盘(POS keyboard)、现金收银柜(cash drawer)、顾客收款显示屏、磁带/条形码阅读器(magnetic stripe/barcode slot reader)和接触式屏幕显示(touch screen display)以提升性能，更快捷地完成运转。

POS 系统的主要功能有以下几种。

(1) POS 系统的作业功能。POS 系统的作业功能主要有以下几项：① 超级市场在进行收银结算时，POS 收银机会自动记录商品销售的原始资料和其他相关的资料，并根据电脑程序设计要求，有一段时间的保存记录期；② POS 收银机会自动储存、整理所记录的全日的销售记录，可以及时反映每一个时点和时段的销售信息，作为提供给后台电脑处理的依据。③ POS 收音机上的小型打印机可打印出各种收银报表、读账、清账和时段部门账。④ 超市连锁公司总部的中央电脑可利用通信联网系统向每一家超市门店输送管理指令、商品价格变动、商品配送等资料。⑤ 中央电脑还可统计分析出每个门店的营业资料、产生总部各部门所需要的管理信息资料，作为总部决策的依据。⑥ POS 系统能迅速而准确地完成前台收银的工作，同时能保存完整的记录。

(2) POS 系统的管理功能。POS 系统的管理功能如下：① POS 系统能准确、迅速地获得商品销售信息，在商品管理上有助于调整进货和商品结构、减少营业损失、抓住营业机会。② 可作为商品价格带管理，作为促进销售和进货最有利的依据。③ 可作为消费对象管理，作为有的放矢的商品进货和销售的依据。④ 可作为营业时间带管理，以合理地配备营业人员，节省人工费用。⑤ 大大节省营业人员编制报表的时间，有利于现场实际销售作业。⑥ POS 系统可分类别地对商品进行分析，也可根据营业资料与上周、上月和上年同期增加的比较分析，经营者据此可制订企业发展的营业计划等。

(四)电子订货系统(EOS)

电子订货系统(Electronic Ordering System，EOS)，是指将批发、零售所发生的订货数据输入计算机,即通过计算机通信网络连接的方式将资料传送至总公司、批发商、商品供货商或制造商处。电子订货系统采用电子手段完成供应链上从零售商到供应商的产品交易过程,因此,一个 EOS 系统必须包括:供应商(商品的制造者或供应者)、零售商(商品的销售者或需求者)、网络(用于传输订货信息)、计算机系统(用于产生和处理订货信息)。

电子订货系统的构成内容包括订货系统、通信网络系统和接单电脑系统。就门店而言,只要配备了订货终端机和货价卡(或订货簿),再配上电话和数据机,就称是上是一套完整的电子订货配置。就供应商来说,凡能接收门店数据机的订货信息,并可利用终端机设备系统直接作订单处理、打印出出货单和检货单,就可以说已具备电子订货系统的功能。但就整个社会而言,标准的电子订货系统绝不是"一对一"的格局,即并非单个的零售店与单个的供应商组成的系统,而是"多对多"的整体运作,即许多零售店和许多供货商组成的大系统的整体运作方式。

根据电子订货系统的整体运作程序的不同,电子订货系统大致可以分为以下三种类型:① 连锁体系内部的网络型,即连锁门店有电子订货配置,连锁总部有接单电脑系统,并用即时、批次或电子信箱等方式传输订货信息,这是"多对一"与"一对多"相结合的初级形式的电子订货系统。② 供应商对连锁门店的网络型,其具体形式有两种:一种是直接的"多对多",即众多的不同连锁体系下属的门店对供应商,由供应商直接接单发货至门店;另一种是以各连锁体系内部的配送中心为中介的间接的"多对多",即连锁门店直接向供应商订货,并告知配送中心有关订货信息,供货商按商品类别向配送中心发货,并由配送中心按门店组配向门店送货,这可以说是中级形式的电子订货系统。③ 众多零售系统共同利用的标准网络型,其特征是利用标准化的传票和社会配套的信息管理系统完成订货作业。其具体形式有两种:一是地区性社会配套的信息管理系统网络,即成立由众多的中小型零售商、批发商构成的区域性配套的信息管理系统营运公司和地区性的咨询处理公司,为本地区的零售业服务,支持本地区 EOS 的运行;二是专业性社会配套信息管理系统网络,即按商品的性质划分专业,从而形成各个不同专业的信息网络。这是高级形式的电子订货系统,必须以统一的商品代码、统一的企业代码、统一的传票和订货的规范标准的建立为前提条件。

第三章 批发与零售

第一节 批 发

一、批发的定义

美国著名营销大师菲利普·科特勒在《市场营销管理》一书中对批发作了如下定义性表述:"批发包含一切将货物或服务销售给为了转卖或者商业用途而进行购买的人的活动。"美国普查局认为,所谓批发是指那些将产品卖给零售商和其他商人或行业机构、商业用户,但不向最终消费者出售商品的人或企业的相关活动。

根据我国批发业发展的特点,可以将批发定义为:批发是指不以向大量的最终家庭消费者直接销售产品为主要目的的商业组织,相反它们主要是向其他商业组织销售产品,如零售商、贸易商、承包商、工业用户、机构用户和商业用户。那么,批发商就是指从生产企业购进产品,然后转售给零售商、产业用户或各种非营利组织,不直接服务于个人消费者的商业机构,它位于商品流通的中间环节。

作为产销的中间环节,批发与零售的主要区别在于:批发主要是面向中间性消费者的购销活动;而零售则是为最终消费者服务的。因此,批发是一种购销行为,具有两个特点:其一是购进,即直接向生产者或供应商批量购进产品,这种购进的目的是为了转卖,并非自己消费;其二是销售,将产品批量转卖给其他商业组织。

二、批发的类型

根据不同的分类标准,批发可分为不同的类型。常见的批发类型有如下几种。

(一)根据销售区域划分

根据销售区域的不同,批发可以分为地方性批发、区域性批发和全国性批发三类。

(1) 地方性批发。地方性批发是指在一个较小的交易区域内进行批发贸易。一般来说,地方性批发易于与最终消费者接触,能够及时、准确地了解地方市场的需求状况,有利于为最终消费者提供适销对路的产品。但地方性批发一般规模不大,不利于大量采购和充分备货。

(2) 区域性批发。区域性批发是介于地方性批发和全国性批发之间的批发贸易。区域性批发的经营范围比地方性批发大,比全国性批发小。区域性批发贸易既可以是大众化商品，也可以是专门性的商品。采用这种批发模式的好处在于：既可以用大量采购降低成本，又可以尽可能多地接触最终消费者，为最终消费者提供适销对路的商品。

(3) 全国性批发。全国性批发是指在全国范围内进行批发贸易。一般来说，全国性批发贸易往往只经营大众化商品，很少经营特殊商品。全国性批发贸易往往在全国设有若干分支机构或经营网点，也就是说具有全国性的销售网络。

与地方性批发和区域性批发相比，全国性批发的有利之处在于：可以通过大批量采购来降低成本，从而获得规模效益；其不足之处在于：如果管理者不注重对各地市场信息的收集，不注重对消费者最终需求的了解，就很难为消费者提供适销对路的商品。

(二)根据批发交易经营范围划分

根据批发交易经营范围的不同，批发分为普通批发和专业批发两类。

(1) 普通批发。普通批发是指经营范围广，商品种类和规格相对较多的批发贸易。普通批发大多是指综合批发贸易或百货批发贸易，这种批发模式的有利之处在于能够适应各种综合性零售贸易的需要。

(2) 专业批发。专业批发是指专业程度较高，专门经营某种或某类商品的批发贸易。专业批发的对象主要为专业商店及生产消费单位。

(三)根据商品流通环节划分

根据商品流通环节的不同，批发分为一道批发、二道批发和多道批发三类。

(1) 一道批发。又叫头道批发，是指直接从生产企业采购商品后进行的批发贸易。头道批发的流通环节相对较少，易于形成价格优势。

(2) 二道批发。二道批发是指从一道批发企业采购商品后的批发贸易。

(3) 多道批发。多道批发是指从二道批发或二道以上批发企业采购商品后进行的批发贸易。

一般来说，多道批发由于流通环节较多，流通费用会相应增加，最终导致商品价格上涨，因此一般不宜采用此类模式。

三、批发的特点

与零售交易相比，批发经营活动具有以下几个特点。

(1) 批量交易与批量作价。

这是批发最显著的特点。批发一般要达到一定的交易规模才进行，通常有最低交易量的规定，即批发起点。零售交易无此限制。因此，批发比零售交易平均每笔交易量要大得多，原因是批发对象是各类用户，而不是广泛而分散的最终消费者。

一般来讲，批发的价格往往与交易量成反比。即批发量越大，批发成交价越低；批发量越小,批发成交价相对越高。

(2) 交易对象为除最终消费者之外的各类用户。

由于批发的对象是各类用户,尤其是商业用户(或再销售单位)和产业用户,它们购买商品的目的不是为了供自己最终消费,而是为了供进一步转卖或加工所用。因此,通过批发活动,商品还没有最终进入消费领域。

(3) 批发的商圈范围比较广。

首先,批发的主体来源较广。它有"商业用户""产业用户""业务用户"三类采购者;而零售交易只有最终消费者这一类购买者。其次,批发机构的数量比较少,但服务覆盖面积大,不像零售交易那样到处设立服务网点。最后,中小批发商多集中在地方性的中小城市,并以此为交易范围。大批发商多集中在全国性的大城市,并以全国为其交易范围。零售交易因直接为最终消费者服务,其交易范围要比批发小得多。

(4) 批发的双方购销关系较稳定。

这是因为批发的对象主要是专门的经营者和使用者,比较固定,变化较小;而零售交易的对象是消费者,而消费者的购买行为随机性很大。因此,在批发中很容易使双方的关系稳定下来。

(5) 批发正朝着专业化方向发展。

综观世界各国批发的现状及发展趋势,专业化方向日益明显。究其原因,主要在于随着社会商品的种类日益繁多,采购者的选择余地越来越大,为了适应和满足客户的需要,批发商必须备有充足的货源。所谓"充足的货源"主要是指产品线的长度要长,深度较深,即所经营的产品品种多,花色、品格、型号、款式等比较齐全,以利于采购者任意挑选。

四、批发的功能

(一)集散商品

集散商品是批发的首要功能。商品从生产领域向消费领域转移的过程,本身就是从分散到集中、再从集中到分散的过程。由于生产部门一般是批量生产,但品种单一,而零售部门往往经营品种多,数量较少。因此批发先把分散在各地的生产企业的产品集中起来,然后经过编配,再分别批发给各个零售商。这样既满足了生产部门单一品种大批量生产、大批量销售商品的需要,又满足了零售部门多品种、小批量购进,勤进、快销的需要。通过批发把生产商与零售商有机结合起来,从而疏通了商品流通渠道,缩短了商业流通过程。

(二)加工、整理商品

进入流通领域的产品并不都具备马上进入消费的外在或内在条件。批发商在进行批发前,往往需要对从生产部门采购来的商品进行挑选、分级、分装、改装、编配等活动,从而将品种齐全、数量适当的系列化商品及时提供给零售部门,以提高流通效率。

(三)调节功能

商品生产与消费在时间和空间上存在不一致性,需要以批发环节为枢纽,根据消费的具体需求,通过商品的吞吐来调节供求矛盾。批发商根据市场规模,考虑到购买力、市场特点、销售状况、货源因素等条件,对商品的储存作统筹安排,从而有利于支持生产,有利于支持零售商勤进快销,以加快商品流转。

(四)融通资金功能

批发商进行批发时,以预购形式从生产部门购进商品,从而为生产部门提供再生产所需资金;也可以以赊销的方式向零售部门销售商品,从而使零售商不至于因资金短缺而不能正常进货。

(五)承担风险功能

批发商因集中了多品种、大批量的商品,从而承担了商品损耗、变质、过时滞销、货款拖欠、丢失、退换以及其他经营风险和商业风险。

五、批发业的发展

我国批发业的发展可以大致划分为三大阶段。第一阶段是批发业垄断时期,大致是改革开放前的计划经济时期。那时我国的商品流通是在国有单一封闭的系统内完成的,商品严格实行"一、二、三级批发流通体系""三固定"(固定购销区划、固定供应对象、固定作价倒扣率)等流通体制,国营批发商业在商品市场中居统治地位,控制着国内绝大多数生产资料和主要商品的价格及市场。这个时期的批发体系对于保证物质紧缺年代的人民生活和生产的正常运行起到了很大的作用。第二阶段是无批发阶段,是从改革开放至20世纪末。改革开放后,由于计划时期的流通体系被打破,实行了"三多一少"的新流通体制(即允许多种经济形式、多种经营方式、多种流通渠道并存,减少流通环节),批发垄断时期的批发体系解体了。但是,还未建立起与市场经济体系相适应的批发体系。加之各种流通条件的变化,如生产者生产规模的扩大和纵向一体化的发展、生产区域集中性的提高,零售者的连锁化经营、业态的丰富,信息技术和电子商务的快速发展等,也使批发业陷入了功能弱化境地,批发业进入了一种无序低迷的状态。21世纪迎来了批发业的重塑时期。21世纪人类步入了信息经济和知识经济时代,新技术在流通领域的渗透与应用将加快流通业的信息化进程,同时将带来流通形态的变革。可以预见,批发业会面临着新一轮的整合和调整,在消费需求多样化、零售业态细分化、分工进程不断深化等诱因下,批发业将会朝着生产商销售代表、连锁零售配送中心、会展中介服务、零售服务支持等新的方向发展。

第二节 零 售

一、零售的定义

零售是指向最终消费者个人或社会集团出售生活消费品及相关服务，以供其最终消费的全部活动。这一定义包括以下几个方面。

(1) 零售是将商品及相关服务提供给消费者作为最终消费之用的活动。例如，零售商将汽车轮胎出售给顾客，顾客将之安装于自己的车上，这种交易活动便是零售。若购买者是车商，而车商将轮胎装配于汽车上，再将汽车出售给消费者则不属于零售。

(2) 零售活动不仅向最终消费者出售商品，同时也提供相关服务。零售活动常常伴随着商品出售提供各种服务，如送货、维修、安装等，多数情形下，顾客在购买商品时，也买到了某些服务。

(3) 零售活动不一定非在零售店铺中进行，也可以利用一些使顾客便利的设施及方式，如上门推销、邮购、自动售货机、网络销售等，但无论商品以何种方式出售或在何地出售，都不会改变零售的实质。

(4) 零售的顾客不限于个别的消费者，非生产性购买的社会集团也可能是零售顾客。例如，公司购买办公用品，以供员工办公使用；某学校订购鲜花，以供其会议室或宴会使用。所以，零售活动提供者在寻求顾客时，不可忽视团体对象。在我国，社会集团购买的零售额平均达10%左右。

二、零售贸易的特征

零售贸易是指将商品或劳务直接出售给最终消费者的交易活动。在贸易运行中，零售直接面对最终消费者。通过零售经营，商品离开贸易领域进入消费领域，真正成为消费对象，从而完成社会再生产过程。从这个意义上讲，零售是贸易过程的终点，处于生产与消费之间中介地位的终端。

从贸易发展的历史来看，零售是最古老的贸易方式，最初的贸易可以看作零售贸易的雏形。在市场发展的初级阶段，商品生产的小规模化决定了商品供应有限，消费者的自给自足决定了商品需求也十分有限。因此，贸易活动基本是零星的、分散的、小批量的，并集中于某一地区，主要由零售业者来进行。偶然出现的大批量或较大批量的交易活动以及运输活动，也都由零售业者承担。零售是贸易活动的主要形式。随着商品生产社会化和专业化的发展，商品种类增加，需求扩大，交易批量增大，产销矛盾日趋尖锐，在生产者和消费者之间，仅有零售贸易已不能适应社会生产贸易的要求，必须要有新的贸易交易方式的出现。于是零售与批发分化，当批发成为贸易领域的一个行业或部门时，零售也就成为专门面向最终消费者销售商品的行业。与批发贸易相比，零售贸易的主要特征有以下几点。

(1) 交易对象是为直接消费而购买商品的最终消费者，包括个人消费者和集团消费者。

消费者从零售商处购买商品的目的不是为了用于转卖或生产所用，而是为了自己消费。交易活动在营业人员与消费者之间单独、分散地进行。

(2) 零售贸易的标的物不仅有商品，还有劳务。

零售活动除了出售商品之外，还包括为顾客提供的各种服务，如送货、安装、维修等。随着市场竞争的激烈加剧，零售提供的售前、售中与售后服务已成为零售商重要的竞争手段或领域。

(3) 零售贸易的交易量零星分散，交易次数频繁，每次成交额较小。

这是零售商应有的定义。零售为少量销售的意思。因为零售贸易本身就是零星的买卖，交易的对象是众多而分散的消费者，这就决定了零售贸易的每笔交易量不会太大，而较少的交易量不可能维持持久的消费，与之相适应，零售贸易的频率就特别高。正由于零售贸易平均每笔交易量少，交易次数频繁，因此，零售商必须严格控制库存量。

(4) 零售贸易受消费者购买行为的影响比较大。

零售贸易的对象是最终消费者，而消费者的购买行为有多种类型，大多数消费者在购买商品时表现为无计划的冲动型或情绪型。面对这种随机性购买行为明显的消费，零售商欲达到扩大销售的目的，就要特别注意激发消费者的购买欲望和需求兴趣。为此，零售商可以在备货、商品陈列、广告促销等方面下功夫，把生意做活、做大。

(5) 零售贸易大多在店内进行，网点规模大小不一，分布较广。

由于消费者的广泛性、分散性、多样性、复杂性，为了满足广大消费者的需要，一个地区内仅靠少数几个零售点是根本不够的。零售网点无论从规模还是布局上都必须以满足消费者需要为出发点，适应消费者购物、观光、游览、休闲等多种需要。

(6) 零售贸易的经营品种丰富多彩、富有特色。

由于消费者在购买商品时往往要挑选一下，"货比三家"，以买到称心如意、物美价廉的商品。因此，零售贸易一定要有自己的经营特色，以吸引顾客，同时备货要充足，品种要丰富，花色、规格应齐全。

三、零售贸易的功能

零售处于贸易运行的终点，具体体现着贸易运行的目标。零售贸易的特点，决定了它有下列功能。

(一)实现商品最终销售，满足消费者需要功能

产品在生产者手中或批发业者手中只有一种观念上的使用价值，而不具备可能被消费

的现实的使用价值。产品只有进入消费领域，才能具有现实的使用价值，在多数情况下，这需要通过零售贸易来实现。零售贸易直接面向消费者，通过商品销售，把商品送入消费者手中，实现商品的价值和使用价值，不仅满足了社会生产和生活的各种具体需要，而且为生产过程的重新发动提供了价值补偿和实物更新的条件，把生产者创造的剩余价值由可能转为现实。

(二) 服务消费，促进销售功能

消费者对商品和服务的需求是广泛的、多样的、复杂的，要满足这些需求，零售贸易不仅要提供丰富的商品以供消费者选择，还需要围绕着商品销售提供各种服务，如信息服务、信用服务、售货服务和售后服务等，并以此为手段，扩大商品销售。在发达的市场经济条件下，零售的服务功能更为重要。

(三) 反馈信息，促进生产功能

零售贸易直接面向消费者，能够及时、真实地反映消费者的意见及市场上商品供求和价格变化等情况，及时向生产者和批发业者提供市场信息，协助批发业者调整经营结构，促进生产者生产更多、更好的适销对路商品，满足消费者的需要。

(四) 刺激消费，指导消费功能

零售贸易中的商品陈列、广告宣传、现场操作、销售促进等，能唤起潜在的消费需求，培养人们新的爱好和需求，引导消费者的消费倾向、方式和时尚，为扩大再生产开拓更为广阔的市场，为消费水平的不断提高创造新的物质条件。

四、现阶段零售业的发展趋势

西方零售业经历了 150 年的发展历程，孕育了像沃尔玛、家乐福、麦德隆等一大批巨型零售企业，创造了百货、超市、仓储俱乐部等零售业态，相对于中国零售企业而言，具有规模、资金、技术、管理等多方面的优势。中国加入世贸组织后，零售业对外开放的步伐加快，逐步取消对地域、数量、外资持股比例等方面的限制，中国的零售业在迎接机遇的同时，也面临着巨大的挑战。中国零售业的现状如何，能否在与强大对手的竞争中生存与获得发展，成为人们普遍关注的问题。

中国零售业经历了自 1978 年开始的流通体制改革，尤其是在 1992 年允许外资零售企业进入中国零售领域以后，获得巨大的发展。目前已打破百货商店单一业态的格局，形成了百货、超市、便利店、专卖店等多种业态并存的格局。

中国零售业的发展，如果以业态的发展为标志，可以划分为两个阶段：20 世纪 90 年代以前以国有大型百货业态为主体的单一业态阶段；1992年尤其是1996年以来以连锁超市为主体的多业态并存的阶段，具体还可以划分为零售业的起步阶段、初步发展阶段、放开过渡阶段、全面放开阶段和全渠道建设阶段，每个阶段的关键词如图3-1所示。

图3-1 中国零售业的五大发展阶段

目前我国零售业处于全渠道建设发展阶段，未来几年我国零售业体现为以下几方面的发展趋势。

(1) 大型传统零售业平缓发展甚至微负增长、平均销售毛利下滑成为新常态。

(2) 会员店(如山姆、麦德龙)、精品超市、便利店、社区型购物中心及升级改造店(如上蔬永辉)成为零售企业的发展重点，且销售增长趋势明显，迎来新的黄金发展期。

(3) 主流消费人群发生变化，80/90后等逐步由非主流消费群体升级为主流消费群体，顾客结构、购物渠道及消费习惯发生了较大的变化。

(4) 老龄人口市场扩大。预计2020年65岁以上人口将达到2.4亿人，这个市场也是未来零售须关注的。

(5) 互联网应用"新常态"。李克强总理在2014年11月20日的首届世界互联网大会上指出，互联网是大众创业、万众创新的新工具，随着智能手机的普及，消费者越来越频繁地通过WI-FI登录微信、APP等无线终端软件，WIFI已成为商家"必须有"的标准配置。

(6) O2O热度不减更趋理性，许多实体零售商家开始使用支付宝等手机端结算，而手机端购物在网购中占比也越来越大。

(7) 回归商品性价比。网购系统的发展使产品的价格透明度越来越高，消费者可以通过电商网站及一些价格查询工具对所购买的商品进行网络比价，所以高加价率的工业品将逐步减少，自有品牌的市场空间巨大。

(8) 生鲜在超市中的地位更加凸显，无公害、绿色食品为更多消费者所认可，城市中央厨房、生鲜冷链物流受国家政策的影响，进入快速发展期。

(9) 购物环境升级,购物渠道多样化以及便捷支付、体感科技、快递物流等软硬件的创新,增强了顾客的购物体验,"体验营销"将成为未来营销的重点。

(10) 会员营销成为大数据营销的基础,通过会员系统设计、会员数据分析挖掘消费需求及趋势,实现精准营销成为营销技术升级的重要手段之一。

(11) "营销技术专家"兴起,营销与大数据和云计算等技术融合趋势明显,营销创新越来越依赖于智能无线终端、电子标签、互联网 POS 机、ERP、CRM 等软硬件科技手段的升级。

(12) 营销渠道、内容发生深刻变化,整合营销传播和全渠道营销成为营销"新常态"。随着科技进步,生活习惯、阅读习惯发生变化,纸媒、电视等传统媒体渠道日益式微,新媒体营销、"圈子营销"风头正劲;而营销内容及形式也陆续由大众化、硬广告向个性化、情感化软营销转变。

第四章 商业主要经营方式

第一节 经销和代理

一、经销

(一)经销的含义

经销是指商品生产厂家或供货方与商家(经销商)达成协议,由经销商承担在规定的期限和地域内购销指定商品的义务。目前很多大型连锁零售商和供应商的交易方式就属于此种交易方式,有些供应商还会给同类商品经营零售商提供不同型号的商品,即通过包销的形式去避免商家之间的价格竞争。

按经销商权限的不同,经销方式可分为以下两种。

一种是一般经销,亦称定销。在这种方式下,经销商不享有独家专营权,供货商可在同一时间、同一地区内委派几个经销商来经销同类商品。这种经销商与供货商之间的关系属于相对长期和稳固的购销关系。

另一种是独家经销(sole distribution),亦称包销(exclusive sales),是指经销商在规定的期限和地域内,对指定的商品享有独家经营权力。经销也是售定,供货商和经销商之间是一种买卖关系,但又与通常的单边逐笔售定不同,当事人双方除签有买卖合同外,还须事先签有经销协议,确定对等的权利和义务。从法律上讲,经销商是以自己的名义购进货物,在规定的区域内转售时,也是以自己的名义进行,货价涨落等经营风险也由经销商自己承担。

(二)经销协议的主要内容

经销协议是供货商和经销商订立的确定双方法律关系的契约,其内容的繁简可根据商品的特点、经销地区的情况以及双方当事人的意图予以确定。我国在实际业务中一般只在协议里规定双方当事人的权利义务和一般交易条件,以后每批货的交付要依据经销协议订立具体的买卖合同,明确价格、数量、交货期甚至支付方式等具体交易条件。通常,经销协议主要包括以下几方面的内容。

(1) 经销商品的范围。

经销商品既可以是供货商经营的全部商品,也可以是其中的一部分,如家电生产厂家和大型连锁家电零售商指定个别型号商品的经销。因此,在协议中要明确指明商品的范围,以及同一类商品的不同牌号和规格。确定经销商品的范围时，要同供货商的经营意图和经销商的经营能力、资信状况相适应。

(2) 经销地区。

经销地区是经销商行使经营权的地理范围。它既可以是一个或几个城市，也可以是一个甚至是几个国家，其范围大小的确定，除应考虑经销商的规模、经营能力及其销售网络外，还应考虑地区的政治区域划分、地理和交通条件以及市场差异程度等因素。

在包销方式下，供货商在包销区域内不得再指定其他经销商经营同类商品，以维护包销商的专营权。为维护供货商的利益，有的包销协议规定包销商不得将包销品越区销售。

(3) 经销数量或金额。

经销协议还规定经销商在一定时期内的经销数量和金额，这是销协议中是必不可少的内容之一。此项数量或金额的规定对协议双方具有同等的约束力，它既是经销商承诺自己的经销能力和获取经销权的条件，也是卖方应供货的数量和金额。经销数额一般采用最低承购额的做法，规定一定时期内经销商应承购的数额下限，并明确经销数额的计算方法。为防止经销商订约后拖延履行，可以规定最低承购额以实际装运数为准。协议在规定最低承购额的同时，还应规定经销商未能完成承购额时的处罚。

(4) 作价方法。

经销商品可以在规定的期限内一次作价，结算时以协议规定的固定价格为准。这种方法存在交易双方要承担价格变动的风险，故采用较少。在大多数经销协议中采用分批作价的方法，也可由双方定期地根据市场情况加以商定。

(5) 经销商的其他义务。

对经销商来说，要负责做好广告宣传、市场调研和维护供货人的权益。协议通常规定，经销商有促进销售和广告宣传的义务；有的协议也规定，供货商应提供必要的样品和宣传资料；协议对于广告宣传的方式以及有关费用的负担问题也应明确加以规定，一般多由经销商自己担负。在协议中，还可规定经销商承担市场调研的义务，向供货商提出改进产品质量和设计的方案。

(6) 经销期限。

经销期限即协议的有效期，可规定为自签字生效起一年或若干年。一般还要规定延期条款，可以经双方协商后延期，也可规定在协议到期前若干天如没有发生终止协议的通知，则可延长一期。经销期限届满协议即终止，但为了防止一方利用对方履约中的一些微不足道的差异作为撕毁协议的借口，在协议中还应规定终止条款，明确在什么情况下解除协议。

二、买断包销

(一)买断包销的定义

买断包销经常被称为"买断经营"，是指经销商通过同制造商(厂家)签订买断经营合同，

第四章　商业主要经营方式

由经销商用现款现货的交易方式向制造商一次性买断某种商品在某地区市场某个时期的独家经营权。买断经营是包括批发商在内的商家寻求拓展利润空间的新的经营模式。其实质是商家通过买断的形式，以较高的商业风险换取某一制造商的某种商品在一定时期的垄断经销权。

从形式上讲，买断经营并不是一个新生事物，类似的经营模式从国外到国内早已有之。国外大商业集团包揽某个品牌的商品在某一区域甚至全球市场的经营或代理是比较普遍的事。我国在计划经济时期实行的由国家指定流通机构"统购包销"，也属于某种程度上的买断经营。当然，势易时移，今天的买断经营与过去的"统购包销"有着实质性的区别，远不是形式上的一种简单回归。买断经营在商品经济高度发展的过程中，已成为商家避免恶性竞争、拓展利润空间的一个值得尝试的有效手段。

(二)买断经营的特点

1．买断经营是经销商向制造商获得的一种独家经销权

一般来说，某个产品的生产厂家有任意选择经销商的权利；同样，一个中间商也有任意选择厂商产品销售的权利。但是，在供大于求的买方市场上，众多经销同一生产厂家商品的经销商由于抢夺市场份额的需要，往往压价销售，极易导致恶性竞争，造成市场秩序混乱，厂商利润微薄甚至难以盈利。实施买断经营，通过与厂商签订买断合同，可以使经销商获得独家经销权，避免因恶性竞争造成效率损失。

2．经销商承担了较高的经营风险

从理论上讲，商品流通渠道在批发和零售的中间环节，是以商品所有权的转移(即交易)为条件的。但是，在实际中，由于生产领域普遍的供大于求，生产者之间的竞争极其残酷，以及由于社会分工的不同，厂家对中间商特别是有实力的大批发商和零售商有着天然的依赖性，以至于厂家的商品在流通环节虽名义上是经过了批发或零售，但通常是由厂家垫货，商家先销售后结账，积压商品退换给厂家。因此这实际上是由厂家单方面承担着经营风险。而实行买断经营，经销商必须将商品先买过来(允许一次性购买或分批交货)，而且不得退货或换货，这样流通环节的经营风险就改由经销商来承担。可以说，经销商是以较高的经营风险和流动资金投入为代价，换取制造商商品的独家经营权。

3．买断经营具有垄断性和排他性

经销商获得买断经营权后，生产厂家的商品在买断合同约定的时间和区域市场范围内，不得交由任何第二家中间商经销，因而具有一定的垄断性和排他性；至于经销商是否再接受第二家同类型竞争产品的经销，则由买断合同的双方具体协商。

4. 买断经营具有时间性和地区性

由于市场环境的动态性和消费需求的易变性，使经销商一般不愿意把自己的经营能力"锁定"在某个品牌或某一型号的商品上，因此很难形成长期的"买断"关系。同时，由于经销商分销网络规模和能力的局限性，双方的"买断"关系也不可能包括制造商的全部目标市场，而总是以一定的时间和一定的区域市场范围为前提。

(三) 买断包销的产生条件

1. 市场供求形势的重大变化，商业竞争的加剧

当商品长期短缺的现象已基本消失、多数商品由卖方市场变为买方市场时，消费需求会逐渐由纯粹的实用型向实用兼享受型转变，消费者开始更多地关注心理满足。因此，名牌、优质产品便会成为多数消费者的购买对象。因此，在商业系统竞争中，谁拥有名优产品的支配权，谁就占据了竞争的优势。买断经营可以使经销商获取这一竞争资源。

2. 商业企业具有雄厚的资本和强大的分销能力

买断经销，特别是大规模的买断经销，首先需要商业企业投入大量的购进资本和承担商品流通中的风险，这就要求商业经营者要拥有雄厚的资本和良好的社会形象。有了这样的条件，一方面可以得到生产厂家的信任，另一方面可以得到银行的支持。其次，需要商业经营者本身具有一定的规模、组织能力以及便利的运输工具，这样才能使买断经销的产品能迅速地运往全国各地，销售到用户手里，缩短流通时间。

(四) 买断包销的优势与劣势

分析买断经营的优势与劣势，对于正确地认识买断包销经营，从而稳健地实施买断经营无疑是非常必要的。对于经销商来说，买断经营的优势在于：一是获得了独家经营优势。它排除了本地区其他经销商的竞争，有利于经销商独占某种商品在本地区的市场份额，是一种很好的排斥竞争的手段。这是买断经营的最大优势。二是为经销商赢得了较大的盈利空间。买断经营是以大批量买断某种商品经销权为条件的，批量小对制造商和经销商都会缺乏吸引力；而且，在买断经营方式下，经销商既要承担较大的商业风险，又要付出流动资金，因此，买断经营条件下的成交价非常优惠，这就为经销商赢得了较大的盈利空间。此外，买断经营由于排斥了竞争者，不用担心因恶性竞争导致的降价损失，盈利空间不容易被压缩，这也是买断经营的显著优势。三是买断经营能获得厂家的支持与合作。在买断经营条件下，排除了制造商在该地区市场再使用其他经销渠道，厂家商品占领该市场的全部希望便寄托在该经销商身上。因此经销商能获得制造商在技术指导、培训、零部件供应、售后服务、产品升级等方面的支持与合作。四是买断经营的商品如果是著名的品牌商品或其他热销商品，还能提高经销商的市场地位和声望。

对于制造商来说，实施买断经营的优势在于：制造商在让利让价的同时，将库存商品和相应的经营风险也转移给了经销商，减少了库存压力，收回了资金，加速了资金周转；另一方面，如果买断的经销商实力雄厚，买断经销的量非常大，能节约制造商在销售渠道上的资金和人力投入，节省经营成本，提高效率。

从整个社会来看，生产企业建立自己的销售机构时间长、费用高，且难以准确掌握市场行情的变化。而经销商则与市场有着广泛的联系，能够及时地了解市场需求特点，熟悉市场需求的变化和发展趋势，再加上本身的信誉和优越的地理位置，更有利于把商品迅速地转售给直接消费者，使处于流通过程中的商品得以最快地完成其最后的形态变化。由于买断经销缩短了再生产过程中的流通时间，减少了流通费用，因而更有利于整个社会经济的发展。

从发展贸易方式、加强工商联系来看，为适应大市场、大流通的需要，各企业可根据自身的不同情况采用不同的经销方式，产销双方都要不断作出新的选择，商业要选择名优产品，工业要选择有实力、有规模、有信誉的商家。买断经销的成功就是产销双方互相选择的结果，这种结果使工商之间的联系进一步加强。另外，目前市场运行的信誉基础比较薄弱，诸如在代理关系中，货款结算往往不及时，三角债问题长久难以解决。而买断经营是现款支付，不存在三角债问题，因此商业信誉较好。

买断经营对于经销商来说，在获得利益的同时也具有很大的风险，其不利之处表现为以下几点：一是经营风险高。由于商品是买断的，不允许退货和换货，增加了商业风险。如果买断的商品品牌价值不高，缺乏足够的吸引力，或者所选择买断的商品品种、型号货不对路，造成积压，经销商将付出惨重的代价。二是较高的资金代价。买断经营需经销商支付货款、成为商品的所有者，这样就使一部分社会资本在流通领域长期被占用，提高了资金的使用成本。另外，对于制造商来说，实施买断经营也可能会有不利之处。主要是如果经销商销售能力有限，则制造商的该商品在这一地区市场的占有率将很低；如果造成积压，导致经销商最后贱价抛货，还会有损制造商的企业形象。对于全社会而言，买断经营实质是一种垄断经营。买断经营会形成在某市场区域的垄断经营，这种行为是有悖于市场公平竞争原则的。若买断时间长，就可能形成垄断价格，且垄断所产生的服务质量差、追求超额利润等弊端就会显露出来，市场竞争的公平性就会降低。

综合而论，买断经销有利有弊，关键的问题是把这种贸易方式控制在一定的范围之内，如在时间、品种、价格、规模等方面进行适当的控制，使其产生较好的经济效益和社会效益。

三、代理

(一)代理的定义

代理作为一种商品流通方式，是指流通企业通过契约形式与生产企业订立代理协议，取得商品的销售权,厂家给予商家佣金额度的一种稳定的贸易方式。[①]从商品流通体系上看,代理也是一种流通体制,是由商流、物流和信息流共同组成的商品流通系统,它以商务代理为主线,通过优质的服务、低廉的费用、最短的时间和高效的供销完成商品流通。

世界上代理制实践较早且最为风行的是在美国。18世纪末法国大革命的爆发和英国的产业革命,使美国逐渐成为原料的主要供应地和接纳机器制造的纺织品的主要市场。到19世纪初,提供一揽子服务的一般商人的能力已经不足以开拓市场,棉花的交易逐渐由专业公司来经营。同时,由于国际性供需不平衡,棉花价格波动剧烈,买断经营的风险很大,专业化的棉花商人宁可收取更保险的佣金,而不愿意买进货品。这些为佣金而从事棉花交易的新兴商人就形成了代理商。随着美国经济的进一步发展,代理商代理的商品逐步由棉花扩展到其他商品,出现了大量的贸易代理人,同时逐渐形成了完善的代理制。经过100多年的发展,商业代理逐渐成熟,并形成代理制,成为商品流通的一个重要的组织形式和国际贸易中比较通用的一种贸易方式。

(二)商业代理制的形式

按照不同的划分标准,对商业代理制的具体形式的划分也有所不同。

1. 根据代理商代理的对象不同区分

按照代理商所代理的对象不同,又可以分为三类:一类是销售代理。销售代理商根据合同销售某一制造商的所有产品,常常起到企业销售部门的作用,因此对销售产品的价格及交易条件等有一定影响。二类是采购代理。代理商与委托人有长期联系,代其进行采购,往往为其负责收货、验质、储运等商务活动,在很大程度上起到了厂商供应部门的作用,对购买价格和交易条件等有影响力。三类是售后服务代理。专门代理某一类产品诸如家电、汽车、数码产品等的售后服务、维修等业务。

2. 根据代理商代理的流通环节区分

一类是批发代理。指为购销双方充当商品批发交易中介的代理商。批发代理商一般作为总代理,多存在于大批量的通用性的市场环境中。二类是零售代理。指本身以从事商品零售为主的代理商。零售代理商一般是小公司或专业性很强的公司,大多为一般代理。

3. 根据对代理商授权权限的不同划分

独家代理商,即有专营权的代理,是指委托人授予代理商在某一类市场(以区域、产品或消费者群划分)的专营权,独家代理关系发生后,厂商就不得将该项商品直接或间接销售

[①] 代理的内涵广泛,既有法律环境下的释义,也有经济学视角中的理解,在博弈理论中又会在委托-代理模型中解释。本书中所述代理是指在商品流通领域中一种商业中介的交易方式。

给指定代理区域内的其他买主,只要在约定地区和划定期限内做成该商品的交易,除双方另有约定外,无论是由代理商单独做成生意,还是厂商越过独立代理商同其他厂商成交,代理商都享有接受佣金的权利。

总代理商,是指代理商在指定代理地区不仅享有独家代理商的全部权限,而且有权指定分代理商,甚至可以代表委托人参加一些非业务性的、非商业性质的活动。总代理商可以说是委托人在指定地区的全权代表。

一般代理商,是指不享有专营权的代理,委托人可以在同一市场上同时选定多家代理商作为其代理商,为其服务。

综上所述,商业代理制的形式划分如表4-1所示。

表 4-1 商业代理制形式划分

划分标准	具体形式	各形式特点
按代理商代理的对象区分	销售代理	代理一个制造商产品
	采购代理	代理采购
	售后服务代理	代理售后服务
按代理商代理的流通环节区分	批发代理	代理商为批发中介
	零售代理	代理商以零售为主
按代理授权权限区分	独家代理	指定代理区域内独家代理
	总代理	指定地区的全权代表
	一般代理	不享有专营权的代理

(三)商业代理的特点

从上面的叙述可以看出,商业代理制的形式是多种多样的,每个具体的形式又各有特点,但概括起来都具有下列特征。

1. 代理商具有法人地位,是独立经营的商业组织

代理商与制造商是平等互惠的贸易伙伴关系,这一特点使代理商与制造商的关系有别于总公司与分公司的自销关系。同时,代理商与制造商由一个具有法律效力的代理契约相联结,说明了代理关系是一种市场关系,而非企业内部管理关系。

2. 代理商与制造商具有长期固定的商业关系

代理契约一般具有长期有效性,代理商与制造商保持长期稳定的商业关系是代理制存在的意义所在。这一特点,使得代理制区别于"一般贸易"中单一购进买断的贸易关系,因而使交易双方都能较一般贸易享有更小的交易费用。

3. 代理关系具有一定程度的独占性或排他性

相比于交易对象完全开放的一般贸易关系而言，代理关系在交易对象、交易区域以及交易产品方面都有不同程度的制约，如代理商要执行制造商对商品的定价，不能销售与代理产品具有竞争性的产品，独家代理只能在指定区域销售等。同时，代理权又具有一定排他性的专属权，代理关系是通过专属权的赋予，在排他性制约条件下使代理商获得较一般贸易更多的利润。因此，商业代理关系具有既非一般市场关系、也非组织关系的中间性质。

4. 代理关系对信用的依赖度强于一般市场交易关系

代理关系的实质是制造商与代理商之间互相提供信用。代理商按既定价格代理制造商销售产品，并从中提取佣金，或是获得某个区域的专属权利，得到制造商的承认，是建立在制造商的信用基础之上的。而代理商为制造商开拓市场、及时收回货款，又建立在代理商的信用基础之上。离开了信用，代理关系将不能存在。

5. 代理商按销售或采购额的固定比例提取佣金，不具备所有权

代理商在代理委托人进行商品购销活动中，不需要支付货款成为商品的所有者，而是按销售或采购额的固定比例提取佣金，不承担商品在买卖过程中出现的积压、退换等风险。而买断经营则需购进商品成为商品所有者，承担库存积压等风险，但具有很高的自主经营权。

(四)商业代理的职能及作用

商业代理制具有如下几个方面的职能。

第一，开拓市场的职能。建立代理关系的生产商和代理商能够做到优势互补，生产商可以利用代理商的销售渠道和促销能力，代理商则可以将自己的经营建立在生产商的产品和价格优势上，从而形成生产商和代理商最佳的营销策略组合，开拓新市场，提高市场占有率。代理制开拓市场的功能对于新产品和目标市场不明确的产品扩大销路，具有重要的推动作用。

第二，分担风险的功能。代理制具有分担和减少风险的功能。一方面，代理制中的市场风险由生产商和代理商共同承担，即生产商承担生产费用风险，代理商承担流通费用风险；代理制中的生产商按合同生产，流通商不需要进货，从而消除了盲目生产及盲目进货造成的风险。另一方面，在代理制经营中，商品可以以更快捷、更安全的方式由生产商转移到消费者手中，从而减少了运输风险和存储风险。

第三，降低费用的功能。与生产商自销相比，代理制降低费用的功能表现为：当市场销售小于一定的规模时，采用代理制较为经济合理。与流通商的买断相比，代理制降低费用的功能表现为能节约商品的购进资金。至于代理制中的商品的直达运输及减少库存，则会降低生产商和流通商的销售费用。这些功能在很大程度上促进了流通效率的提高。

第四章 商业主要经营方式

与上述职能紧密联系，商业代理制对我国商品流通的作用主要包括以下几个方面。

第一，密切工商关系、农商关系及商商关系，稳定商品流通渠道。代理制将工商或农商之间结成了利益共同体，使它们之间的过度竞争转化为通力合作，并且，为了更好地取得代理的效果，商商之间也产生了加强合作、建立高效网络的额外动力。

第二，提高流通效率，降低流通费用。通过发挥专业分工与合作的优势，代理制能够收到分工效果和规模效果，降低销售费用。从美国独立批发商、厂家直销批发和销售代理这三种主要批发形式的实际情况来看，美国商务部调查统计局的资料显示：批发营销费用率，即营销费用占销售收入的比率，独立批发商为 13.9%，厂家直销批发为 7.2%，销售代理为 4.2%；从职工人均年销售额来看，独立批发商为 117 088 美元，厂家直销批发为 322 140 美元，销售代理为 413 354 美元。这说明采用销售代理的费用最低，而人均销售额最高。

第三，站在生产企业或者委托者一方看，代理制的最大优势不在即期，而在远期现货代理。代理商把通过代理网络所了解的市场信息和变化趋势在产前传递给生产企业，使供方能按订单安排生产，防止盲目生产及其形成的产品积压与资金呆滞。借助于代理商的合作，生产企业可以更好地调整产品结构，提高产品的质量，更快、更有效地开拓市场。

第四，站在代理方即商业企业一方来说，代理制可使其取得稳定的货源，增强其经营实力和市场影响力，可使商业企业节省经营资金，提高资金的使用效率。

第五，站在商业代理者的角度看，代理制有利于提高对用户的服务质量。在对用户的销售服务能力上，生产企业自销机构要优于代理商，而代理商又优于买断下的流通企业。在生产企业自销不经济时，代理制就成为提高对用户的服务质量的最佳选择。

(五)采用商业代理的制约因素和适应条件

商业代理制虽说是商品流通制度的一次重大进步，并且历经百年的考验，在绝大部分行业得到应用与完善，但它亦不可能普遍取代其他的流通方式，而成为一个"放之四海而皆准"的商业制度。采用商业代理制，还存在着被产品自身特点、市场状况、流通企业资源等具体因素制约的问题。

代理制适应的原则是：构建分销渠道的固定投入成本与分销资产专用性都较大，目标市场区域范围大，交易频率高，市场不确定性因素较多，企业内部管理成本大于代理关系维护成本，代理商专业优势明显。

从商业代理的长期实践来看，采用商业代理制贸易方式的制约因素和适应条件如表 4-2 所示。

表 4-2 商业代理的制约因素和适应条件

制约因素	适应条件
产品特性	工业品和部分消费品；技术性和服务要求较高；标准化程度较低；处于引入期和成长期

续表

制约因素	适应条件
市场条件	目标市场区域大，距离生产企业较远；市场规模大；市场密度较低；市场竞争激烈
生产企业资源	生产企业规模小，能分摊和承受自建营销网络的固定成本；生产企业管理能力和营销能力较弱
商业企业资源	商业企业品牌知名度与诚信度高；商业企业分销实力较强

(六)代理协议

代理协议是明确协议双方委托人与代理人之间权利与义务的法律文件，其主要内容包括下列几项。

1. 指定的代理地区

代理地区是指代理人有权开展代理业务的地区。这种地区规定方法与包销协议规定方法相同。

2. 授予代理的权利

该条款的内容差异程度较大，取决于不同性质的代理人。如果是普通代理协议，委托人应该在协议中规定：在代理人不参与的情况下，保留委托人在代理人的代理地区直接同买主进行谈判和成交的权利。

独家代理协议通常规定提供专营权的条款。西方国家称为排他性权利条款。对于独家代理协议这一条款有两种规定方法：委托人向代理人提供绝对代理权，使其成为该地区唯一的独家代理人，而货主不保留在该地区同买主进行交易的权利。但有的独家代理协议规定，委托人也可保留对买主直接供货的权利。不过，在后者情况下，通常规定委托人对代理人应计付佣金。

3. 协议有效期及中止条款

按照国际市场的一般习惯做法，代理协议既可以是定期的，也可以是不定期的。定期协议的期限多为 1～5 年。如不规定期限的话，双方当事人则在协议中规定：其中一方不履行协议，另一方有权中止协议。

4. 代理人佣金条款

代理人的佣金条款是代理协议的重要条款之一，其中包括下列内容。

(1) 代理人有权索取佣金的时间。

(2) 佣金率：通常为 1%～5%不等。

(3) 计算佣金的基础：计算佣金的基础有不同的方法。例如，在销售代理协议中，有些以实际出口的数量为准,有些则以发票总金额作为计算佣金的基础,也有的以 FOB 总值为基础计算佣金,不论采取何种办法,都应事先在协议中订立。

(4) 支付佣金方法:支付佣金有不同的做法。有些可按约定时间根据累计的销售数量或金额,按累计的佣金汇总支付,有些则在委托人收汇后逐笔结算或从货价中直接扣除。

5. 非竞争条款

在许多国家采用的代理协议中通常订有这一条款。所谓非竞争条款是指代理人在协议有效期内无权提供、购买与委托人的商品相竞争的商品,也无权为该商品做广告。代理人也无权代表协议地区内的其他相竞争的公司。

6. 关于最低成交额条款

所谓最低成交额条款是指代理人要承担签订不低于规定数额的(最低成交额)买卖合同。如果代理人未能达到或超过最低成交额时,委托人对代理人的报酬可作相应的调整。

7. 关于向委托人提供市场情报、广告宣传和保护商标等条款

代理人有义务定期向委托人提供市场趋势外汇变动情况,海关规定以及本国有关进口规定的资料;还应在委托人指令下组织广告和宣传工作;一般委托人要在协议中明确货主保留对通过代理人销售的商品的商标注册权,无论代理人或第三方都不得侵犯货主合法权益。

第二节 工商联营和代销

一、工商联营

(一)工商联营的概念

工商联营是我国商业流通体制改革后出现的新的商业经营方式。一般由工商双方签订联合销售专柜合同,由商家提供销售场地及设施,由厂商或品牌代理商直接进店负责商品的进、销、存过程;店方除收取与面积、位置、导购人员有关的场地使用费、物业管理费等固定费用外,主要实行"保底扣率"的结算方式作为商家的主要收益。

(二)工商联营的利弊

据有关资料显示,联营模式虽在很多发达国家商业企业中出现过,但不像我国零售业,尤其是百货业已经成为一种主营模式。改革开放初期,我国实行联营模式的百货商店最初只占 20%左右的经营比重,在当时起到了搞活流通、繁荣市场、密切工商关系的作用。但发展至今,由于其能降低商家经营风险,保证基本的利润来源,而逐渐成为绝大多数大型

百货店的主流经营模式，且经营比重已上升至 80%左右。虽然这种经营模式可以确保商家坐收渔利和避免经营风险，但从盈利能力角度来看，我国百货业和国外的百货业差距较大。目前商业企业不加限制地扩大工商联营的经营比重，也带来一系列问题，甚至成为发展中难以逾越的瓶颈，主要表现为以下几个方面。

1. 导致商业企业难以规模化经营

目前我国百货业主要实行工商联营模式，由于工商联营模式是厂商进店组织商品的购运存销业务，商家主要提供场地和主要营业管理，如果在百货业中开展连锁经营，就实现不了统一采购、统一配送、统一管理等规模化经营所带来的成本优势。所以，在百货业中只有为数较少的全国性连锁百货集团，如王府井、大商集团、华联股份等，其余大多数是百货单体店和区域性的百货企业。这种区域性百货企业通常在省内或周边省市有几家分店，基本没有实现连锁经营。

2. 导致同质化竞争问题

我国传统百货商店一般位于城市的中心商圈，而在中心商圈的百货商店通常不止一家，同业竞争现象在我国大中城市极为普遍。在百货商店的市场定位上，主要体现出经营商品档次上的高、中、低之分；而同档次之间，百货商店无论是经营的商品种类、商品的楼层分布、经营布局、商品的品牌甚至服务水平都极其相似。例如，大多数百货商店在一楼经营精品鞋、化妆品、箱包、首饰等，而精品鞋的品牌 90%是雷同的，在二楼的时尚女装柜台也存在同样的雷同情况，这种问题就是出在工商联营上。工商联营是商家招品牌商进店经营，哪个品牌商品销路好，各商家就引进哪些品牌，这就导致各商家品牌趋同，只能靠不断降价打促销战，而在市场规模一定的情况下，这种竞争无非就是零和博弈，使各百货商店的经营利润都下降，甚至出现亏损及倒闭。

3. 抑制了商家对经营管理与技术的创新

经营管理技术落后，实质性的网上销售业务难以开展。由于多年来不断减少自营商品比例，增加联营、租赁等的份额，使百货商店在经营管理技术方面一直在原地踏步。很多百货店的配送技术、信息系统技术落后，极少百货店建立了 POS、条码技术及后台电脑分析系统，无法做到对企业的商流、物流和资金流进行实时监控，无法有效地控制商品库存和营运成本。因此很多百货商店虽然开业多年，但缺乏对商业数据的积累，难以开展在大数据背景下的精准营销，势必为电商市场所取代。

4. 不利于流通领域建立良好秩序

流通领域有其特定的内涵和作用，也有其自身的运行规律。从理论上讲，社会劳动有明确的分工，生产企业直接进入流通领域不符合社会化大生产内在的要求，是一种小生产、自然经济的表现；工业企业到处布点，建立销售网络，甚至外资品牌需要靠国内生产厂商的渠道做中国市场,是不符合市场规律和企业自身特点的;生产厂家推销和采购人员满天飞,扰乱了流通领域正常秩序,使市场竞争处于无序状态。从整体利益看,对社会劳动和企业资源等都会造成不必要的重复和浪费,也会影响生产企业集中精力抓生产。

二、代销

(一)代销的概念

代销是一种委托代售的贸易方式。它是指委托人(供货方)先将商品运往商家销售场所,委托商家按照代销协议规定的条件,由商家代替货主进行销售,在商品出售后,由代销商家向货主结算货款的一种商业做法。

在代销业务中,供货人就是委托人,代销人作为受托人,即指接受委托从事代销业务的商号或公司。

(二)代销的性质

从上述概念中可以发现,代销业务是按供货人和代销人签订的代销协议进行的。代销协议与买卖合同有别,买卖合同中的双方当事人是买卖关系,但代销协议中的双方当事人却不是卖断或买断的买卖关系,而是委托和受托的关系。代销协议属于信托合同性质。代销业务的代销人介于委托人与实际买主之间。代销人有权以自己的名义与当地购货人签订购销合同,合同双方当事人之间的关系是本人与本人的关系,如果当地购货人不履行合同,代销人有权以自己的名义起诉。关于委托人与代销人的权利和义务,由代销协议作出具体规定。

(三)代销的特点

目前国内市场上的代销方式与通常的卖断方式比较,具有以下几个特点。

(1) 供货方先将货物运至代销人销售场地,然后经代销人向消费者销售。因此,它是凭实物进行买卖的现货交易。

(2) 供货人与代销人之间是委托代售关系,而非买卖关系。代销人只能根据供货人的指示处置商品。商品的所有权在代销人代销期间仍属供货人。

(3) 代销商品在售出之前,包括运输途中和到达代销地点后的一切费用和风险,均由供货人承担。

(四)代销的利弊

1. 代销的优点

代销有以下几个方面的优点。

(1) 代销商品出售前,供货人持有商品的所有权。因此,尽管商品已经运往代销地,但对商品的销售处理和价格确定等大权仍在供货人手中,有利于随行就市。

(2) 代销方式是凭实物买卖,商品与买主直接见面,有利于促进成交。

(3) 代销人不负担风险与费用,一般由供货人垫资,不占用代销人的资金,可以调动代销人经营的积极性。

2. 代销的缺点

代销对于委托人来讲,也有明显的缺点,表现为以下几个方面。

(1) 承担的风险较大,费用较多,而且增加委托人的资金负担,不利于其资金周转。

(2) 代销货物的货款回收较慢,一般商家会先卖后结算,有较长的账期,少则一个月,多则半年一年,一旦代销人遵守协议,委托人可能面临货、款两空的危险。

第三节 连锁经营

一、连锁经营的定义

连锁经营是指经营同类商品或服务的若干个企业以一定的形式组成一个联合体,通过对若干零售企业实行集中采购、分散销售、规范化经营,从而实现规模经济效益的一种现代流通方式。其组织结构通常如图4-1所示,在集团总部下设物流中心、多个连锁门店,有些大型连锁经营集团还有线上网上商城,也可并行开设若干加盟店。其业务内容主要包含商品采购、物流配送、连锁营运和财务管理等。

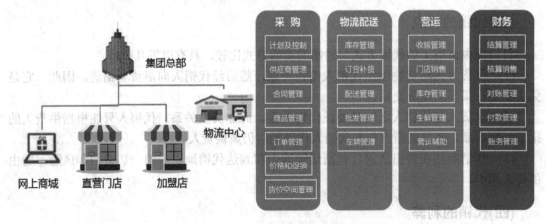

图4-1 连锁经营组织结构和业务活动

连锁经营方式自19世纪中后期在美国出现以来,目前已成为国际上普遍采用的一种企业组织形式，被广泛应用于零售业和服务业等众多行业，并且出现了国际化连锁经营的趋势。以麦当劳为例，它在世界 100 多个国家共开有 35 000 千多家分店。连锁经营可谓是把现代化大生产原理运用到流通领域的一次成功尝试，体现了专业化分工，实现了流通的系统化和规模化，从而达到规模效益与灵活方便的统一。这种经营方式的规模经济特征体现在随着企业的连锁扩张，市场份额不断扩大，经营成本不断降低，以此确立企业的规模经营优势。这种优势主要表现在以下三个方面。

第一，规模经营导致企业平均成本降低，使企业拥有规模效益。连锁经营实行集中采购、分散销售。大批量进货使企业可以得到生产商较大的折扣，降低了原材料的进货成本；仓储、配送中心的统一送货，节省了零售店的库存面积，减少了占压资金，从而降低了销售成本；连锁企业分工细致，专业化程度高，劳动效率高，相应地节省了人力成本；由于店铺众多，所以连锁企业的广告宣传、促销手段效果明显，也节省了这方面的费用。

第二，通过连锁布点形成规划系统、布局完整的市场网络，追求规模效应。连锁经营的企业一般拥有众多的店铺。许多国家规定连锁企业通常要有 10 家以上的分店。一般来讲，网点的多少决定了企业的实力、竞争力和辐射力，单体企业很容易受到其他竞争企业的冲击和影响，即使是大型百货公司也不例外。实行连锁经营，可以使企业既具有经营战略、网点布局的优势，又形成目标一致、联合对外的竞争优势，这也是为什么许多中小企业采取特许的方式加入连锁行列的主要原因。

第三，连锁企业的规模经营具有显著的社会效应。据有关资料统计，在全世界，各国名列前茅的零售企业均为大型连锁公司，如美国的沃尔玛、英国的马狮、荷兰的阿荷德、日本的大荣、法国的家乐福等。这些企业社会知名度高，容易受到社会和公众的关注与支持，形成品牌、名店的优势。另外，各国政府对发展连锁都给予一定的优惠政策，有助于企业快速形成规模，通过资源共享获得经济效益。

二、连锁经营的类型

连锁经营的类型在各国有不同的划分方式。在日本通常将连锁经营分为三种类型：一是正规连锁，也可称直营连锁，是大资本通过独资、控股或吞并、兼并等途径，发展壮大自身实力和规模的一种形式；二是特许连锁，又称合同连锁，即以经营权的转让为核心的连锁经营；三是自由连锁，是保留单个资本所有权的联合经营。在美国习惯上把特许经营与连锁经营区分开来。连锁经营强调同一资本所有，一般要求连锁店的数目要在 10 家以上。而特许经营的核心是特许权的转让，特许人是转让方，受许人是接受方。在我国香港和台湾地区，有的采用日本的划分方式，有的将特许连锁和自由连锁统称为加盟连锁。我国内地目前基本上采用日本划分方式。正规连锁是连锁经营最初的形式，而特许连锁则是目前最发达的形式。

(一)直营连锁模式

直营连锁又叫正规连锁,连锁企业总部通过独资、控股或兼并等途径开设门店,所有门店在总部的统一领导下经营,总部对各门店实施人、财、物及商流、物流、信息流等方面的统一管理。直营连锁具有资产一体化的特征,即每一家连锁分店的所有权都属于同一主体,归一个公司、一个联合体或单一个人所有;直营连锁实行总公司统一核算,各连锁店只是一个分设销售机构,销售利润全部由总公司支配;直营连锁总公司与其下属分店之间属于企业内部的专业化分工关系,所以在经营管理权方面高度集中。各连锁店不仅店名、店貌等完全统一,经营管理的决策权,如人事权、进货权、投资权等也都高度集中在公司总部,总部为每个连锁店提供全方位的服务,以保证公司的整体优势。

直营连锁一般具有以下几个方面的基本特征。

(1) 所有分店的所有权、经营权都属于同一公司,从而使经营决策权、人事权、财务控制权高度集中。

(2) 各分店按连锁业的要求实施标准化、专业化、简单化经营。

(二)特许连锁模式

特许连锁又称合同连锁或加盟连锁。美国商务部规定,特许连锁是指主导企业把自己开发的产品、服务和营业系统,包括商标、商号、企业象征的使用,经营技术,营业场合或区域等,以营业合同的形式,授予加盟店在规定区域内的经销权和营业权,加盟店则交纳一定的营业权使用费,承担规定的义务。

采用特许连锁经营方式,对总公司、特许店及整个社会都具有明显的优势。对总公司来说,能以较少的投资达到迅速发展公司业务的目的,实际上具有一种融资的功能。同时通过经营权的转让也能为总公司积累大量的资本,使公司的无形资产变为有形的资产,从而增加公司的实力和发展能力。对于投资者来说,尤其是那些具有一定资本、希望从事商业活动但又没有经营技术和经验的企业与个人,通过购买特许权可以获得很好的发展机会,一旦加盟,既可以利用总公司的技术、品牌和信誉开展经营,又享有总公司全方位的服务。所以,经营风险较小,利润较稳定。

(三)自由连锁模式

自由连锁的原意是自发性连锁或任意性连锁,实际上是一种横向发展的合约系统,店铺在保留单个资本所有权的基础上实行联合,组成一个具有采购和配送功能的商业机构。自由连锁既可以由某一批发企业发起,组成批零一体化的合约关系;也可以由众多的零售企业联合组成一个具有采购和配送功能的商业机构,为零售企业服务。前一种自由连锁方式的功能比较单一,主要是通过合同来维持连锁经营方式,自19世纪中后期在美国出现以来,目前已成为国际上普遍采用的一种企业经营制度,被广泛应用于零售业和服务业等众多行业,并且出现了国际化连锁经营的趋势。

三、连锁经营的特征

连锁经营是在专业化分工的基础上，实现流通的系统化和规模化，从而达到规模效益与灵活方便的统一。连锁经营的基本特征集中表现在以下三个方面。

(一)组织形式的联合化和标准化

这是连锁经营的前提条件。连锁经营方式的组织形式是由一个连锁经营总部和众多的分店所构成的一种企业联合体，被纳入连锁经营体系的加盟店，如同一条锁链上的各个环节相互连接在一起，所以称为"连锁店"。传统的零售业也存在着一定程度的联合，但主要是合作，如工商联营、引厂进店等。而连锁经营则是具有整体性、稳定性的全方位联合，使用同一个店名，具有统一的店貌，而且提供标准化的服务和商品可使得企业的形象一旦确立就极易在大众的印象中扎根。所以，连锁经营又是标准化的联合。如果只有店名和店貌的统一而无商品服务的标准化，那就只有连锁经营的"形"，而无连锁经营的"神"，本质上就不是连锁经营了。

(二)经营方式的一体化和专业化

这是连锁经营的核心。连锁经营把流通体系中相互独立的各种零售业职能有机地组合在一个统一的经营体系中，实现了采购、配送、批发、零售的一体化，从而形成产销一体化或批零一体化的流通格局，提高了流通领域的组织化程度。同时，由于连锁企业拥有大量的分店，具有大批量销售的市场优势，可以引导供应商真正做到根据市场需求和商业经营者的要求组织生产，从而形成以大零售业为先导、以大工业为基础的现代经营格局，实现一体化经营与专业化分工的有机结合。这从根本上改变了传统的经营方式，而这也是连锁经营的核心。

(三)管理方式的规范化和现代化

这是连锁经营的基本保证。一体化经营和专业化分工的有效性主要取决于连锁公司的管理水平，由于购销职能的分离，必然要求连锁总部强化各项管理职能。为此，连锁总部必须有一套规范的做法，建立专业化职能管理部门、规范化管理制度和调控体系，并配备相应的专业人才。同时，为了使庞大而又分散的连锁经营体系内部的各类机能步调一致地有效运转，还需要运用现代化的管理手段，通过实施网络管理，将整个公司组成一个整体。

四、开展连锁经营的驱动因素

连锁经营的三种类型有着不同的运作模式，因此开展连锁经营的动力机制也不同，下面对直营连锁、特许连锁和自由连锁分别分析、介绍其动力机制。

(一)开展直营连锁的驱动因素

1. 为了降低交易费用

制度经济学提出，企业和市场存在替代关系，交易费用是否节省是企业与市场能否替代的根本原因。组建一家直营连锁公司，总部负责集中进货和配送，分店负责分散销售，就相当于把若干零售店铺与批发企业之间原来的市场购销关系内部化为连锁公司总部与店铺之间的配送货物和统一管理关系。其所节约的零售店铺与批发企业间因签订和履行购销合同而发生的交易费用明显大于连锁公司内部因配送货物和对店铺实行统一管理而产生的管理费用，而且连锁公司还会因实行统一采购和配送获得规模经济和提高物流效率方面的收益。可见，直营连锁是企业替代市场，是批零关系内部一体化的成功产物。

2. 为了提高经营管理效率

连锁公司借助品牌和统一经营模式进行分店铺的扩张，从店址选择、顾客定位、店面装饰、商品陈列到业务操作和管理等各方面进行简化和规范，形成标准化的模板店。新开设的店铺大体上按这个"标准店"复制。此方法加上公司总部对各店铺实行集中统一管理，使得同一个公司同一业态的店铺具有相同的店名、店貌和服务内容，这种标准化运作大大提高了连锁总部的管理效率。其次，条形码、POS 销售时点信息系统、EOS 自动订货系统、智能化仓库和计算机网络技术的建立及应用，更提高了连锁公司管理工作的科学性和计划性。商业连锁公司是大型网络组织，实行以"统一管理、统一配送、统一核算、统一定价、统一店名店饰和统一服务规范"为内容的集中统一管理，可以提高连锁公司的经营管理效率，促使连锁公司从区域走向全国，最终实现跨国经营。

3. 为了获取规模经济优势

连锁公司的规模经济就是依靠分店数量和商品集中采购量的增加，使单位商品或服务的经营成本降低、收益增加。

(二)开展特许连锁的驱动因素

1. 通过特许连锁实现无形资本扩张的目标

站在连锁公司总部的立场，企业扩张最基本的动力是追求利润，企业扩张过程以节约交易费用、实现规模效益、拓展经营边界、追求垄断利润为原则。连锁公司的店铺实行标准化管理，包括企业的市场定位、目标群体、选址、服务质量以及企业文化等，这些可形成一套知识体系，印刷为培训手册向外宣传。知识生产的过程包括学习、创造和复制三个方面，生产的成本也包含了学习、创造和复制三类成本。由于知识具有可复制性、可消费性和可学习性，连锁公司总部作为知识生产者，具有知识垄断力、规模经济和成本节约的竞争优势。由此，连锁公司可利用"知识"这种无形资产进行加盟店铺扩张，极大地节约扩张成本。

2. 加盟商降低行业进入壁垒，提高创业成功率

作为一个试图进入流通行业的企业来说，它的资源总是相当有限的，不仅资金短缺，而且极其缺乏相应的管理技能和行业经验，很难在短时期内获得消费者的青睐并尽快获取利润。这主要是由于企业进入，必须克服最小经济规模、先存企业的品牌、规模等优势。因此，试图进入流通领域的企业，通过加盟的方式可以降低行业进入壁垒，从而提高创业的成功率。

3. "双赢"格局形成合力，推动特许连锁发育

马克思认为："当货币转化为资本后，它的本质就是追求利润。"试图进行创业的加盟方是人格化了的资本，其内在冲动就是追求利润。马克思同时指出："资本总是无止境地追求利润，一旦条件成熟，就不会在原有规模上重复生产，而是进行扩大再生产，追求更多的利润。"这也说明了连锁公司总部扩大规模的要求。所以，无论是连锁公司总部还是加盟方，它们存在的本质或者内在冲动都是为了追逐利润，如何在成本较低的情况下获取利润，是双方选择各自商业模式的关键。连锁公司的核心竞争力在很大程度上表现为一套知识体系，由于知识自身的特点，对于一个资金不是太雄厚的处于成长期的连锁公司，复制知识可以降低成本，快速占领市场，实现低资本的快速扩张。而对于加盟方来说，复制知识也比自己生产知识更能节约成本，并且通过加盟可以极大地降低行业的进入壁垒，提高创业的成功率，所以特许连锁使特许方和加盟方都降低了成本，获得了双赢。

(三)自由连锁发育的特有驱动因素

1. 中小零售商为维护"独立性"而选择自由连锁

随着直营连锁和特许连锁的扩张，市场上逐渐形成了一些大型的连锁公司，它们超强的竞争实力给中小企业的生存带来了巨大的压力。在激烈的竞争中，中小企业可以选择合并到其他企业、作为加盟店加盟特许连锁或是组织起来建立自由连锁组织。比较而言，前面两种形式都将导致中小商业企业店主失去所有权或是经营权，只有第三种组建自由连锁组织还保持了原来店主的独立性，能够起到较强的激励作用。

2. 中小零售商为保护"生存空间"而选择自由连锁

自由连锁组织既让中小零售商保持了"独立性"，又保护了中小零售商的"生存空间"。在自由连锁方式下，连锁总部与各加盟店之间的责、权、利关系通过民主协商，以合同的形式共同确定下来，连锁总部统一批量采购，将市场中的批发交易行为转换为企业内部的商品配送，即减少了交易环节，节约了采购费用。另外，中小企业由于没有过多的复制分店，对标准化管理的开发与大型连锁公司相比总是稍逊一筹。中小企业选择自由连锁，向总部交纳一定的费用，总部利用这些费用进行技术开发，或者进行市场调查，向加盟店提供管理协助和市场信息，就可以弥补原本分散的中小企业在管理上的不足，做到对市场信息的充分掌握，能让中小企业生存下来。

3. 批发商和中小零售商结成自由连锁，抗衡大型连锁公司

直营连锁和特许连锁把原有的若干零售店铺与批发企业之间的市场购销关系内部化为连锁公司总部与店铺之间的配送货物和统一管理关系，它们不再需要传统意义上的批发商，由于它们的采购批量大，甚至可以拿到比批发商更便宜的进货价格，逐渐形成对渠道的控制。这种形势严重地挤压了传统批发商的生存空间。于是，为强化批发对零售业和生产企业的服务职能，并抗衡大型连锁公司，批发商和中小零售商结合起来，成立自由连锁组织，吸收众多中小零售店加盟，批发商作为自由连锁总部，为各连锁加盟店提供有偿服务。

第四节　电　子　商　务

一、电子商务的定义

电子商务通常是指是在全球各地广泛的商业贸易活动中，通过互联网或互联网内部网而进行的各种商贸活动，以实现消费者的网上购物、商户之间的网上交易和在线电子支付以及各种商务活动、交易活动、金融活动和相关的综合服务活动的一种新型的商业运营模式。

从商品流通产生和发展的过程看，电子商务是商品流通方式发展的一个新阶段。电子商务的实质是建立在现代信息技术基础上的一种新型商品流通方式。因此，电子商务的实质不是"电子"，而是"商务"。理解电子商务的实质要把握以下几点。

第一，电子商务是科学技术发展和社会化大生产的产物。科学技术的发展推动了社会生产力的发展，使得社会分工越来越细，生产过程日益社会化，消费结构和消费方式也相应地发生变化。在商品经济条件下，随着社会分工和生产社会化的发展，生产和消费之间的矛盾随之加剧，对信息流通的依赖越来越大，商品流通方式也随之发展。现代信息技术的发展为解决或缓解这种生产和消费之间的矛盾创造了条件。电子商务作为一种新型的商品流通方式，就是在这种条件下产生的。

第二，现代信息技术是电子商务的物质技术基础。没有现代的信息技术就没有电子商务，这是区别于其他商品流通方式的根本特征。现代信息技术的发展使商品流通过程中信息流发生变化，进而使商流、物流、资金流发生变化，使商品从生产领域转向消费领域所经过的路线和通道减少，直到为零，即零级渠道，使生产者和消费者直接联系起来。但是，这里改变的是商品流通的途径和渠道，改变的是资金流动的方式和渠道，改变的是商品与商品交换的媒介形式,并没有改变商品流通的本质,它仍然是以货币为媒介的商品与商品之间的交换,商品流通公式仍然是 W-G-W。

第三,电子商务所体现的关系仍然是商品生产者之间交换劳动的关系。在电子商务的环境下,商品的价格仍然是由在生产过程中创造的价值量所决定的,在交换中受商品的供求关系影响。在商品交换的背后仍然体现着商品生产者之间的交换关系。

二、电子商务的特征

电子商务的实质是一种新型的商品流通方式,它除了具有商品流通的一般性质外,还具有与传统商品流通方式不同的特征,具体体现在以下几个方面。

1. 虚拟化

通过以 Internet 为代表的计算机互联网络进行的贸易,贸易双方从贸易磋商、签订合同到支付等,无须当面进行,均可通过计算机互联网络完成,整个交易完全虚拟化。对卖方来说,可以到网络管理机构申请域名,制作自己的主页,组织产品信息上网。而虚拟现实、网上聊天等新技术的发展使买方能够根据自己的需求选择产品,并将信息反馈给卖方。通过信息的互动,签订电子合同,完成交易并进行电子支付。整个交易都在网络这个虚拟的环境中进行。

2. 透明化

买卖双方从交易的洽谈、签约到货款的支付、交货通知等整个交易过程都在网络上进行。通畅、快捷的信息传输可以保证各种信息之间互相核对,防止伪造信息的流通。例如,在典型的许可证 EDI 系统中,由于加强了发证单位和验证单位的通信、核对,所以假的许可证就不易漏网。海关 EDI 也帮助杜绝边境的假出口、兜圈子、骗退税等行径。

3. 动态性

电子商务交易网络没有时间和空间的限制,是一个不断更新的系统,每时每刻都在进行运转。网络上的供求信息在不停地更新,网上的商品和资金在不停地流动,交易和买卖的双方也不停地变更,商机不断地出现,竞争不停地展开。正是这种物质、资金和信息的高速流动,使得电子商务具有了传统商业所不可比拟的强大的生命力。

4. 社会性

电子商务的最终目标是实现商品的网上交易,但这是一个相当复杂的过程,除了要应用各种有关技术和其他系统的协同处理来保证交易过程的顺利完成外,还涉及许多社会性的问题,如商品和资金流转的方式变革,法律的认可和保障,政府部门的支持和统一管理,公众对网上电子购物的热情和认可等。这些问题涉及社会的方方面面,不是一个企业或一个领域就能解决的,需要全社会的努力和各个环节的衔接,才能最终体现电子商务的优越性。

5. 竞争性

电子商务要求企业将自己的商品及有关信息公布于因特网上,任何一个竞争者都能轻易地了解竞争对手的有关信息。如果各企业的商品与服务的功能、设计大同小异,商品就会失去企业特色,价格就不再是吸引客户的原因,这将进一步加剧企业间的竞争。电子商务不仅会使企业间的竞争进一步升级,也会使国际企业间的竞争呈现出较大的不平等性。一方面,由于构成电子商务体系的硬件——电子商务服务器和客户终端被美国牢牢地控制着,包括我国在内的大多数国家因无法得到最好的软硬件设备,在严酷的市场竞争中无法与美国抗衡;另一方面,美国利用其在经济上的优势,积极制定这场新游戏的规则,广大的发展中国家在竞争开始之初已处于不利地位。

6. 迅速性

电子商务能有效地缩短交易时间,加快商品的流转速度。对于上网的企业而言,只要手指在鼠标上一点,世界另一端的资讯就会以每秒绕地球 7 圈半的速度,通过光纤、电缆或电话线来到荧幕前。

7. 方便性

通过 Internet 网上的浏览器,客户可以看到商品的具体型号、规格、售价、商品的真实图片和性能介绍,借助多媒体技术甚至能够看到商品的图像和动画演示,听到商品的声音,使客户基本上体会到亲自到商场里购物的效果,客户足不出户就能买到心仪的产品,减少了路途的劳累和购物时因人员过多而导致的拥挤,另外,在网上购物对客户也具有趣味性和吸引力。

8. 低成本

电子商务由于借助于信息网络这一工具,因而能在大量节约获取、交换信息所需时间的同时,减少不必要的面约、会谈等环节,节约交易费用。目前在美国及全球各地展开的电子货币支付方式,将实现电子商务的电子交易中完全取代目前的支票及现金;而且利用电子货币作为支付工具,每笔交易的成本只要几十美分,低成本和高度便利性的特点正在吸引着众多的金融机构涉足电子商务这一领域。电子商务的发展,还可以促使企业进行无店铺经营,大幅度降低成本。

三、电子商务的模式

按交易对象划分,电子商务主要可以分为 B2B、B2C、C2C、G2B、G2C、O2O 六种模式。

1．企业之间的电子商务模式(B2B)

B2B(Business to Business)模式是企业与企业之间通过 Internet 或专用网方式进行电子商务活动，企业一般有相对稳定的商务伙伴。B2B 是企业现实中的产、供、销关系在网上的直接反映，是企业原有商务关系的延续和传统商务活动的发展，交易双方相互信任，各自履行商务合同的纪录有案可查，安全较有保障。同时，B2B 交易金额一般比较大，是点对点的商品运输，有相对固定的运输路线，降低了配送的难度。如果有一方是生产和销售消费品的企业，B2B 还可延伸到 B2C 的模式，把 B2C 吸纳到 B2B 的模式中来。目前，在世界电子商务中，B2B 的发展速度远快于 B2C 的发展速度。在销售额中，B2B 占 80%以上。因此，B2B 电子商务是世界电子商务的几种模式中最值得关注、最具有发展潜力的模式。

2．企业与个人之间的电子商务模式(B2C)

B2C(Business to Customer)模式，是一种企业对消费者的商务活动，是消费者通过网络在网上购物的一种模式。这种电子商务模式节省了客户和企业的时间，提高了交易效率，节省了不必要的开支。但是，由于 B2C 要求使用由点到面的配送方式，加上每宗交易的金额都较低，因而商品的运送规模往往难以保证，配送费用也比较大。同时，由于运输路线的不确定性，也使得配送的难度增加。

3．消费者间的电子商务模式(C2C)

C2C(Customer to Customer)模式，是消费者与消费者之间通过 Internet 或专用网方式进行的商品买卖活动。C2C 更像是一个庞大的网上集市或网上拍卖市场，参加者将自己用过的或暂时用不上的东西通过网络进行交换或买卖，也没有固定的商品，也没有固定的价格。由于有相当多的用户参与，因此，在 C2C 中往往可以用很少的钱买到很好的东西。C2C 营运商在网上搭建一个平台，为买卖双方架起一座桥梁，并从每笔成功的交易中抽取提成。由于二手商品的特殊性，C2C 营运商一般不提供物流配送，而是由买卖双方在网上谈条件，如事后在网下直接见面交易或邮寄，而采用怎样的支付方式要靠交易双方自己解决。因此，一宗 C2C 交易成功与否，很大程度上取决于买卖双方的诚信，而这种诚信往往会随着物理距离的延长而弱化。

4．政府对企业之间的电子商务模式(G2B)

G2B(Government to Business)模式，是企业与政府机构之间进行的电子商务活动，例如，政府将采购的细节在 Internet 上公布，通过网上竞价方式进行招标，企业也要通过电子的方式进行投标。G2B 方式实际上与 B2B 方式类似，但 G2B 方式所涉及的面更广，信用度更高。

5. 政府对公众的电子商务模式(G2C)

G2C(Government to Citizen)模式,是政府对公众的电子商务活动,即政府向纳税人提供的各种服务。例如,通过网络发放社会福利基金和个人报税等。这类电子商务活动目前还没有真正形成。但是,在个别发达国家已具备雏形,例如,在澳大利亚,政府的税务机构通过指定私营税务或财务会计事务所用电子方式来为个人报税,这已经具备了消费者对行政机构电子商务的雏形。随着商业机构对消费者以及商业机构对政府电子商务的发展,各国政府将会为公众提供更为完善的电子方式服务。

6. 离线商务模式(O2O)

O2O(Online to Offline)模式,又称离线商务模式,是指线上营销、线上购买带动线下经营和线下消费。O2O 通过打折、提供信息、服务预订等方式,把线下商店的消息推送给互联网用户,从而将他们转换为自己的线下客户。O2O 模式特别适合必须到店消费的商品和服务,如餐饮、健身、看电影和演出、美容美发、摄影等。O2O 模式以线上订单支付,线下实体店体验消费,锁定消费终端,打通消费通路,最大化地实现信息和实物之间、线上和线下之间、实体店与实体店之间的无缝衔接。O2O 模式将创建一个全新的、共赢的商业模式。

四、电子商务的交易过程

电子商务交易大致可以归纳为网络商品直销和网络商品中介交易两种基本类型。不同类型的电子商务交易,其交易过程虽然都包括交易前的准备—交易谈判和签订合同—办理交易进行前的手续—交易合同的履行和索赔四个阶段,但各自的流程是不同的。

1. 网络商品直销流程

网络商品直销是指消费者和生产者,或者是需求方和供应方直接利用网络形式所开展的买卖活动。这种买卖交易的最大特点是供需直接见面,环节少,速度快,费用低。其流程如图 4-2 所示。

步骤如下:

(1) 消费者进入 Internet,查看企业和商家的主页。

(2) 消费者通过购物对话框填写姓名、地址、商品品种、规格、数量、价格。

(3) 消费者选择支付方式,如信用卡,也可选用借记卡、电子货币或电子支票等。

(4) 企业或商家的客户服务器检查支付方的购物订单,确认各项购物信息。

(5) 企业或商家的客户服务器确认消费者付款后,通知销售部门送货上门。

(6) 消费者的开户银行将支付款项传递到消费者的信用卡,信用卡公司负责向消费者发送消费单。

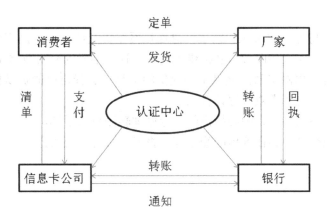

图 4-2 电子商务的直销流程

2. 网络商品中介交易流程

网络商品中介交易是通过网络商品交易中心,即虚拟网络市场进行的商品交易。在这种交易过程中,网络商品交易中心以 Internet 网络为基础,利用先进的通信技术和计算机软件技术,将商品供应商、采购商和银行紧密地联系起来,为客户提供市场信息、商品交易、仓储配送、货款结算等全方位的服务。其流程如图 4-3 所示。

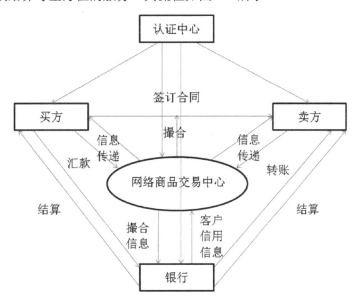

图 4-3 电子商务中介模式交易流程

步骤：

(1) 买卖双方将各自的供应和需求信息通过网络提交给网络商品交易中心，网络商品交易中心通过信息发布服务向参与者提供大量的、详细准确的交易数据和市场信息。

(2) 买卖双方根据网络商品交易中心提供的信息，选择自己的贸易伙伴。网络商品交易中心从中撮合，促使买卖双方签订合同。

(3) 买方在网络商品交易中心指定的银行办理转账付款手续。

(4) 网络商品交易中心在各地的配送部门将卖方货物送交买方。

第二篇　商品流通过程与管理

第五章　采购与供应

第一节　采购与供应概述

一、采购与供应的内涵

采购与供应是一种常见的经济行为，从日常生活到企业运作，从民间到政府，无论是组织还是个人，要生存就要从其外部获取所需要的有形物品或无形服务，这就离不开采购与供应活动。采购是以各种不同的途径，包括购买、租赁、借贷、交换等方式，取得物品及劳务的使用权或所有权，以满足使用的需求，而供应是指供应商或卖方向买方提供产品和服务的全过程，供应也意味着采购部门采购企业所需要的商品来满足自己企业内部的需求，因此采购与供应是两个相辅相成的过程。

采购管理是指为了达成生产或销售计划，从适当的供应商那里，在确保质量的前提下，在适当的时间，以适当的价格，购入适当数量的商品所采取的一系列管理活动；而供应管理是为了保质、保量、经济、及时地供应生产经营所需要的各种物品，对采购、储存、供料等一系列供应过程进行计划、组织、协调和控制，以保证企业经营目标的实现。鉴于采购与供应管理在企业中的巨大作用，因此采购与供应活动是企业经营活动的重要组成部分，对采购与供应活动的管理应该引起重视。

二、采购与供应的作用

在现代企业的经营管理中，采购管理已变得越来越重要。一般情况下，企业产品的成本构成中采购占较大的比例，为60%~70%，因此采购条件与原材料的采购成功与否在一定程度上影响着企业的竞争力。采购管理是企业经营管理的核心内容，是企业获取经营利润的一个重要源泉，也是获取竞争优势的来源之一。随着全球经济一体化和信息时代的到来，采购及采购管理的工作将会被提升到一个新的高度。

采购与供应管理主要有利润杠杆作用、资产收益率作用、信息源作用、营运效率作用、对企业竞争优势作用五个方面的作用。

采购的利润杠杆作用是指当采购成本降低一个百分点时,企业的利润率将会上升更高的比例。这是因为采购成本在企业的总成本中占据着比较大的比重,一般在 50% 以上,而这个比例远远高于税前利润率。例如,某公司的销售收入为 5000 万元,假设其税前利润率为 4%,采购成本为销售收入的 50%,那么采购成本减少 1%,就将带来 25 万元的成本节约,也就是利润上升到了 225 万元,利润率提高了 12.5%。可见,利润杠杆效应十分显著。

资产收益率作用是指采购成本的节减对于企业提高资产收益率所带来的巨大作用。资产收益率指的是企业的净利润和企业总资产的比率,用公式表示出来就是资产收益率=净利润/总资产,该公式可以转换为:

$$资产收益率=(净利润/销售收入)\times(销售收入/总资产)$$

公式右边第一个括号里的内容称为利润率,第二个括号里面的内容叫做资产周转率(投资周转率),这样,资产收益率就可以表示为企业的利润率和总资产周转率的乘积。当采购成本下降一定比例时,通过利润杠杆效应可以使利润率提高更大的比例。另一方面,采购费用减少,则库存同样数量物资占用的资金就少,即资产降低,这就提高了投资周转率,两者的乘积就是一个更大的比例,大的收益率有利于企业在资本市场的融资。

至于信息源作用、营运效率作用和对企业竞争优势的作用,比较容易理解,这里就不再一一加以分析了。总之,随着市场竞争的不断加剧和经营管理理念与方法的发展,采购在企业中占据着越来越重要的作用,采购部门也必将在未来发挥出更深远的影响力。

三、采购作业流程

良好的采购的作业流程一般如图 5-1 所示。

(一)制订采购计划

需求的确定是制订采购计划的重要环节。负责具体业务活动的人需要清楚采购什么、采购多少。采购管理人员应当分析市场需求的变化规律,主动满足用户的需要。采购需求一方面通过订单来确定,另外,大多数需求确定是通过预测分析来实现的。准确的预测可以提高用户的满意度,提高企业的竞争力,也可以减少企业的库存,有效地安排生产和改善运输管理。采购需求预测的方法很多,主要有定性预测方法和定量预测方法。

1. 定性预测方法

定性预测方法是对各项预测指标的历史发展趋势进行必要性分析判断,同时参考有关规划部门和交通运输部门所作的规划。

(1) 类推预测法。

类推预测法是指由局部、个别到特殊的分析推理方法,具有极大的灵活性和广泛性,适用于新产品、新行业和新市场的采购需求预测。类推结果存在非必然性，运用类推预测法需要注意类别对象之间的差异性，充分考虑不同地区政治、社会、文化、民族和生活方面的差异，并加以修正。

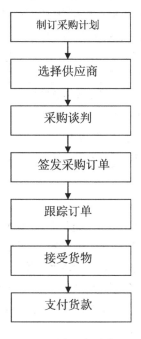

图 5-1　采购业务流程图

类推预测法主要有三种形式，如表 5-1 所示。

表 5-1　类推预测法的三种形式

类推预测法	概念阐释
产品类推预测法	依据产品在功能、结构、原材料、规格等方面的相似性，推测产品市场的发展可能出现的某些相似性
行业类推预测法	依据相关和相近行业的发展轨迹，推测行业的发展需求趋势
地区类推预测法	是依据其他地区(或国家)曾经发生过的事件来进行类推的市场预测方法

(2) 专家会议预测法。

专家会议预测法是指组织有关方面的专家，通过会议的形式，对产品的市场发展前景进行分析预测，然后在专家判断的基础上，综合专家意见，得出市场预测结论。专家会议预测法主要有三种形式，如表 5-2 所示。

表 5-2 专家会议预测法的三种形式

专家会议预测法	概念阐释
头脑风暴法	头脑风暴法也称非交锋式会议法。会议不带任何限制条件，鼓励与会专家独立、任意发表意见，没有批评或评论，以激发灵感，产生创造性思维
交锋式会议法	与会专家围绕一个主题，各自发表意见，并进行充分讨论，最后达成共识，取得比较一致的预测结论
混合式会议法	混合式会议法也称质疑式头脑风暴法，是对头脑风暴法的改进。它将会议分为两个阶段，第一阶段是非交锋式会议，产生各种思路和预测方案；第二阶段是交锋式会议，对上一阶段提出的各种设想进行质疑和讨论，也可提出新的设想，相互不断启发，最后取得一致的预测结论

2. 定量预测方法

定量预测方法基本上可分为两类。一类是时序预测法，它以一个指标本身的历史变化趋势，去寻找市场的演变规律，作为预测的依据，即把未来作为过去历史的延伸。时序预测法包括平均平滑法、趋势外推法、季节变动预测法和马尔可夫时序预测法。另一类是因果分析法，它包括一元回归法、多元回归法和投入产出法。多元回归法是因果分析法中很重要的一种，它从一个指标与其他指标的历史和现实变化的相互关系中，探索它们之间的规律性联系，作为预测未来的依据。

目前企业中常用的定量预测方法有以下几种。

(1) 算术平均法。

算术平均法是以过去若干时期的销售量的算术平均数作为销售量预测数的一种预测方法。计算公式为：

$$销售量预测数=各期销售量之和/期数$$

算术平均法的优点是计算公式简单，缺点是把不同时间的差异平均化，没有考虑远近期间销售业务量的变动对预测期销售量的影响，得出的预测结果可能有较大的误差。

(2) 移动平均法。

移动平均法是从 n 期的时间数列销售量中选取一组 m 期的数据作为观测值，求其算术平均数，并不断向后移动，连续计算观测值平均数，以最后一组平均数作为未来销售量预测数的一种方法，计算公式为：

$$销售量预测数=最后 m 期算术平均销售量=最后移动期销售量之和/m 期$$

(3) 指数平滑法。

指数平滑法是在前期销售量的实际数和预测数的基础上，利用平滑指数预测未来销售量的一种方法。从本质上来说，指数平滑法也是一种特殊的加权平均法，计算公式为：

销售量预测数=平滑指法×前期实际销售量+(1-平滑指数 a)×前期预测销售量

平滑指数 a 的取值范围为 0.3～0.7，平滑指数越大，则前期实际销售量对预测结果的影响越大；则平滑指数越小，则前期实际销售量对预测结果的影响越小，因此，采用较大的平滑指数，则平均数能反映观察值新近的变化趋势；采用较小的平滑指数，则平均数能反映观察值的长期趋势。一般情况下，如果销售量波动较大或要求进行短期销售量预测，则应选择较大的平滑指数；如果销售量的波动较小或要求进行长期销售量预测，则应选择较小的平滑指数。

(二)采购谈判

采购谈判(acquisition negotiations)是指企业为采购商品作为买方，与卖方厂商对购销业务的有关事项，如商品的品种、规格、技术标准、质量保证、订购数量、包装要求、售后服务、价格、交货日期与地点、运输方式、付款条件等进行反复磋商，谋求达成协议，建立双方都满意的购销关系。采购谈判的程序可分为计划和准备阶段、开局阶段、正式洽谈阶段和成交阶段。

1. 采购谈判的基本原则

采购谈判应遵循以下基本原则。
1) 合作原则
(1) 量的准则要求所说的话包括交谈所需要的信息，不应包含超出的信息。
(2) 质的准则要求不要说自知是虚假的话，不要说缺乏足够证据的话。
(3) 关系准则要求所说的内容要关联并切题，不要漫无边际地胡说。
(4) 方式准则要求说话清楚明白，避免晦涩、歧义，意思表达要简练，内容要井井有条。
2) 礼貌原则
礼貌原则包括以下六个准则：
(1) 得体准则是指减少表达有损于他人的观点。
(2) 慷慨准则是指减少表达利己的观点。
(3) 赞誉准则是指减少表达对他人的贬损。
(4) 谦逊准则是指减少对自己的表扬。
(5) 一致准则是指减少自己与别人在观点上的不一致。
(6) 同情准则是指减少自己与他人在感情上的对立。

2. 采购谈判的特点

(1) 合作性与冲突性。合作性表明双方的利益有共同的一面，冲突性表明双方利益又有分歧的一面。

(2) 原则性和可调整性。原则性指谈判双方在谈判中最后退让的界限,即谈判的底线。可调整性是指谈判双方在坚持彼此基本原则的基础上可以向对方做出一定让步和妥协。

(3) 经济利益中心性。

谈判双方都是围绕各自经济利益而展开的竞争性磋商,各自谋求经济利益最大化是谈判的中心。

3. 采购谈判的主要内容

(1) 货物的数量条件。
(2) 货物的质量条件。
(3) 货物价格条件。
(4) 货物的交货条件。
(5) 货款的支付。
(6) 检验、索赔、不可抗力和仲裁条件。

4. 采购谈判的过程

采购谈判的过程可以分为三个显著的阶段:谈判前、谈判中和谈判后。
1) 采购谈判前计划的制订:成功的谈判计划包括以下步骤:
(1) 确立谈判的具体目标。
(2) 分析各方的优势和劣势。
(3) 收集相关信息。
(4) 认识对方的需要。
(5) 识别实际问题和情况。
(6) 为每一个问题设定一个成交位置。
(7) 开发谈判战备与策略。
(8) 向其他人员简要介绍谈判内容。
(9) 谈判预演。
2) 采购谈判过程中的步骤:谈判过程一般分为以下五个阶段:
(1) 双方互做介绍,商议谈判议程和程序规则。
(2) 探讨谈判所涉及的范围,即双方希望在谈判中解决的事宜。
(3) 要谈判成功,双方需要就共同目标达成一致意见。
(4) 在可能的情况下,双方需要确定并解决阻碍谈判达成共同目标的分歧。
(5) 达成协议,谈判结束。
3) 采购谈判后的工作。采购谈判成功后,要完成下列工作:
(1) 起草一份声明,尽可能清楚地详述双方已经达成一致的内容,并将其呈送到谈判各方以便提出自己的意见并签名。

(2) 将达成的协议提交给双方各自的委托人,也就是双方就哪些事项达成协议,从该协议中可以获益什么。

(3) 执行协议。

(4) 设定专门程序监察协议履行情况,并处理可能会出现的任何问题。

(5) 在谈判结束后和对方举行一场宴会是必不可少的;在激烈交锋后,这种方式可以消除谈判过程中的紧张气氛,有利于维持双方的关系。

(三)签发采购订单

签发采购订单重要的内容就是和供应商签订采购合同。

采购合同的形式是采购合同的双方当事人达成协议的表现形式,是合同内容的外观和载体。采购合同可以分为口头形式和书面形式两种形式,如表5-3所示。

表5-3　采购合同的形式

类　型	口头形式	书面形式
解释	口头形式是采购合同当事人只用语言为意思表示而订立合同的形式。通过口头形式订立的合同,称为口头合同	书面形式是指通过文字为意思表示而订立合同的形式。通过书面形式订立的合同,称为书面合同
优点	采购合同采用口头形式,简便易行、快捷,在日常生活中运用得十分广泛。在个人采购活动中这种形式是最常见的	采购合同的书面形式的最大优点是在发生纠纷时举证方便,有据可查,易于分清责任
缺点	口头形式不能有形地表明合同的内容,在发生纠纷时,权利义务不易确定,责任也不易分清。因此,对于不能即时清结的合同和数额较大的合同,不宜采用口头形式	书面形式的订立程序比较烦琐
适用范围	集市上的现货交易,商店里的商品零售买卖等	不能即时清结合同、关系复杂的合同、数额较大的合同,如政府采购、企业采购等

1. 采购合同的订立

采购合同的订立就是采购合同双方当事人为执行供销任务、明确权利和义务而签订的具有法律效力的协议的过程,即采购合同双方当事人相互为意思表示并达成协议的过程。

《中华人民共和国合同法》(以下简称《合同法》)第 13 条规定:当事人订立合同,采取要约、承诺方式。可见,合同的订立过程包括要约和承诺两个阶段。

1) 要约

要约是采购合同中必不可少的阶段。《合同法》第 14 条规定:要约是希望和他人订立合同的意思表示。在采购合同中,购销双方当事人中任何一方都可以向对方发出要约,对方接受要约，才有可能完成采购合同的订立。

(1) 要约成立的条件。要约是一种意思表示，具备议定的条件才能成立，才能发生法律效力。要约成立的条件包括：要约必须是以订立采购合同为目的的意思表示；要约必须是特定人的意思表示；要约人必须向受要约人发出意思表示；要约的内容具体确定。

(2) 要约的法律效力。要约的法律效力包括：要约生效的时间；要约对要约人的拘束力；要约对受要约人的拘束力。

2) 承诺

《合同法》第 21 条规定：承诺是受要约人同意要约的意思表示。可见，承诺是指受要约人向要约人做出的同意按要约的内容订立合同的意思表示。承诺是订立采购合同的最后一个阶段。承诺以与要约结合而使合同成立为目的，并非法律行为，而属于意思表示。

(1) 承诺成立的条件。承诺必须具备一定条件，才能产生法律效力。承诺必须具备的条件包括：承诺必须由受要约人向要约人做出；承诺的内容必须与要约的内容相一致；承诺必须在要约的有效期限内做出。

(2) 承诺的法律效力。承诺的法律效力在于，承诺生效后，合同即告成立。《合同法》第 25 条明确规定：承诺生效时合同成立。可见，承诺的生效时间直接决定着合同成立的时间。一般情况下，承诺生效之时就是合同成立之时。如果采购双方当事人中一方发出要约，而另一方对此要约也做出相应的承诺并告知要约人，此时采购合同即告订立。

《合同法》第 26 条规定：承诺通知到达要约人时生效。承诺不需要通知的，根据交易习惯或者要约的要求作出承诺的行为时生效。

2. 采购合同订立的原则

采购合同订立必须遵循以下几个原则。

(1) 采购合同的订立必须合法。所谓合法，是指当事人的资格、合同的形式以及订立的程序都要符合国家的法律规范，不合法的采购合同是不受保护的，也是没有任何意义的。例如，合同订立者不具有行为能力(年龄、智力不够等)或不具有代理资格(没有代理权)，或订立者是在胁迫的情况下订立的合同都不合法。

(2) 采购合同的订立必须遵循平等互利、协商一致、等价有偿的原则，要使任何一方都能在合同中得到相应的利益，这一点也称为对价原则。所谓的协商一致，是指合同的条款一定要得到双方的认同，不能用非法手段强迫别人接受己方条款，否则合同是无效的。

3. 采购合同的有效性

有效的采购合同是指采购商与供应方订立的合同符合国家法律的要求，具有法律效力，受国家法律保护的采购合同。采购合同有效的条件有以下三个。

(1) 合同的当事人符合法律的要求。该条件要求订立合同的主体具有相应的民事行为能力，同时如果当事人是作为代理人订立合同的，一定要具有合法的代理资格。例如，一个采购员在被公司解雇以后就不再具有代表公司订立采购合同的资格，即使签订了合同也是无效的。

(2) 意思表示真实。该条件要求合同表达的是当事人内心的真实想法，而不是在对方的欺骗或威胁下才接受的合同。

(3) 合同的内容不能违反法律和社会公共利益，否则就不会受到法律的保护，就会成为无效合同。

4. 采购合同的终止

采购合同的终止是指采购合同双方当事人的权利义务的消失，是由于某种法律事实的出现而使得采购合同当事人之间存在的权利义务关系不复存在。

1) 采购合同终止的原因

采购合同终止的原因就是前面所说的引起采购合同终止的法律事实。《合同法》第91条将合同终止的原因归纳为七项，有其中情形之一，合同的权利义务即告终止。

(1) 债务已经按照约定履行。
(2) 合同解除。
(3) 债务互相抵消。
(4) 债务人依法将标的物提存。
(5) 债权人免除债务。
(6) 债权债务同归于一人。
(7) 法律规定或者当事人约定终止的其他情形。

2) 采购合同终止的方法

采购合同终止的方法包括以下几种。

(1) 采购合同的清偿。采购合同的清偿是指债务人按照合同的约定向债权人履行义务、实现债权目的的行为，即《合同法》中规定的"债务已经按照约定履行"。

(2) 采购合同的解除。采购合同的解除是指在合同依法成立后而尚未全部履行前，当事人基于协商、法律规定或者当事人约定而使合同关系归于消失的一种法律行为。

(3) 采购合同的抵消。采购合同的抵消是指双方当事人相互负有给付义务，将两项债务相互充抵，使其相互在对等额内消失。

(4) 采购合同的提存。采购合同的提存是指债务人于债务已届履行期时，将无法给付的标的物提交给提存机关，以使合同债务消失的行为。

(5) 采购合同的债务免除。采购合同的债务免除是指债权人免除债务人的债务而使合同权利义务部分或全部终止的意思表示。债务免除成立后，债务人不再负担被免除的债务，债权人的债权也就不再存在。此时，采购合同也告终止。

(6) 采购合同的债务债权混同。采购合同的债务债权混同是指债权债务同归于一人，而使合同关系消失的事实。

(四)采购监控

采购监控是采购主管的重要职责，也是直线管理人员的重要职责。采购监控的主要依据是采购计划，因为在采购的运作过程中，实际工作与采购计划往往会出现偏差，而采购监控的职责就是纠正偏差，并采取各种措施，把那些不符合要求的采购活动纳入正常的轨道上来，使企业稳定地实现采购的目标。

采购监控就是对采购流程的控制。采购流程的控制包括对整个采购的流程进行控制，但这并不意味着整个采购流程的各种活动都是控制的直接对象，因为这需要花费大量的资源，是不可能、也是不必要的。采购监控应当抓住采购流程中的关键点进行重点控制，以达到控制全局的目的。

1. 采购监控对象

从采购监控的对象来看，主要有采购目标、采购方式、采购人员、采购资金、采购信息管理以及采购货物的接收。

(1) 采购目标。企业的采购目标主要是通过物资供应采购，保证生产、经营活动的正常进行，从而实现经济利益或者效率的提高。

(2) 采购方式。采购方式是指企业在采购中运用的方法和形式的总称。从企业采购的实际来看，常用的采购方式主要有三种，即议价采购、比价采购和招标采购。

(3) 采购人员。采购人员是采购活动的执行者，也是关系到采购活动顺利进行的关键。企业要依靠采购人员顺利地完成采购工作，就要提高采购人员的素质，避免和消除在采购活动中存在的假公济私、行贿受贿、贪污腐败、损害企业利益等行为。要防止一些供应商给采购人员一定的回扣，以此从采购人员手中获取采购订单，而这些产品往往是高价的或者质量差的。

(4) 采购资金。采购资金是进行采购活动的必要前提。在一个企业中，采购管理者对采购资金的控制是相当重要的。采购预算控制是采购资金控制的常用手段。采购预算是一种以货币和数量表示的采购计划，实现了采购计划的具体化，为采购资金的控制提供了明确的控制标准，有利于采购资金控制活动的开展。

(5) 采购信息管理。采购监控过程是通过采购信息的传输和反馈得以实现的，监控正是根据反馈信息才能比较、纠正和调整它发出的控制信息，从而实现有效的监控。

(6) 采购货物的接收。采购的商品到达商场或指定的仓库时，企业要及时组织商品验收工作，对商品进行认真检验。商品验收应坚持按采购合同办事。要求商品数量准确，质量完好，规格包装符合约定，进货凭证齐全。同时，在商品验收中要做好记录，注明商品编号、价格、到货日期。验收中如果发现问题，要做好记录，及时与运输部门或供货方联系解决。

2. 采购监控方法

针对采购监控的对象不同，可以分别采取不同的监控方法。

(1) 对采购目标的监控。

采购目标要明确，不能随意变动。在执行采购活动时，不能偏离目标，要尽可能地保证目标的实现。

(2) 对采购方式的监控。

从企业采购的实际情况来看，常用的采购方式主要有三种，即议价采购、比价采购和招标采购。每种采购方式都有各自的优缺点。

(3) 对采购人员的监控。

加强采购人员的素质管理。采购人员应当具备较高的道德素质，要有敬业精神，热爱企业；要品性正派，不贪图私利；采购人员应当有较高的业务素质，对材料的特性、生产过程、采购渠道、运输保管、市场交易行情、交易规则等有深入的了解；采购人员应当思维敏捷，表达能力强。

制定采购人员行为规范。要经常就规范加以宣传，一旦有人违反该行为规范，应及时、严格地执行奖惩。

(4) 对采购资金的监控。

首先，对于采购资金的使用要建立起一套严格的规章制度，对资金的领取、审批和使用一般要规定具体的权限范围、审批制度、书面证据制度。对于货款的支付，要根据对方的信用程度，对具体的风险情况进行稳妥处理。例如，一般货款的支付，要等到货物到手并验收合格以后，再付全部货款；对差旅费的领取金额、领取的审批等都要有较详细的规定。

其次，采购人员必须按照预算使用采购资金，努力使采购计划符合实际，贯彻既保证生产又节约的原则，需要什么就采购什么，需要多少就采购多少，对采购的顺序也要做到心中有数。

(5) 对采购信息管理的监控。

采购监控过程是通过采购信息的传输和反馈得以实现的。由于采购业务牵涉范围广、涉及的部门多，要使采购业务顺利进行，采购部门与企业内部的其他部门之间必须达成良好沟通，而这依赖于信息在各部门之间的有效传递。例如，采购部门与生产部门之间为了确保原料供应的稳定性，需要经常交换信息，生产部门应尽早通知采购部门有关产品的生产计划与材料的需求计划，使采购部门有充裕的时间寻求货源，与供应商议价。而采购部门与仓储部门、采购部门与财务部门等之间也同样需要交换信息，以确保库存空间充足和货款的顺利支付。

因此，采购信息管理的关键是确保信息在企业各部门之间的真实、无障碍传递。这对于采购监控的实现是至关重要的。

(6) 对采购货物接收的监控。

采购的货物到达合同约定的场所时，应及时进行验收工作，对于合格的货物，要尽快接收；对于不合格的货物，要视情况做出不同的处理。

第二节　供应商选择与管理

一、供应商选择与评估的目的

供应商是指可以为企业生产或经营活动提供原材料、设备、工具及其资源的企业，可以是从事商品生产的制造企业，也可以是从事经营的流通企业。供应商管理就是对供应商的了解、选择、开发、使用和控制等综合性管理工作的总称，是采购管理中最关键的工作之一。供应商选择是指搜寻供应源，即对市场上供应商提供的产品进行选择。

供应商的选择与管理工作过程是非常复杂和费时的，尤其是供应风险和费用支出都很高的关键型采购品项的供应商的选择与管理工作。很明显，企业不可能对众多供应商都进行这样的评估，因此，在着手进行更全面的分析之前，应尽量将所有不可能满足企业采购需要的供应商剔除。相应地，如果正在采购的是常规型产品，那么将会出现大量的潜在供应商。但是，由于这类采购品项的风险和支出都很低，不值得企业花费大量的精力，因此，可只对其中的一小部分进行评估，快速地将大部分不符合要求的供应商剔除，只保留供最后选择的候选供应商，这样企业就可以非常快速地完成评估工作。

选择供应商，就是要求供应商能在持续满足预先设定的质量标准的前提下，保证按时供货。评估供应商，就是根据精心制订的质量和交货标准，对供应商进行有规律的科学评价。供应商的选择和评估系统的理想状态是：供应商业绩衡量是个连续的过程，结果将被反馈到供需双方的管理层，以识别做出不断改进的机会并付诸实施。

事实上，随着供应链价值日益被肯定，供应商的数目已日趋少数化，即单源供应；需求方与供应商的关系已由传统的短期买卖关系发展到今天的长期双赢合作；企业与供应商的沟通不再局限于企业采购部门与供应商销售部门之间的局部沟通；选择与评估供应商已不再只凭采购人员的经验，而是凭借完整科学的程序、流程与规章。

与供应商双赢，就是与供应商建立长期友好、互惠互利的合作伙伴关系，从某种程度上讲，就是要把注意力放在整条供应链上，而不只是内视自身的成本与利益，有时还得暂时忘却自我，站在一个比较客观的角度去耐心地了解供应商，而不是把自己的意见强加给供应商。

二、供应商选择的原则

供应商选择要本着全面、具体、客观的总原则，建立和使用一个全面的供应商综合评价指标体系,对供应商作出全面、具体、客观的评价。综合考虑供应商的业绩、设备管理、人力资源开发、质量控制、成本控制、技术开发、用户满意度、交货协议等可能影响供应链合作关系的方面。许多成功企业的实践经验表明,做到目标明确、深入细致的调查研究、全面了解每个候选供应商的情况、综合平衡、择优选用是开发、选择供应商的基本要点。一般来说,供应商选择应遵循以下几个原则。

(一)目标定位原则

这个原则要求供应商评审人员注重对供应商考察的广度和深度,应依据所采购商品的品质特征、采购数量和品质保证要求去选择供应商,使建立的采购渠道能够保证品质要求,减少采购风险,并有利于自己的产品打入目标市场,让客户对企业生产的产品充满信心。选择的供应商的规模和层次与采购商相当。而且采购时的购买数量不超过供应商产能的50%,避免全额供货的供应商,最好使同类物料的供应商数量维持在 2~3 家,并有主次供应商之分。

(二)优势互补原则

每个企业都有自己的优势和劣势,选择的供应商应当在经营和技术能力方面符合企业预期的要求水平,供应商在某些领域应具有比采购方更强的优势,在日后的配合中才能在一定程度上优势互补。尤其在建立关键、重要零部件的采购渠道时,更需要对供应商的生产能力、技术水平、优势所在、长期供货能力等方面有一个清楚的把握。要清楚地知道之所以选择这家厂家而不是其他厂家作为供应商,是因为它具有其他厂家没有的某些优势。只有那些经营理念和技术水平符合或达到规定要求的供应商,才能成为企业生产经营和日后发展的忠实而坚强的合作伙伴。

(三)择优录用原则

在选择供应商时,通常先考虑报价、质量以及相应的交货条件,但是在相同的报价及相同的交货承诺下,毫无疑问要选择那些企业形象好、可以给世界驰名企业供货的厂家为供应商,因为信誉好的企业更有可能兑现曾许下的承诺。在此必须提醒的是,要综合考察、平衡利弊后择优录用。

(四)共同发展原则

如今市场竞争越来越激烈,如果供应商不全力配合企业的发展规划,企业在实际运作中必然会受到影响。若供应商能以荣辱与共的精神来支持企业的发展,把双方的利益捆绑在一起,就能对市场的风云变幻作出更快、更有效的反应,并能以更具竞争力的价位争夺更大的市场份额。因此,与重要的供应商发展供应链战略合作关系也是值得考虑的一种方法。

三、供应商选择的步骤

步骤1：分析市场竞争环境(需求、必要性)

分析的目的在于找到针对哪些产品市场开发供应链采购合作关系才有效，必须知道现在的产品需求是什么、产品的类型和特征是什么，以确认用户的需求，确认是否有建立采购合作关系的必要。如果已建立了采购合作关系，则根据需求的变化确认采购合作关系变化的必要性，从而确认供应商选择的必要性；同时分析现有供应商的现状，总结企业存在的问题。

步骤2：建立供应商选择目标

企业必须确定供应商评价选择程序如何实施，信息流程如何，谁负责，而且必须确立实质性、符合实际的目标。其中保证产品质量、降低成本是主要目标之一。

步骤3：建立供应商评价选择标准

供应商评价选择的指标体系是企业对供应商进行选择的依据和标准。对不同行业、企业、产品需求以及不同环境下的供应商评价应是不一样的，但一般都涉及供应商的业绩、设备管理、人力资源开发、质量控制、价格、成本控制、技术开发、用户满意度、交货协议等可能影响供应链合作关系的方面。

步骤4：建立评价小组

评价小组组员主要来自采购、质量、生产、工程、财务等与采购合作关系密切的部门，组员必须有团队合作精神、具有一定的专业技能。评价小组必须同时得到制造商企业和供应商企业最高领导层的支持。

步骤5：供应商参与

一旦企业决定实施供应商评价，评价小组必须与初步选定的供应商取得联系，以确认它们是否愿意与企业建立采购合作关系，是否有获得更高业绩水平的愿望。企业应尽可能早地让供应商参与到评价的设计过程中来。但由于企业的力量和资源有限，企业只能与少数的、关键的供应商保持紧密的合作，所以参与的供应商应要尽量少。

步骤6：选择供应商

选择供应商的一个主要工作是调查、收集有关供应商的生产运作等全面的信息。在收集供应商信息的基础上，就可以利用一定的工具和技术方法进行供应商的评价，并可根据供应商的评价结果，采用一定的技术方法来选择合适的供应商。如果选择成功，则可开始与供应商实施采购合作关系，如果没有合适的供应商可选，则返回步骤2重新开始评价选择。

步骤 7：实施采购合作关系

在实施采购合作关系的过程中，市场需求将不断变化，可以根据实际情况的需要及时修改供应商评价标准，或重新开始供应商评价选择。在重新选择供应商的时候，应给予旧供应商足够的时间适应变化。

四、供应商的审核方法

供应商的审核方法无外乎主观和客观两种。主观方法就是采购方根据个人印象和以往经验对供应商进行评判，评判的依据十分笼统，都是一些质化指标。而客观方法则是依据采购方事先制订的标准和原则对供应商相应的情况进行量化的考核和审定，它又可以具体分为调查表法、现场打分评比法、供应商绩效考评法、供应商综合审核法以及总体成本法等。

1. 调查表法

调查表法是指先将准备好的调查问卷发给不同的供应商填写，而后收回进行比较的方法，常用于指标、询价以及需对供应商情况进行初步了解等情形。

2. 现场打分评比法

现场打分评比法是指预先准备好一些问题并格式化，而后组织有关人员进行现场核查和确认。同调查表法相比，这种方法获得信息的准确度更高。

3. 供应商绩效考评法

供应商绩效考评法是指对已经供货的现有供应商的供货及时性、质量、价格等进行跟踪、考核和评比。

4. 供应商综合审核法

供应商综合审核法是针对供应商内部包括质量、工程、企划、采购等的全面审核，它通常需要将问卷调查与现场打分结合起来进行。

5. 总体成本法

总体成本法的着眼点是降低供应商的总体成本，从而达到降低采购价格的目的。它需要供应商积极配合，由采购方组织强有力的综合专家团队对供应商的财务及成本进行全面分析，找出可降低采购成本的方法，并要求供应商付诸实施并改进。

五、供应商考评指标

综观国内外成功企业对供应商的考核评估方面的实践，不难发现它们基本都是针对供应商的以下相关指标进行考核。

1. 产品质量

产品质量是最重要的因素，在开始运作的一段时间内，主要加强对产品质量的检查。检查可分为两种：一种是全检，一种是抽检。全检工作量太大，一般采用抽检的方法。质量的好坏可以用质量合格率来描述。如果在一次交货中一共抽检了 n 件，其中有 m 件是合格的，则质量合格率为 P。其公式为

$$P = \frac{m}{n} \times 100\%$$

显然，质量合格率越高越好。有些情况下，企业采取对不合格产品退货的措施，这时质量合格率也可以用退货率来描述。所谓退货率，是指退货量占采购进货量的比率。如果采购进货 n 次(或件、个)，其中退货 r 次(或件、个)，则退货率可以用以下公式表示，即

$$退货率 = \frac{r}{n} \times 100\%$$

2. 交货期

交货期也是一个很重要的考核指标。考查交货期主要是考查供应商的准时交货率。准时交货率可以用准时交货的次数与总交货次数之比来衡量。其公式为

$$交货准时率 = \frac{准时交货的次数}{总交货次数} \times 100\%$$

3. 交货量

考查交货量主要是考核按时交货量。按时交货量可以用按时交货量率来评价，按时交货量率是指给定交货期内的实际交货量与期内应完成交货量的比率。其公式为

$$按时交货量率 = \frac{其内实际完成交货量}{期内应完成交货量} \times 100\%$$

4. 工作质量

考核工作质量，可以用交货差错率和交货破损率来描述，公式分别为

$$交货差错率 = \frac{期内交货差错量}{期内交货总量} \times 100\%$$

$$交货破损率 = \frac{期内交货破损量}{期内交货总量} \times 100\%$$

5．价格

价格是指供货的价格水平。考核供应商的价格水平，可以将它与市场同档次产品的平均价和最低价进行比较，分别用市场平均价格比率和市场最低价格比率来表示。其公式为

$$平均价格比率 = \frac{供应商的供货价格 - 市场平均价}{市场平均价} \times 100\%$$

$$最低价格比率 = \frac{供应商的供货价格 - 市场最低价}{市场最低价} \times 100\%$$

6．进货费用水平

供应商的进货费用水平可以用进货费用节约率来考核。其公式为

$$进货费用节约率 = \frac{本期进货费用 - 上期进货费用}{上期进货费用} \times 100\%$$

7．信用度

信用度主要考核供应商履行自己的承诺、以诚待人、不故意拖账、不欠账的程度。信用度公式为

$$信用度 = \frac{期内失信的次数}{期内交往总次数} \times 100\%$$

8．配合度

配合度主要考核供应商的协调精神。在和供应商相处的过程中，常常因为环境或具体情况的变化，需要调整变更工作任务，这种变更可能导致供应商工作的变更，甚至要求供应商做出一点牺牲。这可以考察供应商在这些方面配合的程度。另外，如果工作出现了困难或者发生了问题，可能有时也需要供应商的合作才能解决。这时，都可以看出供应商的配合程度。考核供应商的配合度，主要靠人们的主观评分。找到与供应商相处的人员，让他们根据这个方面的体验为供应商评分。如果有上报或投诉的情况，可以把这些情况也作为评分依据之一。

六、供应商考评范围

供应商考评是对现有供应商的日常表现进行定期监控和考核。传统上，虽然我国一直在进行供应商的考评工作，但是一般都只是对重要供应商的来货质量进行定期检查，没有一整套的规范和程序。随着采购管理在企业中的地位越来越重要，供应商的管理水平也在不断上升，原有的考评方法已不再适应现代化企业管理的需求。

(一)考评对象

供应商考评是对已经通过认证的、正为企业提供服务的供应商进行的绩效考核，其目的是了解供应商的表现，促进供应商提升供应水平，并为供应商奖惩提供依据。由于供应商考评需要耗费企业的人力和物力，因此为了节约企业资源，避免不必要的浪费，只需选择企业认为对其产品质量有重要影响的供应商，如伙伴型供应商、优先型供应商等。如果管理成熟，供应商考评可以每月进行一次，但必须牢记进行考评的目的是为了提升供应商绩效、保证企业供应的稳定，因此，须将考评结果及时通知供应商以督促它们加以改进。

(二)考评准备

供应商考评是一个十分烦琐而又必须尽量公正、完备的事情。如果考评做不到公正，就会引发供应商的不满，其结果将适得其反。因此要实施供应商考评，就必须制订供应商考评的一整套严格完整的工作程序，相关部门或人员应严格依据程序实施考评。实施过程中，要对供应商的表现，如质量、交货、服务等进行监测记录，为考评提供量化依据。

一般认为供应商考评的准备工作主要有以下几步。
(1) 设定考评准则，考评准则应体现跨功能原则。
(2) 设定考评指标，考评指标要明确、合理，与公司的大目标保持一致。
(3) 确定考评的具体步骤并文件化。
(4) 选择要进行考评的供应商，将考评做法、标准及要求同相关供应商进行充分的沟通。
(5) 成立考评小组，小组成员应包括采购员、品质员、企划员、仓管员等。

(三)考评范围

不同企业的生产范围不同，供应商供应的商品也就不同，因此针对供应商表现的考评要求不相同，相应的考评指标设置也不一样。一般来讲，最简单的做法就是衡量供应商的交货质量和及时性，这是最好衡量和评定的，而且不需要花费大量的时间和精力，只需在每次进货时做好记录即可。较先进的供应商考评系统则要进一步扩展到供应商的支持与服务、供应商参与本公司产品开发的表现等，也就是把考评订单、交单实现过程延伸到产品开发过程。

大型跨国公司对供应商进行考评的过程主要包括以下几个步骤。
(1) 确定供应商考评范围。
(2) 制定考评文件，文件内容应包括考评什么、何时考评、怎样考评、由谁考评等。
(3) 根据事先确定的考评指标和收集的数据，通过信息系统自动计算考评结果。
(4) 组织供应商会议，跟进相应的改善行动。
(5) 设定明确的改进目标。

第三节 采购技术与方法

一、JIT 采购

传统的采购模式一般是多头采购，供应商的数目相对较多。在传统的采购模式中，供应商是通过价格竞争取得供应资格的，供应商与用户的关系是短期的合作关系，当用户发现供应商不合适时，可以通过市场竞标的方式重新选择供应商。传统的采购，包括前面所说的订货点采购，都是一种基于库存的采购，采购的目的都是为了填充库存，以一定的库存来应对用户的需求。虽然这种采购也极力进行库存控制，想方设法地压缩库存，但是由于机制问题，其压缩库存的能力是有限的。特别是在需求急剧变化的情况下，这种做法常常导致既有高库存、又出现缺货的局面。高库存增加了成本，缺货则直接影响生产、降低服务水平。为此，人们在采购中一直在进行一种持续的、无休止的努力，就是要做到既能保证企业生产的物资需要，又能使企业库存无限最小化。

JIT(Just In Time)采购是把 JIT 生产的管理思想运用到采购中，形成的一种先进的采购模式。它的基本思想是：在恰当的时间、恰当的地点，以恰当的数量、恰当的质量提供恰当的物品。

(一)JIT 的基本原理

JIT 采购是从准时化生产发展而来的，也和准时化生产一样，是为了消除库存和不必要的浪费而进行的持续性改进。准时化生产不但能够最好地满足用户的需要，而且可以最大限度地消除库存、最大限度地消除浪费。要进行准时化生产，必须有准时的供应，因此 JIT 采购是准时化生产管理模式的必然要求。它和传统的采购方法在质量控制、供需关系、供应商的数目、交货期的管理等方面有许多不同，其中，供应商的选择(数量与关系)、质量的控制是其核心内容。JIT 采购包括供应商的支持与合作以及制造过程、货物运输系统等一系列内容。JIT 采购不但可以减少库存，还可以加快库存周转、缩短提前期、提高采购的质量、获得满意的交货等效果。

JIT 的基本原理是以需定供，即供方根据需方的要求 (或称看板)，按照需方需求的品种、规格、质量、数量、时间、地点等，将物品配送到指定的地点，要做到不多送也不少送，不早送也不晚送，所送品种要完全保证质量，不能有任何废品。

JIT 基本原理虽简单，但内涵却很丰富，主要包括以下几个方面。
(1) 在品种的配置上，保证品种的有效性，拒绝不需要的品种。
(2) 在数量的配置上，保证数量的有效性，拒绝多余的数量。
(3) 在时间的配置上，保证所需的时间，拒绝不按时供应。

(4) 在质量的配置上，保证产品的质量，拒绝次品和废品。

JIT 基本原理具有普遍意义，既可适用于任何类型的制造业，也可适用于服务业。尤其是电子商务，最适于采用 JIT 技术，以降低物流成本，使物流成为电子商务中的重要利润源。

(二)JIT 采购的特点

(1) 与传统采购面向库存不同，JIT 采购是一种直接面向需求的采购模式，它的采购送货是直接送到需求点上。

(2) 用户需要什么，就送什么，品种规格符合客户需求。

(3) 用户需要什么质量的产品，就送什么质量的产品，品种质量符合客户需求，拒绝次品和废品。

(4) 用户需要多少，就送多少，不少送也不多送。

(5) 用户什么时候需要，就什么时候送货，不晚送也不早送，非常准时。

(6) 用户在什么地点需要，就送到什么地点。

做到了以上几条，既能很好地满足用户的需求，又能使用户的库存量最小。用户不需设库存，只在货架上（或在生产线边）有一些临时的存放，一天销售完毕后（一天工作完，生产线停止时），这些临时存放就消失，库存完全为零，真正实现了零库存。

依据 JIT 采购的原理，一个企业中的所有活动只有当需要进行的时候才接受服务，才是最合算的。即只有在需要的时候，把需要的品质和数量提供到所需要的地点，才是最节省、最有效率的。因此，JIT 采购是一种最节省、最有效率的采购模式。

(三)JIT 采购的作用

JIT 采购是关于物资采购的一种全新的思路，企业实施 JIT 采购具有重要的意义。根据资料统计，JIT 采购在以下几个方面已经取得了令人满意的成果。

(1) 大幅度减少原材料和外购件的库存。

(2) 提高采购物资的质量。

(3) 降低原材料和外购件的采购价格。

此外，推行 JIT 采购，不仅缩短了交货时间，节约了采购过程所需的资源(包括人力、资金、设备等)，而且提高了企业的劳动生产率和适应性。

(四)JIT 采购的实施

要想成功地实施 JIT 采购，除了要具备一定的前提条件外，还必须遵循一定的科学实施步骤。在实施 JIT 采购时，大体上可以遵从以下几个步骤。

1. 创建 JIT 采购班组

JIT 采购班组负责全面处理与 JIT 有关的事宜，制订 JIT 采购的操作规程，协调企业内部各有关部门的运作，协调企业与供应商之间的运作。JIT 采购班组除了采购部门的有关人员之外，还要包括本企业以及供应商企业的生产管理人员、技术人员、搬运人员等。一般应成立两个班组，一个是专门处理供应商事务的班组，该班组的任务是培训和指导供应商的 JIT 采购操作，衔接供应商与本企业的操作流程，认定和评估供应商的信誉、能力，与供应商谈判签订准时化订货合同，向供应商发放免检签证等。另外一个班组是专门协调本企业各个部门的 JIT 采购操作，制订作业流程，指导和培训操作人员，并且进行操作检验、监督和评估。这些班组人员对 JIT 采购的方法应有充分的了解和认识，必要时要进行培训。

2. 制订计划，确保 JIT 采购策略有计划、有步骤地实施

要制订采购策略以及改进当前采购方式的措施，包括如何减少供应商的数量，对供应商进行评价，向供应商发放签证等内容。在这个过程中，要与供应商一起商定 JIT 采购的目标和有关措施，保持信息畅通。

3. 精选少数几家供应商建立伙伴关系

供应商和制造商之间互利的伙伴关系，意味着双方之间充满了一种紧密合作、主动交流、相互信赖的和谐气氛，共同承担长期协作的义务。在这种关系的基础上，供需双方发展共同的目标，分享共同的利益。

4. 进行试点工作

先从某种产品或某条生产线开始，进行零部件或原材料的准时化供应试点。在试点过程中，取得企业各个部门的支持是很重要的，特别是生产部门的支持。通过试点，总结经验，为正式的 JIT 采购实施打下基础。

5. 搞好供应商的培训，确定共同目标

JIT 采购是供需双方共同的业务活动，单靠采购部门的努力是不够的，还需要供应商的配合，只有供应商对 JIT 采购的策略和运作方法有了正确的认识和理解，才能获得供应商的支持和配合。因此，需要对供应商进行教育培训，通过培训，供需双方取得一致的目标，相互之间就能够很好地协调，做好采购的准时化工作。

6. 给供应商颁发产品免检证书

在实施 JIT 采购时，核发免检证书是非常关键的一步。颁发免检证书的前提是供应商的产品 100% 合格。为此，核发免检证书时，要求供应商提供最新的、正确的、完整的产品质量文件，包括设计蓝图、规格、检验程序以及其他必要的关键内容。

有些公司在核发免检证书的初始阶段，只发放单件产品的免检证，但是最终目标还是为了发放供应商的免检证，并完全免除采购物资中常规产品的进货检查。达到这个目标后，就只需对尚未获得免检证书的新产品和新零件进行检查，直到它们也达到免检要求为止。

最后,所有采购的物资就可以从卸货点直接运至生产线上使用。

7. 实现配合节拍进度的交货方式

企业向供应商采购的原材料和外购件,其目标是要实现这样的交货方式:当企业正好需要某物资时,该物资就运抵卸货台,并随之直接运至生产线,生产线拉动所需的物资,并在制造产品时使用该物资。

8. 继续改进,扩大成果

JIT 采购是一个不断完善和改进的过程,企业需要在实施过程中不断总结经验教训,从降低运输成本、提高交货的准确性、提高产品的质量、降低供应商库存等各个方面进行改进,不断提高 JIT 采购的运作绩效。

二、MRP 采购

目前,世界各国企业普遍采用的物料需求预测方法是物料需求计划(Material Requirement Planning,MRP)。MRP 于 20 世纪 60 年代初期在美国最早出现,其特点是应用计算机技术计算物料需求,大大提高了物料需求预测的能力和精度。在以往的定量、定期模型中都有一个假定条件——原材料的需求是独立或稳定的。但事实上,随着竞争的日益加剧,需求变得难以捉摸,且不断发生变化,定量、定期模型已渐渐不能适应企业柔性生产对原材料的需要,而 MRP 的出现则在某种程度上解决了这一问题。计算机提供的数据处理能力,可以迅速地完成对零部件需求的计算,使企业采购能够及时根据需求变动进行调整。

(一)MRP 的目标

MRP 能够根据产品的生产量,自动地计算出构成这些产品的零部件与材料的需求量,并能由产品的交货期确定零部件生产进度日程和材料及外购件的采购日程;当计划执行情况有变化时,还能根据新情况区分轻重缓急,调整生产先后次序,重新编制出符合新情况的采购作业计划。

MRP 的目标是:①保证按时供应用户所需产品,及时取得生产所需的原材料及零部件;②保证尽可能低的库存水平;③计划生产活动、交货进度与采购活动,使各车间生产的零部件、外购配套件与装配的要求在时间和数量上精确衔接。

MRP 是一种推式体系,根据预测和客户订单安排生产计划。因此,MRP 基于天生不精确的预测建立计划,"推动"物料经过生产流程。也就是说,传统 MRP 方法依靠物料运动经过功能导向的工作中心或生产线(而非精益单元),这种方法是为最大化效率和大批量生产来降低单位成本而设计的。计划、调度并管理生产以满足实际和预测的需求组合。生产订单出自主生产计划(Master Production Schedule，MPS)，然后经由 MRP 计划出的订单被"推"向工厂车间及库存。

(二)MRP 的工作逻辑

MRP 的计算是根据反工艺路线的原理，按照主生产计划规定的产品生产数量及期限要求，利用产品结构、零部件和在制品的库存情况、各生产阶段(或订购)的提前期、安全库存等信息，对产品的需求进行分解，生成对部件、零件以及材料的毛需求量计划。然后根据库存状态信息计算出各个部件、零件及材料的净需求量及期限，并发出订单。

它采用计算机辅助计算，具有以下三个主要特点。

(1) 根据产品计划，可以自动连锁地推算出制造这些产品所需的各部件、零件的生产任务。

(2) 可以进行动态模拟，不仅可以计算出零部件需求数量，而且可以同时计算出其生产的期限要求；不仅可以算出下一周期的计划要求，而且可推算出今后多个周期的要求。

(3) 运算速度快，便于计划的调整与修正。

(三)MRP 的输入信息

MRP 系统有三种输入信息，即主生产计划、库存状态信息和产品结构信息。

1. 主生产计划

将计划时间内(年、月)每一时间周期(月、周、旬等)的最终成品的计划生产量记入主生产计划。它表示计划需求的每种成品(产品)的数量和时间。产品主生产计划根据市场预测与用户的订货单来确定，但它并不等同于市场预测，因为市场预测没有考虑到企业的生产能力，而计划则要同企业的生产能力进行平衡后才能确定。预测的需求量可能随时间的起伏而发生变化，计划则可以通过提高或降低库存水平作为缓冲器，以达到均衡稳定的生产。产品主生产计划是 MRP 的基本输入，MRP 根据主生产计划展开并导出构成这些产品的零部件与材料在各周期的需求量。

2. 库存状态信息

库存状态信息应保存所有产品、零部件、在制品、原材料(将之统称为项目)的库存状态信息，主要包括以下内容。

(1) 当前库存量，是指工厂仓库中实际存放的可用库存量。

(2) 计划入库量，是指根据正在执行中的采购订单或生产订单，得到在未来某个时间周期内的项目的入库量。在项目入库的周期内，将其视为可用库存量。

(3) 提前期，是指执行某项任务从开始到完成所消耗的时间。对于采购来说，是指从向供应商提出对某个项目的订货，到进货入库所消耗的时间；对于制造或装配来说，则是从工作单到制造或装配完毕所消耗的时间。

(4) 订购批量，是指在某个时间周期内向供应商订购（或要求生产部门生产）的货物的数量。

(5) 安全库存量，是指为了预防需求或供应方面不可预测的波动，在仓库中经常性保持的最低库存数量。

3. 产品结构信息

产品结构信息又称为零部件需求明细表，它指明了物料之间的结构关系以及每种物料需求的数量，是物料需求计划系统中最为基础的数据。当产品结构信息输入计算机后，计算机根据输入的结构关系，自动赋予各零部件一个低层代码。当一个零部件出现在多种产品结构的不同层次或者出现在一个产品结构的不同层次时，该零部件就具有不同的层次码。主产品结构文件提供了主产品的结构层次、所有各层零部件的品种和装配关系，一般用一个自上而下的结构树表示。

每一层都对应一定的级别，最上层是 0 级，即主产品级；0 级的下一层是 1 级，对应主产品的一级零部件；这样一级一级往下分解，一直分解到最末一级 n 级，一般是最初的原材料或者外购零配件。每一层各个方框都标有以下三个参数。

A 组成零部件名。
B 组成零部件的数量。
C 相应的提前期。

提前期的时间单位要和系统的时间单位一致，一般以"周"为单位。

(四)MRP 的输出

MRP 的输出有主产品及其零部件在各周的净需求量、计划接受订货、计划发出订货。

(1) 净需求量：是指系统需要外界在给定时间提供给定物料的数量。只有发生缺货的周才发生净需求量。在期初库存量一栏中，首次出现负库存量的周，净需求量为其绝对值；以后出现负库存量的各周，净需求量等于本周与前一周负库存量之差的绝对值。

(2) 计划接受订货量：是指为满足净需求量的需求，应该计划从外界接受订货的数量和时间。其值等于净需求量。

(3) 计划发出订货量：是指发出采购订单进行采购，或者发出制造任务单进行制造的数量和时间。其值等于计划接受订货量，时间提前一个前置时间(提前期)。

三、电子商务采购

(一)电子商务采购的意义

所谓电子商务采购，就是利用电子商务形式进行的采购活动。因为电子商务主要是在计算机网络上进行的，所以电子商务采购又称为网上采购。电子商务是电子商务采购的基础和环境。

电子商务出现后，可以通过互联网实现很多功能，主要有电子交易、电子支付、电子安全、电子广告和电子邮件等。这五大功能既可以独立使用，也可以联合使用。其中，电子交易是最主要的功能，是电子商务的支柱，其他的功能虽然也可以独立使用，但它们基本上都是为电子交易服务的。

电子交易又可以分为两大功能，即网上采购和网上销售。两者虽然都是电子交易，但是它们的内容不同，处理方法也完全不同。网上销售主要是接受用户的订货，向用户提供商品销售服务；而网上采购则主要是寻找自己的供应商，开展采购和进货工作。

(二)网上采购的方式及特点

1. 网上采购的方式

网上采购的方式是多种多样的，最主要的是以下两种方式：网上招标，网上采购；网上招标，网下采购。

2. 网上采购的特点

网上采购具有以下几个特点。

(1) 公开性。在网上采购，由于因特网具有公开性的特点，所以全世界都可以看到采购方的招标公告，谁都可以前来投标。

(2) 广泛性。网络没有边界，所有的供应商都可以向采购方投标，采购方也可以调查所有的供应商。

(3) 交互性。在电子商务采购的过程中，采购方与供应商的网上联系非常方便，可以通过电子邮件或聊天的方式进行信息交流。

(4) 低成本。网上操作可以节省大量人工业务环节，省人、省时间、省工作量，总成本最小。

(5) 高速度。网上信息传输既方便，速度又快。

(6) 高效率。以上几点综合起来，显然是高效率的。

当前，网上采购处在快速的成长阶段，许多企业和公司出于自身业务的增长或竞争需要，纷纷对网上采购进行了大量的投资，这些投资包括对企业原有的 ERP 系统进行改造或自行构建新的商务系统。

3. 网上采购的步骤

网上采购的一般步骤如下。

(1) 建立企业内部网、管理信息系统，实现业务数据的计算机管理。

(2) 建立企业的电子商务网站，在电子商务网站的功能中，应当有网上采购的功能。

(3) 利用电子商务网站和企业内部网收集企业内部各个单位的采购申请。
(4) 对企业内部的采购申请进行统计整理，形成采购招标任务。
(5) 针对既定的网上采购任务进行网上采购的策划和计划。

进行网上采购的实施过程如下。
(1) 设计采购招标书。
(2) 发布招标公告。
(3) 各个供应商编写投标书，向采购方的电子商务网站投标。
(4) 采购方收集投标书，并且进行供应商调查和信息查询。
(5) 组织评标小组进行评标。
(6) 在网上公布评估结果。
(7) 通知中标单位，签订采购合同。
(8) 实施采购合同。

在上面所述的网上采购过程中，在企业内部，采购申请主要通过企业内部网进行传递。在申请被批准并形成订单后，在企业外部的因特网上进行网上采购，途径也十分多样化。目前，国际流行的网上采购数据传送途径主要包括以下几种形式：电子商务网站招标；人工向供应商传真或递交书面文件后订购；向供应商发送电子邮件订单；向供应商的站点提交订单；与供应商的 ERP 系统进行集成；电子交易平台等。

第六章 商品管理

商品管理是指一个零售商从分析顾客的需求入手，对商品组合、定价方法、促销活动以及资金使用、库存商品和其他经营性指标作出全面的分析和计划，通过高效的运营系统，保证在最佳的时间、将最合适的数量、按正确的价格向顾客提供商品，同时达到既定的经济效益指标。

第一节 商品品种类别与结构

一、商品品种分类

商品品种是指商品按不同的质上的差别而归类，按不同使用价值而对商品进行区分。商品品种有多层次分类，首先是生产上的分工；其次是流通中的分工；最后是消费需求的分类。就使用价值来说，起决定性作用的是消费需求的分类。消费需求是具体的，商品供给要满足市场需要，就必须把按生产分工所生产出来的商品，通过流通分工，最终转变为适应消费需求结构的分类。

按生产上的分工，产品可划分为物质产品和劳务产品。物质产品可分为工业产品和农业产品；工业产品可再分为重工业品和轻工业品；农产品可再分为种植产品、林产品、畜牧产品、水产品等。往下还可再分，如重工业品有钢铁、石油、化工原料、机械产品、电子产品等；轻工业品有日用工业品、纺织品、食品、医药用品、家用电器等；种植产品有粮食、棉麻、油料、糖料、烟草、蔬菜、水果等。这种按生产分工的分类并不等于消费需求分类，因为同一产品有多种用途，同一类消费需求可以由不同的产品来满足。

按照流通中的分工，商品可分为零售商品和非零售商品；零售（或非零售）商品又可以进一步分为定量零售（或非零售）商品和变量零售（或非零售）商品；零售商品可再分为畅销商品、滞销商品和一般商品等。

按照消费需求的类型和内容，商品可以分为高、中、低档商品，或者分为日用品、选购品和特殊品，也可以分为常年性消费品和季节性消费品，或者分为耐用品和消耗品。如果将消费需求划分得再细一点，那么商品又有不同规格、型号、式样、花色等的细分。

二、商品品种类别

由于商品的品种繁多、特征各异，商品品种的类别也多种多样。不同的品种类别表明其特有的品种特征。商品品种类别可按不同的标志划分。商品品种的类别与商品分类密切相关,各大类商品均拥有大量的品种,根据一定的原则,可划分为大类商品品种、中类商品品种、小类商品品种、细类商品品种(规格、花色、式样、型号、生产厂商等)。

按照商品品种形成的领域,可划分为生产品种和经营品种。生产品种是指由工业或农业提供给批发商业企业的商品品种。经营品种是指批发商业企业和零售商业企业销售的商品品种。工业生产的商品品种和商业经营的商品品种的多少,一方面取决于特定经济形式下的资源状况和生产技术能力,另一方面则取决于消费需求的结构及其变化。为获得好的经济效益,生产部门必须有合理的产品结构、适销的商品品种以及高水平的商品质量,并要根据市场需要和消费需求不断调整生产品种和开发新品种;商业部门必须按照市场需求、供求状况和竞争需要,确定和调整企业发展战略中的品种计划,重视商品品种的构成、完善、策略等问题。商业企业在确定和调整品种计划时,要考虑以下诸因素:消费需求、消费水平、消费者购买力、商品的档次(质量和价格水平)、品种构成、竞争状况、盈利的基准点、资本等。商品品种构成是指商业企业所经营的各类商品之间及每类商品中不同品种规格商品的组合。影响商品品种构成的主要因素是消费者的年龄和性别、职业、偏好、民族属性及地方风俗习惯等。

按照商品品种的横向广度或商品品种的结构,可划分为复杂的商品品种和简单的商品品种。商品品种的广度是指具体商品类中的变种(品种)数目。例如,灯泡、肥皂、锤子、办公用品等只有很少的品种,属于简单商品品种;而服装、鞋类食品等有相当多的品种,则属于复杂的商品品种。

按照商品品种的纵向深度,可划分为粗的品种和细的品种。在制订商品计划或规划时,一般是指粗的商品品种。在订立供货合同时,要详细规定商品的所有特性值,包括规格、颜色、式样、包装装潢等,这时就涉及细的商品品种。

按照商品品种的重要程度,可划分为日常用商品品种(必备商品品种)和美化、丰富生活用商品品种,主要商品品种和次要商品品种。

按照行业(商业部门)也可划分成一定的商品品种类别。例如,杂货、食品、医药品;纺织品、皮革制品、家具;五金制品、家用器皿、玻璃制品、瓷器、壁纸和地面铺设用品;电子电器商品、玩具、体育用品;文具纸张、办公用品、书;钟表、首饰、乐器、照相器材等。具有这些行业特征的商品品种大多由不同的专营商店或百货公司的各商品部来经销。根据消费者的某方面需要,也能够划分成不同的商品品种类别。例如,按照生活范围的需要可构成从属于消费者的不同商品品种(配套品种):卧室用品、儿童用品、家用纺织品、家用电器、园艺用品、洗涤用品、装饰品、办公用品、文化用品、厨房用品等,这些商品品种类别的构成便于消费者购买;按照活动范围的需要可构成野营用品、旅行用品、休闲用品等商品品种类别。按照消费者的某方面需要来划分商品品种,打破了传统的行业,出现了许多专门商店,有利于商品销售和消费者选购。

三、商品品种结构

　　商品品种结构是在一定范围的商品集合体中，对于各类商品及每类商品中不同品种的组合状况及其相对数量比例的客观描述。所谓相对数量比例是指在所管理的集合体商品总量中，按满足不同层次消费需求，各大类商品及每类商品中不同品种规格商品的数量所占的比例，商品品种结构框架是按金字塔形排列的。

　　总的来说，商品品种的结构应适应消费需求结构及其变化。具体商品品种的构成应考虑具体的消费需求，如消费者年龄、性别、职业、民族、消费水平和地方风俗等。消费需求和消费结构不是一成不变的，它随科学技术水平、人口组成、社会经济发展水平等的变化而变化。这种变化一般呈上升趋势，因而商品品种结构也是一个动态的高级化过程。调整商品品种结构，首先要调查消费需求，研究分析市场结构和消费结构，及时捕捉市场信息，掌握市场和消费结构的变化趋势。

　　商品品种结构是否合理，实质上是商品能否满足广大消费者多样化、多层次、专业化、特殊化、个性化的消费需求问题，也是人们对商品的不同需要在质的方面如何得到满足的问题。为了促进商品品种结构的合理化与优化，应重视商品品种和品种结构的研究。

　　研究商品品种结构，包括老品种的改进和淘汰以及新品种的开发，必须从满足社会需要出发。商品品种结构的决策要考虑两个因素，即市场引力和企业实力。市场引力包括商品对国计民生的影响力、市场容量、利润率、销售率、增长率等，是社会需求状况的反映。企业实力是指企业满足市场需求的能力，它包括市场占有率、生产能力、技术能力、销售能力等综合因素。只有对市场引力和企业实力进行定性、定量分析，在分析的基础上确定老品种的改进和新品种的开发，才能使生产的商品满足消费需求，使商品品种结构与消费需求结构相符。

　　商品品种结构合理化的总原则是，商品品种结构必须与人们的实际需要和消费结构及其变化相适应。首先，商品品种必须与消费需求相符合，商品品种结构必须同消费需求结构相一致，这就是说，商品品种必须适应不同社会阶层、不同社会集团、不同人群的消费水平和消费偏好。其次，随着社会的发展，人们的需要和消费需求结构会不断发生变化，商品品种结构也应随之变化和调整，以保证商品品种结构与消费需求及其结构的相符程度达到最佳化。提高商品品种结构与消费需求结构的相符程度，对于全面满足消费需求，加速商品使用价值的实现，保证企业计划的顺利完成，提高企业的经济效益等，都具有重要的意义。

第二节　商品质量和定价

一、商品质量

(一)商品质量的定义

人们对质量的认识源于其质量实践活动，并且随着人类生产、科技、文化和其他社会活动的不断进步而逐渐深化。由于人们从不同的实践角度来观察和体验质量的本质及其内涵，并且对质量本质及内涵的认识也随着时代的进步而不断地发展和深化，这就使得国内外专家关于质量的定义视角各异，说法纷呈。但总体来说，质量的定义可以归为以下几种代表类型。

美国著名质量管理专家克劳斯比认为，质量是"符合规范或要求"。质量并不意味着好、卓越、优秀等，质量就意味着对于规范或要求的符合。谈论质量只有相对于特定的规范或要求才是有意义的，合乎规范或要求就意味着具有了质量，反之不合格就意味着缺乏质量。这种符合质量的概念，通常以"符合"现行标准或技术要求的程度作为衡量依据。它很实用，很有市场，但其局限性也非常突出。因为作为规范的标准或技术要求有先进和落后之别，并且现行标准或技术要求也很难正确地反映客户的全部需求，尤其是潜在的和变化着的需求。在这种传统的"静态"的质量观念指导下，一旦质量符合了规范或要求，就可能停止任何改进质量的努力。

世界著名质量管理专家朱兰从用户的角度出发，认为质量是"适用性"。朱兰提出了"质量即适用性"的著名观点。他指出："所谓适用性是指产品在使用期间能够满足用户的需要。"他认为，适用性普遍适用于一切产品或服务，是由用户所要求的产品或服务特性决定的，适用性的评价也是由用户做出的，而不是由产品制造商或者服务提供商做出的。朱兰的质量定义体现了质量最终决定于产品或服务的消费过程以及用户的使用感受、期望和利益的本质，成为用户型质量观的一种代表性理论，得到了世界的普遍认同。

世界著名质量管理专家费根鲍姆在《全面质量管理》中提出，质量是"满足顾客期望的各种特性综合体"。"产品或服务质量可以定义为：产品或服务在营销、设计、制造、维修中各种特性的综合体，借助于这一综合体，产品和服务在使用中就能满足顾客的期望。衡量质量的主要目的就在于，确定和评价产品或服务接近于这一综合体的程度或水平。有时也使用其他的术语(如可靠性、售后服务能力、可维修性等)来定义产品质量。显然，这些术语只是构成产品或服务质量的个别特性。正确认识这一点很重要，因为在确定某一产品的'质量'的关键要求时，需要在经济上综合平衡，即权衡各种个别质量特性的得失。比如说，某一种产品在其预期的寿命周期中，在预定的使用环境和条件下必须随时执行指定的功能。对这种产品的质量的关键要求当然是要有高的可靠性。然而，生产必须安全又具有压倒一切的重要意义。同时，产品在其寿命周期中必须要有足够的售后服务能力和可维修性。产品要有适合于顾客要求的外观，所以它又必须具有吸引力。当综合平衡了所有这些特性之后，'恰到好处'的质量也就组成为综合体。它为预期的产品功能提供了最大的综合经济效益，除此之外，它还考虑到产品废弃和服务过后的情况，这就是关于以全面满足消费者要求为主的'质量'的概念。"根据费根鲍姆对质量的定义，质量是由顾客来判断的，而不是由设计师、工程师、营销部门或管理部门来确定的。顾客根据其对某种产品或某项服务的实际经验同他的需要对比而作出判断。

国家标准 GB/T19000—2008/国际标准 ISO9000：2005《质量管理体系基础和术语》对质量的定义是：质量是 "固有特性满足要求的程度"。

综上所述，商品质量是指商品的一组固有特性满足明确规定的和通常隐含的需求或期望的程度。这里，"明确规定的"指在法律、法规、技术标准、合同、承诺、图样、使用说明标签或标志、使用说明书等文件中明确提出的要求；"通常隐含的"是指那些人们公认的、应该遵从的、不必明确的要求，如习惯要求或沿用惯例等。必须指出，组织在确定商品的质量要求时，应该在考虑顾客要求的基础上，兼顾相关方的要求。

"固有特性"是指商品一旦形成就客观存在的质量特性，如几何特性、化学特性、机械(力学)特性、电学特性、生物学特性、感官特性、人体工效特性、安全性等。商品要想能够符合明确规定和隐含的要求，只靠一两个特性是无法满足这种复杂或综合要求的，通常要靠若干个即一组质量特性才能达到目标。其满足程度决定于质量特性组合的优化程度，并最终决定商品质量的好坏。

质量的内涵是由其载体的一组固有特性组成，并且这些固有特性能够不同程度地满足顾客及其他相关方的要求。随着科技进步和社会经济发展，质量载体内涵(从"产品"到"产品、过程、体系")和固有特性内涵都会随着顾客及其他相关方要求的改变而发生变化，因而质量不是静态的，而是动态的。

质量具有广义性、时效性和相对性。质量的广义性表现为，组织的相关方对组织的产品、过程或体系都可能提出要求，而产品、过程和体系又都具有固有特性，因此，质量不仅指产品质量，也可指过程和体系的质量。质量的时效性表现为，组织的顾客和其他相关方对组织的产品、过程和体系的需求和期望是不断变化的，例如，原先被顾客认为质量好的产品会因为顾客要求的提高而不再受到顾客的欢迎，因此组织应不断地调整对质量的要求。质量的相对性表现为，组织的顾客和其他相关方可能对同一产品(或过程或体系)的功能提出不同的需求，也可能对同一产品(或过程或体系)的同一功能提出不同的需求，需求不同，质量要求也就不同，只有满足要求的产品(或过程或体系)才会被认为是质量好的产品(或过程或体系)。

(二)商品质量特性

尽管我们已经确定了商品质量的科学定义，但其概念仍然抽象模糊，尤其是消费者对商品的明确的或不明确的需求,如方便、舒适、安全、卫生等,只有把这些抽象的要求转化为生产者、经营者可以度量的技术经济语言,才具有实际的可操作性。这种技术经济语言就是质量特性。例如,服装的"舒适性"可分解为织物的热传递性、水分传递性、空气传递性等具体的固有特性,然后综合起来进行描述,这样抽象的质量就作为质量特性被表现出来了。

商品的质量特性是指商品与要求有关的固有特性。商品的赋予特性不是商品的质量特性。一般来说,商品不止有一种质量特性,而常常有几种、十几种,甚至更多。每种质量特性对商品质量都有一定的贡献,但其重要程度却不同,而且因使用目的或用途不同而发生变化。如果我们在评价商品质量时不区分众多特性的重要程度,就无法抓住关键,甚至顾此失彼,导致错误的评价,还会浪费大量的人力、物力,使质量成本上升。因此,在商品质量评价和管理过程中,需要从经济上综合平衡各种个别质量特性的得失,而没有必要考虑其全部的质量特性,并将各种质量特性同等看待,而应该依据其用途权衡轻重,尽量简化,选择少数对商品质量起决定作用的质量特性(一般以 3~5 种为宜),按其重要程度分别赋予不同的权重,加权综合,形成符合消费者需求或期望的质量,这样才能提高商品质量评价的效率和经济效益。

在大多数情况下,真正的质量特性是难以定量的,尤其是依据现有的测量技术来选定质量特性时,往往非常困难。这就要求对产品进行综合的或个别的试验研究,确定某些技术参数,以间接地反映商品的质量特性,国外称之为代用质量特性。不论是直接定量的还是间接定量的质量特性,都应准确地反映顾客和相关方对商品质量的客观要求。把反映商品质量特性的技术经济参数明确规定下来,形成技术文件,这就是商品质量标准或称技术标准。商品标准中所选用的质量特性大多是代用质量特性,这就使得商品质量标准与实际质量要求常常存在着既相互适应又相互矛盾的地方,因此要定期或不定期地根据消费者不断变化的需要,对质量标准进行必要的调整和修改,尽可能地使质量标准符合消费者的实际质量要求。

(三)商品质量指标

商品质量特性通常由各种数量指标来表示,这些数量指标称为商品质量指标。商品质量指标是商品技术性指标和可靠性指标的综合。由于商品的复杂性和多样性,商品的质量指标很多,在实践中主要有以下几方面:适用性指标(即用途指标)、工艺性指标、结构合理性指标(包括商品的可修理性、零部件互换性及人体工效学方面的指标)、安全卫生性指标、可靠性指标、经济性指标、使用寿命指标、生态学指标、美观指标等。这几方面的质量指标构成了对现代商品质量的基本要求,它们互相补充、相辅相成、不可或缺。

测量或测定质量指标所得到的数据,称为质量特性值。人们把可以连续测量而得到的质量特性值称为计量值,如商品的尺寸、重量、容积、抗拉伸强度等。质量特性值最好为计量值,但有时没有必要或实际上难以用计量值表示,例如,商品的品级、合格品数、外观疵点数等特性值是离散的，只能取整数值或定性地划分为两个或两个以上的类，这样的质量特性值称为计数值。

产品质量指标包括内在质量与外在质量两个方面。内在质量，是指产品的性能、使用寿命、工作精度、安全性、可靠性和可维修性等因素。外在质量，是指产品的颜色、式样、包装等因素。在中国，产品的质量标准分为国家标准、部颁标准和企业标准三个层次。产品的质量标准是衡量一个企业的产品满足社会需要程度的重要标志，是企业赢得市场竞争的关键因素。

二、商品定价

商品价格是商品流通活动中一个十分敏感又难以控制的因素，它直接关系着市场对商品的接受程度，影响着参与流通活动的各主体的利润的多少。因此，商品定价是商品管理活动中的一个极其重要的组织部分。

(一)定价目标

企业对商品的定价必须按照企业的经营目标及市场定位的要求来进行。企业每一可能价格对其利润、收入、市场占有率也均有不同的含义。企业定价目标主要有以下几种。

1. 维持生存

维持企业的生存是企业定价活动的最基本的目标，生产企业要确保投入的生产材料和人力等成本通过商品的出售而至少做到保本，商业中介商在转售活动中要投入各种销售设施、人力、资金等成本，也需要在转售活动中获得正的现金流，来保持企业的正常经营。只要其价格能弥补变动成本和一些固定成本，企业的生存便可以维持。

2. 当期利润最大化

有些企业希望确定一个能使当期利润最大化的价格。如果定价企业能够对其产品的需求函数和成本函数有充分的了解，那么就可以制定确定当期利润最大化的价格。

3. 市场占有率最大化

有些企业的定价目的是为了使市场占有率最大化。因此，企业确信赢得最高的市场占有率之后将享有最低的成本和最高的长期利润，且有些市场需求方对市场占有份额高的商品或商家比较热衷，所以，企业会制定尽可能低的价格来追求市场占有率领先地位。

4. 产品质量最优化

如果某个企业的产品质量在行业内领先，就需要一方面用高价来弥补产品高质量的开发成本和生产成本，另一方面通过高价格向消费者传递质优的信号。

(二)市场需求

商品的定价不是随心所欲地制定价格,最低价格取决于产品的成本费用,最高价格取决于市场的需求。产品的成本费用对于不同的流通主体来讲,还是相对容易估算的,但需求却是不易估算出来的。因为需求至少受到价格和收入变动的影响。

1. 需求的收入弹性

需求的收入弹性是指因收入变动而引起的相应需求的变动率。有些产品的需求收入弹性较大,这意味着消费者货币收入的增加导致该产品的需求量有更大幅度的增加,一般来说,高档百货、耐用消费品、娱乐支出的情况如此。有些产品需求收入弹性较小,这意味着消费者货币收入的增加对该产品的需求量的增加影响较小,一般来说,生活必需品的情况如此。还有些特殊的情况,如果需求收入弹性是负值,意味着消费者货币收入的增加反而导致该产品需求的下降,某些低档食品、低档服装就有此特征。

2. 需求的价格弹性

价格会影响市场需求。在正常情况下,市场需求会随着商品价格的反方向变动。价格提高,市场需求就会减少;价格降低,市场需求就会增加。就是供应规律发生作用的表现。需求的价格弹性反映需求量对价格的敏感程度,有些商品的价格弹性大,如香水、高档服装等;有些商品的价格弹性相对小,如大多数食品和生活必需用品。价格弹性也会受到一些特定条件的影响,如市场上产品是否有替代品或竞争品;购买者改变了购买习惯,如追求便利;购买者认为价格会反映商品质量的高低等。

3. 需求的交叉弹性

同一大类产品中细分产品由于存在着一定的替代性或互补性,一种产品的价格变动往往会影响其他种类商品的销售量变动,两者之间存在需求的交叉价格弹性。交叉弹性可以是正值,也可以是负值。如果为正值,此二种产品为替代品,表明一旦产品 Y 的价格上涨,则产品 X 的需求量必然增加;如果为负值,此二种产品为互补品,表明一旦 Y 的价格上涨,则产品 X 的需求量必然下降。

(三)定价方法

1. 成本导向定价法

成本导向定价法是企业定价首先需要考虑的方法。成本是企业生产经营过程中所发生的实际耗费,客观上要求通过商品的销售而得到补偿,并且要获得大于其支出的收入,超出的部分表现为企业利润。以产品单位成本为基本依据,再加上预期利润来确定价格的成本导向定价法,是中外企业最常用、最基本的定价方法。成本导向定价法又衍生出了总成

第六章　商品管理

本加成定价法、目标定价法。

成本加成定价法是指按照单位成本加上一定百分比的加成来确定产品销售价格。在这种定价方法下，把所有为生产某种产品而发生的耗费均计入成本的范围，计算单位产品的变动成本，合理分摊相应的固定成本，再按一定的目标利润率来决定价格。

其计算公式为：单位产品价格=单位产品总成本×(1+目标利润率)

例如，某电视机厂生产 2000 台彩色电视机，总固定成本为 600 万元，每台彩电的变动成本为 1000 元，确定目标利润率为 25%。则采用总成本加成定价法确定价格的过程如下：

单位产品固定成本为 6 000 000/2000=3000(元)

单位产品变动成本为 1000 元

单位产品总成本为 4000 元

单位产品价格为 4000×(1+25%)=5000(元)

采用成本加成定价法，确定合理的成本利润率是一个关键问题，而成本利润率的确定，必须考虑市场环境、行业特点等多种因素。某一行业的某一产品在特定市场以相同的价格出售时，成本低的企业能够获得较高的利润率，并且在进行价格竞争时可以拥有更大的回旋空间。

在用成本加成方式计算价格时，对成本的确定是在假设销售量达到某一水平的基础上进行的。因此，若产品销售出现困难，则预期利润很难实现，甚至成本补偿也变得不现实。但是，这种方法也有一些优点：首先，这种方法简化了定价工作，便于企业开展经济核算。其次，若某个行业的所有企业都使用这种定价方法，它们的价格就会趋于相似，因而价格竞争就会减到最少。再次，在成本加成的基础上制定出来的价格对买方和卖方来说都比较公平，卖方能得到正常的利润，买方也不会觉得受到了额外的剥削。成本加成定价法一般在租赁业、建筑业、服务业、科研项目投资以及批发零售企业中得到广泛的应用。即使不用这种方法定价，许多企业也多把用此法制定的价格作为参考价格。

目标收益定价法又称投资收益率定价法，是根据企业的投资总额、预期销量和投资回收期等因素来确定价格。假设上面一例中建设电视机厂的总投资额为 800 万元，投资回收期为 5 年，则采用目标收益定价法确定价格的基本步骤如下：

(1) 确定目标收益率。

目标收益率=1/投资回收期×100%=1÷5×100%=20%

(2) 确定单位产品目标利润额。

单位产品目标利润额=总投资额×目标收益率÷预期销量

8 000 000×20%÷2000=800(元)

(3) 计算单位产品价格。

单位产品价格=企业固定成本÷预期销量+单位变动成本+单位产品目标利润额

　　　　　　=6 000 000÷2000+1000+800

　　　　　　=4800(元)

与成本加成定价法相类似,目标收益定价法也是一种生产者导向的产物,它很少考虑市场竞争和需求的实际情况,只是从保证生产者的利益出发制定价格。另外,先确定产品销量、再计算产品价格的做法完全颠倒了价格与销量的因果关系,把销量看成价格的决定因素,在实际上很难行得通。尤其是对于那些需求的价格弹性较大的产品,用这种方法制定出来的价格,无法保证销量的必然实现,那么,预期的投资回收期、目标收益等也就只能成为一句空话。不过,对于需求比较稳定的大型制造业,供不应求且价格弹性小的商品,市场占有率高、具有垄断性的商品,以及大型的公用事业、劳务工程和服务项目等,在科学预测价格、销量、成本和利润四要素的基础上,目标收益法仍不失为一种有效的定价方法。

2. 需求导向定价法

需求导向定价法是指按照顾客对商品的认知和需求程度制定价格,而不是根据卖方的成本定价。这类定价方法的出发点是顾客需求,认为企业生产产品就是为了满足顾客的需要,所以产品的价格应以顾客对商品价值的理解为依据来制定。若成本导向定价的逻辑关系是:成本+税金+利润=价格,则需求导向定价的逻辑关系是:价格-税金-利润=成本。

需求导向定价的主要方法包括认知价值定价法、反向定价法和需求差异定价法三种,其中,需求差异定价法将专门论述。

(1) 认知价值定价法。

这是利用产品在消费者心目中的价值,也就是消费者心中对价值的理解程度来确定产品价格水平的一种方法。消费者对商品价值的认知和理解程度不同,会形成不同的定价上限,如果价格刚好定在这个限度内,那么消费者既能顺利购买,企业也将更加有利可图。

如美国卡特匹勒公司用理解价值为其建筑机械设备定价。该公司可能为其拖拉机定价10万美元,尽管其竞争对手同类的拖拉机售价只有9万美元,卡特匹勒公司的销售量居然超过了竞争者。当一位潜在顾客问卡特匹勒公司的经销商,买卡特匹勒的拖拉机为什么要多付1万美元时,经销商回答说:

90 000 美元是拖拉机的价格,与竞争者的拖拉机价格相同;

+7000 美元是最佳耐用性的价格加成;

+6000 美元是最佳可靠性的价格加成;

+5000 美元是最佳服务的价格加成;

+2000 美元是零件较长保用期的价格加成;

110000 美元是总价格;

−10000 美元是折扣;

最终价格为 100 000 美元。

顾客惊奇地发现,尽管他购买卡特匹勒公司的拖拉机需多付 1 万美元,但实际上他却得到了1万美元的折扣。结果,他选择了卡特匹勒公司的拖拉机。实施这一方法的要点在于提高消费者对商品效用认知和价值的理解度。企业可以通过实施产品差异化和适当的市场定位，突出企业产品特色，再辅以整体的营销组合策略，塑造企业和产品形象，使消费者感到购买这些产品能获取更多的相对利益，从而提高他们可接受的产品价格上限。

(2) 反向定价法。

所谓反向定价法，是指企业依据消费者能够接受的最终销售价格，计算自己从事经营的成本和利润后，逆向推算出产品的批发价和零售价。这种定价方法不以实际成本为主要依据，而是以市场需求为定价出发点，力求使价格为消费者所接受。分销渠道中的批发商和零售商多采取这种定价方法。

3. 竞争导向定价法

竞争导向定价法是企业通过研究竞争对手的生产条件、服务状况、价格水平等因素，依据自身的竞争实力，参考成本和供求状况来确定商品价格，以市场上竞争者的类似产品的价格作为本企业产品定价的参照系的一种定价方法。通常有两种方法，即随行就市定价法和投标定价法。

所谓随行就市定价法是指企业按照行业的平均现行价格水平来定价，根据客户对公司产品的价值认知确定价格，一般在企业面临难以估算成本、打算与同行和平共处、难以了解竞争者和购买者对企业另行定价的反应等状况时，采用的一种定价方法。

投标定价法是指政府采购机构在报刊上登广告或发出函件，说明拟采购商品的品种、规格、数量等具体要求，邀请供应商在规定的期限内投标。政府采购机构在规定的日期内开标，选择报价最低、最有利的供应商成交，签订采购合同。这种价格是供应企业根据对竞争者报价的估计而定的，而不是按照供货企业自己的成本费用或市场需求来制定的。供货企业的目的在于赢得合同，所以它的报价会尽量低于竞争对手的报价。

互联网使得顾客比以往更容易进行价格比较，不仅在制造商之间，而且在相同产品或型号的不同供应商之间进行比较。社会化媒体的广泛应用，譬如顾客之间的各种聊天沟通工具，有助于传播关于竞争性定价的信息以及关于产品和服务的推荐或警示，使得顾客对价格的敏感度提高。

第三节　商品包装分类和功能

商品包装是商品的重要组成部分。它是实现商品价值和使用价值并能增加商品价值的一种手段。随着感性消费时代的到来、市场竞争的日益激烈以及售货方式的变化，商品包装的功能已不局限于保护、容纳和宣传产品，而更重要的是通过包装来提升商品的附加值和产品的竞争力。商品包装已成为竞争中的重要手段之一。

一、商品包装的分类

商品包装按其功能分为运输包装和销售包装两大类。

(一)运输包装

运输包装,又称大包装或外包装,是用于盛装一定数量的销售包装商品或散装商品的大型包装。运输包装的主要作用是便于商品的运输和储存。

运输包装通常可分为两类:一类是单件运输包装;另一类是组合包装,即集装箱包装。

1) 单件运输包装

按照包装造型来分,有箱、包、桶、袋、捆、罐、篓筐等包装。按使用材料来分,有纸制、木制、金属、塑料、陶瓷、玻璃、竹、柳等包装。

2) 组合运输包装

为了适应当前世界运输、装卸现代化的要求,将若干单件组合成一件大包装或装入一个大的包装容器内。这种包装方式对于提高装卸效率、保护商品质量和数量完整、节省包装费用有重要的作用。目前常见的形式有集装箱、集装袋、托盘三大类,其中集装箱使用最广泛。

(1) 集装箱。集装箱运输是一种现代化的运输方式。集装箱是一种由钢板、木板、铝合金、玻璃、钢制成的容器。多为长方体,可装卸 5~40 吨商品,最初出现于美国陆军的军事运输,从1955年起始用于民间运输。集装箱包装特别适合于在两种运输工具之间转运,大大提高了运输效率,可以防止商品破损和丢失,减少运输费用和包装成本。由于集装箱具有上述优点,集装箱运输近20年来在世界各国得以迅速发展。发达国家的商品运输95%以上采用集装箱,我国虽然起步晚,但近年来为适应对外贸易发展的需要发展很快。

(2) 集装袋。集装袋又称集装包,是由塑料编织带制成的包装。其容量一般为1~5吨,最大可达13吨左右,适用于装运粉粒状商品,如面粉、食糖、矿砂和化工类散装商品。

(3) 托盘。托盘一般指用木材、金属或塑料制成的垫板。垫板下面有插口,供铲车起卸之用。装卸货物时,将单件货物堆码在托盘上,用收缩薄膜将货物牢固地固定在托盘上,组成一件大包装,即"托盘包装",载重量一般可分为1吨、15吨等。托盘具有减少包装破损、降低包装费用、节约劳动力、提高装卸效率、加速商品流转等特点,近年来在世界各国广泛使用。许多国家港口规定,某些商品必须采用托盘包装,否则拒绝货轮入港。

(二)销售包装

销售包装又称内包装,是直接接触商品并随商品进入零售网点与消费者或用户直接见面的包装。销售包装的形式包含便于陈列展销的包装、便于识别商品的包装、便于携带和使用的包装。

第六章　商品管理

销售包装设计的心理策略有以下几个方面。

(1) 求便心理。

顾客购物都求方便，例如，透明或开窗式包装的食品可以方便挑选，组合式包装的礼品篮可以方便使用，软包装饮料方便携带，等等。包装的方便易用增添了商品的吸引力。国外流行的"无障碍"包装，如接触式判断识别包中用锯齿状标识区分洗涤剂的类型，在罐装食品中设置"盖中部凹陷状证明未过保质期"的自动识别标志等，原来是为迎合高龄老人和残疾人而开发的，结果深得消费者的广泛喜爱，可见求方便是多数人的消费心理。

(2) 求实心理。

例如，商品，包括包装，其设计必须满足消费者的核心需求，也就是必须有实在的价值。在所有年龄的文化群体中，老年人最讲求质朴、实在，但是现在五花八门的老年人健康滋补品却普遍存在"形式大于内容"的过度包装问题。这些产品即使能够吸引人偶然作为礼品购买，也难以赢得消费者长久的忠诚度，缺乏长远发展的动力。

(3) 求新心理。

特别是对于科技含量比较高的产品，包装的选材、工艺、款式和装潢设计都应该体现出技术的先进性。例如，采用凹凸工艺制作的立体式包装、无菌包装和防盗包装等，就可以通过新颖独特的包装来反映科学技术的优异成果，映衬产品的优越性能。

(4) 求信心理。

在产品上突出厂名、商标，有助于减轻购买者对产品质量的怀疑心理。特别是有一定知名度的企业，这样做对产品和企业的宣传可以取得一举两得的效果。例如，美国百威公司的银冰啤酒的包装上有一个企鹅和厂牌图案组成的品质标志，只有当啤酒冷藏温度最适宜的时候，活泼的小企鹅才会显示出来，向消费者保证该产品是货真价实、风味最佳，满足他们的求信心理。

(5) 求美心理。

产品的包装设计是装饰艺术的结晶。精美的包装能激起消费者高层次的社会性需求，深具艺术魅力的包装对购买者而言是一种美的享受，是促使潜在消费者变为显在消费者，变为长久型、习惯型消费者的驱动力量。大凡世界名酒，其包装都十分考究。从瓶到盒都焕发着艺术的光彩——这是一种最优雅且最成功的包装促销。

(6) 求趣心理。

人们在紧张的生活中尤其需要轻松和幽默。美国的一家公司在所生产的饼干的罐盖上印上各种有趣的谜语，大大增加了人们想拥有商品揭开谜底的兴趣。

(7) 求异心理。

人们特别是年轻人喜欢与众不同，喜欢求异、求奇、求新，极力寻找机会表现自我。以这类消费者为目标市场的产品包装可以大胆采用禁忌用色，在造型上突破传统，在标识语中大力宣扬"新一代的选择"，以求引导潮流，创造时尚。但是潮流变幻无常，这类消费者的心理不稳定又难以捉摸，因此对其包装促销是高风险、高回报的尝试。

销售包装是保护功能和艺术美感的融合,是实用性和新颖性的创新结合。成功的包装促销是生产者的意念心理、创造者的思维心理和购买者的需求心理的共鸣。商品销售包装只有把握消费者的心理,迎合消费者的喜好,满足消费者的需求,激发和引导消费者的情感,才能够在激烈的商战中脱颖而出,稳操胜券。

二、商品包装的功能

商品包装具有以下几个方面的功能。

1. 保护功能

保护功能是商品包装最基本的功能。商品从生产领域向消费领域转移的过程中,必然会经过多次不同情况、不同条件的空间移动、冲击或震动,以及外界因素,如温度、湿度、微生物等的影响,如果包装不当,就会造成商品的破损、变形、霉变、腐烂、生锈、虫蛀等损失。而科学的包装能有效地保护商品的外观形态和内在品质,维护商品的使用价值。

2. 容纳和成组化功能

容纳也是商品包装的基本功能。许多商品,如气体、液体、粉状商品以及许多食品和药品,如果没有包装就无法运输、储存、携带和使用。成组化功能是容纳功能的延伸。它是把许多个体或个别的包装物统一加以包装。例如,一些瓶装饮料商品24瓶为一箱。成组的容纳有利于商品运输、保管和销售,并能减少商品流通的费用。

3. 传递信息的功能

商品包装上标有商标、商品名称、品种、规格、产地、成分、功能及使用说明等有关商品的信息,一些消费品上还标有建议零售价格,从而起到介绍商品、宣传商品的功能,尤其是在超级市场中,包装已起到无声推销员的作用。

4. 便利和复用功能

包装的便利功能是指商品的包装为商品的空间移动及消费者的携带使用提供了方便条件,如方便运输、搬运,方便展销陈列,方便携带、使用,方便处理。例如,各种便携式结构、易开启结构、气压式喷雾结构等,虽然这类包装使商品的价格提高了许多,但仍受到市场的欢迎。包装的复用功能是指包装商品的任务完成时,包装物还可以直接再利用,例如,一些包装其包装功能完成后可以用来做贮存罐,不仅扩大了包装的用途,而且能长期发挥广告的宣传效用。

5. 卫生与环保功能

包装的卫生功能是指包装要能保证商品卫生性能,尤其是用于食品、药品、化妆品的包装，包括两方面内容：一是包装能阻隔各种不卫生因素，如灰尘、病菌对内装物的污染；二是包装材料本身在与内装物接触时不污染商品。包装的环保功能是指包装对环境的影响，主要包括两个方面的内容：一是包装废弃物能回收再利用；二是如果不能再利用，包装废弃物在大自然中能自然降解。例如，1吨废纸可回收再利用0.75吨，即使没有回收回来的，在自然界也能被微生物分解，所以，纸材料属于绿色包装材料。

6. 提高商品附加值功能

包装是商品的"改良"，不仅能保护商品体，而且通过优美的造型、色彩、图案和合理的定位可以美化商品，把物质的东西和文化的、精神的内涵结合起来，通过包装表现出来，不仅可以满足人们的物质需要，同时，可以满足人们的精神需要；不仅能够提高商品的竞争力，增加企业的利润，而且有利于促进我国对外贸易的发展和提高国家的声誉。

第七章 营销策略的选择

第一节 市场细分与营销策略选择

一、市场细分的概念

市场细分(Market Segmentation)又称市场分隔或市场区隔,是指根据消费者需求和购买行为的差异性,把具有异质性需求的整体市场划分为若干需求大体相同的消费者群的小市场,它是一个辨别不同行为的消费者并加以分类组合的过程。

市场细分以后所形成的具有相同需求的顾客群体称为细分市场或分市场。每一个顾客群体就是一个细分市场;每一个细分市场都是由需求倾向类似的消费者构成的群体;所有细分市场之总和便是整体市场。由于在相同的顾客群体内,大家的需求、欲望大致相同,企业可以用一种商品,采取一种营销策略加以满足;但在不同的顾客群体之间,其需求、欲望各有差异,企业要以不同的商品,采取不同的营销组合策略加以满足。因此,市场细分实际上是一种求大同、存小异的市场分类方法,它不是对商品进行分类,而是对需求各异的消费者进行分类,是识别具有不同需求和欲望的顾客群体或用户群的活动过程。在同类产品市场上,同一细分市场的顾客需求具有较多的共同性,不同细分市场之间的需求具有较多的差异性,企业应明确有多少细分市场及各细分市场的主要特征。

二、市场细分战略的产生与发展

市场细分是 20 世纪 50 年代中期美国市场营销学家温德尔·斯密斯(Wendel R. Smith)提出的,其产生与发展经历了以下几个主要阶段。

1. 大量营销阶段(Mass Marketing)

早在 19 世纪末 20 世纪初,西方经济发展的中心是速度和规模,企业市场营销的基本方式是大量营销,即大批量生产品种规格单一的产品,然后通过大众化的渠道推销。在当时的市场环境下,大量营销方式降低了成本和价格,获得了较丰厚的利润,企业没有必要、也不可能重视市场需求的研究,市场细分战略不可能产生。

2. 差异化营销阶段(Differentiated Marketing)

20 世纪 30 年代发生了震惊世界的资本主义经济危机,西方企业普遍面临产品严重过剩的问题，市场迫使企业转变经营观念，营销方式从大量营销向产品差异化营销转变，即向市场推出许多与竞争者具有不同式样、花色和价格的产品，供消费者选择，以期扩大销售量。产品差异化营销较大量营销是一种进步，但这种差异并不是专门针对某类消费者的不同需求而设计，更不是在市场细分的基础上出现的。由于企业仅仅考虑自己现有的设计、技术能力而未研究顾客需求，缺乏明确的目标市场，产品试销的成功率仍然很低。

3. 目标营销阶段 (Target Marketing)

20世纪50年代以后，在科学技术革命的推动下，生产力水平大幅度提高，产品日新月异，生产与消费的矛盾日益尖锐，以产品差异化为中心的推销体制远远不能解决西方企业所面临的市场问题。于是，市场迫使企业再次转变经营观念和营销方式，由产品差异化营销转向以市场需求为导向的目标营销，即企业在研究市场和细分市场的基础上，结合自身的资源与优势，选择其中最有吸引力和最能有效地为之提供产品和服务的细分市场作为目标市场，设计与目标市场需求特点相互匹配的营销组合等。于是，市场细分战略应运而生。

市场细分化理论产生之后经过了一个不断完善的过程。最初，人们认为把市场划分得越细越好，越能适应顾客的需求，从而获得更大的收益。但是，自20世纪70年代以来，由于能源危机和整个资本主义市场不景气，营销管理者深感过分地细分市场必然导致企业总成本上升过快，从而减少总收益，因此，西方企业界又出现了一种"市场同合化"的理论，主张从成本和收益的比较出发适度细分。这是对过度细分的反思和矫正，使市场细分理论又有了新的内涵，适应了20世纪90年代全球化营销趋势的发展。

三、市场细分的原理与依据

(一)市场细分的原理

一种产品或劳务市场可以有不同的划分方法。若顾客对某种产品的需求与欲望是完全一致的，即无差异需求时，市场无须进行细分。相反，当顾客的需求具有不同特点时，则每一种有特色的需求都可以被视为一个细分市场。

(二)市场细分的依据

产品属性是影响顾客购买行为的重要因素，根据顾客对不同属性的重视程度，可以分为三种偏好模式即同质偏好、分散偏好和集群偏好。这种需求偏好差异的存在是市场细分的客观依据。

(三)市场细分的标准

市场营销学中，那些能导致顾客群体对某种产品的需求产生差异性的因素，成为市场细分变量或变数。市场细分时，企业可酌情从多种变量中选择一个或若干个主要变量作为市场细分的标准。无疑，不同性质的市场，其细分标准是不尽相同的。同时，在分割某一整体市场时，同一产业中的不同企业或者同一企业因经营条件或经营目标的变化，所选择的细分标准亦会有差异。例如，某家具公司在市场调查中发现与家具销售关联最密切的人口变量有以下三项：户主年龄、家庭规模和收入状况，则以这三个变量为标准细分市场。如果依次把每一变数分为若干等级，就会形成不同的细分市场。企业在选择目标市场时，可以根据本企业的营销目标及预期利润，分别考虑各个细分市场的家庭数目、平均购买率、产品的竞争程度等因素。经过分析研究和预测，即可比较准确地评估出每个细分市场的潜在价值。

(四)市场细分的层次和基本程序

1. 市场细分的层次

美国市场营销学专家菲利普·科特勒及时总结企业实施市场精细化的经验，提出了"市场细分层次"这一崭新的命题，即市场细分随着精细化程度的提高而呈现四个层次：细分市场、补缺市场、局部市场和个别市场。

第一，若按少数主要细分变量分割整体市场，即得细分市场。在"细分市场营销"中，企业仅仅为同一细分市场中的不同顾客提供相同需求的产品而不考虑其差异性。

第二，若将上述细分市场进一步分割，所得次级细分市场即为补缺市场。如按性别、年龄、消费水平和季节可将时装市场分割为若干细分市场；每个细分市场又可再按民族或其他变量分割为若干"补缺市场"。企业在实施"补缺营销"的过程中，应强化管理，不断创新，抓住那些看似小却又众多的商业机会。

第三，因种种原因可能会导致某局部地区消费者群体的需求出现差异而形成局部地区市场。例如，由于历史原因，我国城市分布着铁路职工家属区、高校职工聚集区、回族聚集区等，如今又形成低收入家庭聚集区(经济住房)和高收入家庭聚集区(私人别墅)等。各局部地区市场的需求往往存在较大的差异，企业应分别予以满足，即"局部地区营销"。

第四，若将整体市场彻底细分化，即每位顾客为一个细分市场，称为个别市场。企业的对策是按各位顾客的特殊需求分别制作产品和提供服务，即实施"定制营销"或"一对一营销"，又称"个别化营销"。

2. 市场细分的基本程序

美国市场学专家麦肯锡提出细分市场的一整套程序，这一程序包括以下七个步骤。

(1) 选择并确定产品进入的市场范围。产品的市场范围应以顾客的需求来确定，而不是由产品本身的特性来确定。例如，某房地产公司打算在乡间建造一幢简朴的住宅，若只考虑产品特征，该公司可能认为这幢住宅的出租对象是低收入顾客，但从市场需求角度看，高收入者也可能是这幢住宅的潜在顾客。因为高收入者在住腻了高楼大厦之后，恰恰可能

第七章 营销策略的选择

向往乡间的清静，从而成为这种住宅的顾客。

(2) 列举企业所选定的市场范围内潜在顾客的基本需求。例如，公司可以通过调查，了解潜在消费者对前述住宅的基本需求。这些需求可能包括：遮风避雨、安全、方便、宁静、设计合理、室内陈设完备、工程质量好等。

(3) 了解、评议不同潜在顾客的不同要求，确定几种最迫切的需求作为细分市场的主要因素。对于列举出来的基本需求，不同顾客强调的侧重点可能会存在差异。例如，经济、安全、遮风避雨是所有顾客共同强调的，但有一类用户可能特别重视生活的方便性，另外一类用户则对环境的安静、内部装修等有很高的要求。通过这种差异比较，不同的顾客群体即可被初步识别出来。

(4) 剔除潜在顾客的共同需求特征，而保留各差异特征需求作为细分标准。上述所列购房的共同要求固然重要，但不能作为市场细分的基础。例如，遮风避雨、安全是每位用户的要求，就不能作为细分市场的标准，因而应该剔除。

(5) 根据潜在顾客基本需求上的差异特征，将其划分为不同的市场群体或子市场，并赋予每一子市场一定的名称。例如，房地产公司可以把购房的顾客分为好动者、老成者、新婚者、度假者等多个子市场，并据此采用不同的营销策略。

(6) 进一步分析每一细分市场的不同需求与购买行为特点，并分析其原因，以便在此基础上决定是否可以对这些细分出来的市场进行合并，或作进一步细分。

(7) 对每一细分市场的规模、消费群体的潜在购买力、细分市场上产品竞争状况及发展趋势进行分析，并结合本企业的资源情况选择目标市场。

四、市场定位的方式

市场定位作为一种竞争战略，显示了一种产品或一家企业同类似的产品或企业之间的竞争关系。定位方式不同，竞争态势也不同，下面分析三种主要定位方式。

1. 避强定位

这是一种避开强有力的竞争对手的市场定位。其优点是：能够迅速地在市场上站稳脚跟，并能在消费者或用户心目中迅速树立起一种形象。由于这种定位方式市场风险较少，成功率较高，因此常常为多数企业所采用。

2. 对抗性定位

这是一种与在市场上占据支配地位的、亦即最强的竞争对手"对着干"的定位方式。显然，这种定位有时会产生危险，但不少企业认为能够激励自己奋发上进，一旦成功就会取得巨大的市场优势。例如，可口可乐与百事可乐之间持续不断地争斗，肯德基与麦当劳对着干等。企业实行对抗性定位，必须知己知彼，尤其应清醒估计自己的实力，不一定试图压垮对方，只要能够平分秋色就是巨大的成功。

3. 重新定位

这是一种对销路少、市场反应差的产品进行二次定位的定位方式。这种重新定位旨在摆脱困境，重新获得增长与活力。这种困境可能是由企业决策失误引起的，也可能是因对手有力反击或出现新的强有力竞争对手而造成的。不过，也有企业进行重新定位并非因为已经陷入困境，而是由产品意外地扩大了销售范围而引起的。例如，专为青年人设计的某种款式的服装在中老年消费者中也流行开来，该服饰就会因此而重新定位。

五、目标市场营销战略选择

1. 无差异性营销战略

实行无差异营销战略的企业把整体市场看作一个大的目标市场，不进行细分，用一种产品、统一的市场营销组合对待整体市场。实行此战略的企业基于两种不同的指导思想，第一种是从传统的产品观念出发，强调需求的共性，漠视需求的差异。因此，企业为整体市场生产标准化产品，并实行无差异的市场营销战略。在20世纪60年代以前，美国可口可乐公司一直奉行典型的无差异性营销战略，以单一的品种、标准的瓶装和统一的广告宣传内容长期占领世界非酒类饮料市场。在大量生产、大量销售的产品导向时代，企业多数采用无差异性营销战略经营。实行无差异性营销战略的另一种思想是：企业经过市场调查之后，认为某些特定产品的消费者需求大致相同或存在较少的差异，如食盐，因此可以采用大致相同的市场营销策略。从这个意义上讲，它符合现代市场营销理念。

采用无差异性营销战略最大的优点是成本的经济性。大批量的生产销售必然降低单位产品成本；无差异的广告宣传可以减少促销费用；不进行市场细分，也相应减少了市场调研、产品研制与开发以及制定多种市场营销战略、战略方案等带来的成本开支。

但是，无差异性营销战略对市场上绝大多数产品都是不适宜的，因为消费者的需求偏好具有极其复杂的层次，很少有某种产品或品牌受到市场的普遍欢迎。即便某一产品一时能赢得某一市场，如果竞争企业都纷纷效仿，就会造成市场上某个部分竞争非常激烈，而其他市场部分的需求却未得到满足。例如，20世纪70年代以前，美国三大汽车公司都坚信美国人喜欢大型豪华的小汽车，共同追求这一大的目标市场，采用无差异性市场营销战略。但是70年代能源危机发生之后，美国小轿车的消费需求发生了变化，消费者越来越喜欢小型、轻便、省油的小型轿车，而美国三大汽车公司都没有意识到这种变化，更没有适当地调整自己的无差异性营销战略，致使大轿车市场竞争"白热化"，而小型轿车市场却被忽略。日本汽车公司正是在这种情况下乘虚而入的。

2. 差异性营销战略

差异性市场营销战略是把整体市场划分为若干需求与愿望大致相同的细分市场，然后根据企业的资源及营销实力选择部分细分市场作为目标市场，并为各目标市场制定不同的市场营销组合策略。

采用差异性市场营销战略的最大好处是可以有针对性地满足具有不同特征的顾客群的需求，提高产品的竞争能力。但是，由于产品品种、销售渠道、广告宣传的扩大化与多样化，市场营销费用大幅度增加。所以，无差异性营销战略的优势基本上成为差异性市场战略的劣势。其他问题还在于：该战略在推动成本和销售额上升的同时，市场效益并不具有保证。因此，企业在市场营销中有时需要进行"反细分"或"扩大顾客的基数"。

3. **集中性营销战略**

集中性营销战略是在将整体市场分割为若干细分市场后，只选择其中某一细分市场作为目标市场。其指导思想是把企业的人力、财力、物资集中用于某一个或几个小型市场，不求在较多的细分市场上都获得较小的市场份额，而追求在少数较小的市场上得到较大的市场份额的目标。

这种战略被称为"弥隙"战略，即弥补市场空隙的意思，适合资源薄弱的小企业。小企业如果与大企业硬性抗衡，弊多于利，因此必须寻找对自己有利的小生存环境。用"生态学"的理论说，必须找到一个其他生物不会占领、不会与之竞争，而自己却有适应本能的小生存环境。也就是说，如果小企业能避开大企业竞争激烈的市场部分，选择一两个能够发挥自己技术、资源优势的小市场，往往更容易成功。由于目标集中，可以大大节省营销费用和增加盈利；又由于生产、销售渠道和促销的专业化，也能够更好地满足这部分特定消费者的需求，企业易于取得优越的市场地位。这一战略的不足是经营者承担的风险较大，如果目标市场的需求情况突然发生变化，目标消费者的兴趣突然转移(这种情况多发生于时尚类商品)或是市场上出现了更强有力的竞争对手，企业就可能陷入困境。

第二节 产品生命周期与营销策略选择

一、产品生命周期的概念

市场营销学认为产品是有生命的。新产品的构想和开发就是产品生命的孕育。新产品投入市场以后，经过一定时间的成长，逐渐成熟，接着慢慢衰退，直至最后退出市场，呈现一个从产生到消亡的过程。但所谓的产品生命周期并不包括产品的孕育期，它是指产品从进入市场到最后退出市场所经历的市场生命循环过程，一般分为导入期、成长期、成熟期和衰退期四个阶段。

产品的生命周期与产品的使用寿命是两个不同的概念。产品的使用寿命是指产品从开始使用到磨损、消耗、废弃为止所经历的时间。产品是使用价值和交换价值的统一体。从使用价值消失的过程看，是产品的使用寿命。从产品交换价值消失的过程看，是产品的生命周期。产品的使用寿命是具体的、有形的，是由消费过程中的时间、使用强度、维修保养等因素所决定的；而产品的生命周期是无形的、抽象的，它的长短主要取决于技术进步、市场竞争、政府干预和消费需求的变化等方面因素的影响。

二、产品生命周期各阶段的划分

产品的生命周期一般可分为四个阶段，即导入期(也称为引入期、介绍期)、成长期、成熟期和衰退期。产品的导入期是新产品投入市场的初级阶段，销售量和利润的增长都比较缓慢，利润一般为负；产品进入成长期后，市场销量迅速增长，公司开始盈利；市场销量在成熟期达到顶峰，但此时的增长率较低，利润在后期开始下降；之后，产品的销量和利润显著下降，产品将退出市场，这时产品也就处于最后的衰退期。

流通企业要关注商品所处的生命周期阶段的区别，这四个阶段的本质区别在于各阶段市场的销售增长率的变化不同，因而直接决定着企业的盈亏状况。

以上只是对产品生命周期各个阶段的定性描述，具体划分可采用以下几种方法。

(1) 类比法。即根据类似产品的发展情况进行类比分析和判断，例如，我们可以根据VCD的发展过程来预见DVD的发展前景。

(2) 销售增长率法。一般来说，介绍期的销售增长率小于10%，成长期的销售增长率大于10%，而成熟期的增长率大约在0.1%～10%，衰退期的增长率则小于0。

(3) 普及率法。当产品在市场上的普及率小于5%时为引入期；普及率为5%～50%时为成长期；普及率在50%～90%时为成熟期，普及率为90%以上时则进入衰退期。

三、产品生命周期各阶段特点及企业营销策略

(一)市场导入期

1. 导入期市场特征

导入期市场具有以下几个方面的特征。

(1) 新产品投入市场初期，技术和工艺还未完全过关，工人技术还不熟练，废品率高，生产批量小，因而生产成本较高。

(2) 由于用户对新产品还不熟悉，因而需求量不大，企业要花大量的费用来推销产品，因而，销售成本较高，一般没有利润，甚至发生亏损。处于这个商品生命周期阶段的企业通常为少数几家，但此阶段会存在与旧产品竞争比较激烈的情况。

(3) 新产品的销售渠道还未完全沟通，销售额增长缓慢。

2. 可供选择的市场策略

处于导入期的产品，企业营销策略应重点突出"快"字，把销售力量直接投向最有可能的购买者，使产品尽快地为市场所接受，缩短产品的市场投放时间。下面按"价格—促

销矩阵"，提出导入期产品的市场一般采用的四种营销策略。

(1) 快速取脂策略。

快速取脂策略是指采用高售价、花费大量广告宣传费用，迅速扩大销售量。这一策略的优点是能突然引起消费者的兴趣，增加其购买的冲动性，并可借高价迅速回收投资。但其适用范围有一定限制：产品必须确实别具特色，优于市场上已有的同类产品。同时经过市场调查，确认市场对该产品有很大的潜在需求量。大部分潜在的消费者根本不了解这种新产品，已经知道这种新产品的消费者求购心切，愿出高价。企业面对潜在竞争者的威胁，急于树立名牌。

(2) 缓慢取脂策略。

缓慢取脂策略是指以高价格、低促销进入市场。如果奏效，将比快速取脂策略获得更多的利润。不过，这一策略适应范围更小：只有在市场容量相对有限、消费者对此类产品需求缺乏价格弹性、没有较大的选择性、潜在竞争者威胁不大的时候才能使用。

(3) 快速渗透策略。

快速渗透策略是指采用低价格、花费大量广告宣传费用进入市场，目的在于先发制人，迅速打进市场，取得最大的市场占有率。这种策略适合的市场环境是：市场容量相当大，消费者对这种新产品不了解，但对价格十分敏感，潜在竞争的威胁大，新产品的单位成本可因大批量生产而降低。

(4) 缓慢渗透策略。

缓慢渗透策略是指采用低价格、低促销的姿态进入市场。低价的目的在于便于消费者接受新产品；少量费用的目的在于企业有利可图。采用这种策略的市场环境是：市场容量大，顾客对这种新产品已经了解，因为它通常是原有产品略有改进的新产品，消费者对价格十分敏感，有相当数量的潜在竞争者。

(二)市场成长期

1. 市场特征

(1) 产品在市场上有很大的吸引力，并已普遍被消费者接受，分销渠道已经畅通，销售量增长迅速。

(2) 产品已基本定形，大批的生产能力已经形成，生产成本在不断下降，促销费用也在降低，利润较大。

(3) 由于大量竞争者的加入，仿造品和代用品大量增加，市场竞争日趋激烈。

2. 可供采用的市场策略

(1) 对产品的质量、性能、设计、式样及包装都应有相应的改进，以继续增强市场竞争力。

(2) 广告宣传要从介绍产品转向建立商品形象、争取创立名牌。具体做法是宣传厂名和商标,并着重介绍产品经过改善后的新质量、性能和式样等特点。

(3) 积极寻求新的细分市场,并进入有利的新市场。

(4) 在大量生产的基础上,选择适当时机降低售价,以吸引对价格敏感的潜在买主。

(三)市场成熟期

1. 市场特征

(1) 销售量虽然仍有增长,但已达到饱和程度,增长率呈下降趋势。

(2) 竞争十分剧烈。竞争者之间的价格趋于一致,市场上不断出现各种类似产品和仿制品。

(3) 企业利润开始下降。这个阶段持续的时间比较长,在实际情况下,市场的商品大都是成熟期的产品。一个企业存在的大部分时间是经营处于成熟期的产品。如果采用防守性策略,满足于现状,势必很难得到发展;成功的企业必须采取进攻性策略,努力使产品寿命周期出现再循环的局面。

2. 可供选择的市场策略

(1) 改变市场策略:一般不需要改变产品本身,只是改变产品用途或者改变销售方法、扩大销售对象。这种策略有三种形式:第一,寻找新的细分市场,使产品进入尚未试用过的本产品的市场;第二,刺激现有顾客增加使用频率;第三,重新树立产品形象,寻求新的买主。

(2) 改变产品策略:这种策略是提高产品质量或者改变产品的特色和款式,向顾客提供新的利益。

(3) 改变营销组合:为了延长产品的成长和成熟阶段,除了改变产品本身以外,还可以改变其他营销因素,例如,可以通过降低售价、扩大销售渠道、增加销售网点或加强广告宣传来促进销售。

(四)市场衰退期

1. 市场特征

(1) 销售量由缓慢下降变为急剧下降,利润下降甚至亏损;

(2) 价格降到最低水平;

(3) 企业无利可图退出市场;

(4) 留在市场上的企业减少产品附带服务,消减促销预算。

2. 可供选择的市场策略

(1) 集中策略：缩短战线，以最有利的市场赢得尽可能多的利润；
(2) 维持策略：保持原有的细分市场和营销策略组合，使销售维持在一个低水平；
(3) 榨取策略：大幅度降低销售费用，增加眼前利润。

第八章 客户关系管理

在竞争日趋激烈的经济形势下,迫使公司首先考虑的往往不是产品或渠道建设,而是客户,特别是要考虑新的保证客户满意和响应的方法,即建立和维持客户关系是取得竞争优势的最重要的、唯一的基础。

第一节 客户关系管理起源与发展

一、客户关系管理的起源

客户关系管理起源于美国,最早由美国 Gartner Group 于 1997 年正式提出。随着管理学和市场营销学理念的不断发展与演变,客户关系已成为企业界和学术界共同关注的热点,世界范围内的客户关系管理(Customer Relationship Management,CRM)市场也正处于快速增长中。1997—1999 年,全球 CRM 市场平均每年呈现出 91%的增长率,而同时期的 IT 行业的增长率仅为 12%,CRM 无疑是全球增长最快的领域之一。CRM 的主要应用领域是制造业、电信业、公共事业、金融服务业和零售业等,网上商场和一些新兴的与 INTERNET 联系紧密的企业已经率先成为 CRM 的受益者。

Gartner Group Inc 在早些提出的 ERP 概念中,强调对供应链进行整体管理。而客户作为供应链中的一环,为什么要针对它单独提出一个 CRM 概念呢?原因之一在于,在 ERP 的实际应用中人们发现,由于 ERP 系统本身功能方面的局限性,也由于 IT 技术发展阶段的局限性,ERP 系统并没有很好地实现对供应链下游(客户端)的管理,针对 3C 因素中的客户多样性,ERP 并没有给出良好的解决办法。另一方面,到 20 世纪 90 年代末期,互联网的应用越来越普及,客户信息处理技术(如数据仓库、商业智能、知识发现等技术)得到了长足的发展。结合新经济的需求和新技术的发展,Gartner Group Inc 提出了 CRM 概念。

二、客户关系管理在我国的发展

CRM 于 1999 年传到我国,但我国真正开始大规模的关于 CRM 的研究是在 2000 年的下半年。2000 年末,供应商 Oracle 公司邀请合作伙伴 HP、EMC 和普华永道在北京共同举办了"想客户所想"客户关系管理应用研讨会;2000 年 10 月才从朗讯科技拆分出来的 Avaya 公司也举办了一场沸沸扬扬的"CRM 论坛";IBM 公司将每年的 12 月定为"CRM"月,同时利用公司网站进行解决方案的"热卖活动"。我国信息产业部经过长期策划,举办了"首

第八章 客户关系管理

届客户关系管理国际研讨会",从而掀起了我国客户关系管理研究与应用的热潮。研究机构纷纷撰文探讨 CRM 概念、内涵、实施与应用方面的问题,Oracle、IBM、SAP、Siebel 等开发商纷纷介入中国市场,国内软件行业如用友、金蝶、连成互动、创智等竞相推出本土的 CRM 解决方案,一时间在我国形成了 CRM 的开发热潮。

系统了解客户关系管理思想的起源与发展轨迹,对于我们深刻认识和把握客户关系管理理念的真正内涵有着重要的作用。实际上,早在 20 世纪 60 年代,管理学界的泰斗彼得·德鲁克就指出,"企业经营的真谛是获得并留住客户",这是学术界有关 CRM 理论基础论述的较早记载。1983 年,美国学者瑟尔多·李维特的一篇被誉为关系营销领域里程碑式的文章"After the Sale Over",拉开了工业市场关系营销研究的帷幕。李维特指出:"买卖双方的关系很少在一笔交易结束后终止。相反,交易结束之后这种关系反而得到加强,并影响买方决定下一次购买时的选择。重点应该怎样从推销转移到保证客户在销售结束后持续地感到满意。"该文章在推销观念盛行的时期提出了"仅仅做一名优秀的推销员是不够的,发展持久的关系才是公司最重要的一项资产"的观念,给后继的研究者带来了深远的影响。随后,美国学者贝里首次提出"关系营销"概念,并将其引入服务的范畴,正式揭开了理论界研究客户关系问题的帷幕,他对关系营销进行了初步的界定:吸引、保持以及加强与客户的关系。1984 年,埃弗斯和里尔芒斯提出了客户生命周期的概念,分析了客户生命周期不同阶段的特征以及客户需求的变化,为企业分析客户消费行为、掌握客户消费心理提供了有章可循的规律性理论。这一观念的提出可以说在相当程度上推动了客户关系管理观念的发展,使得企业开始重视客户关系与企业长久利益之间的联系,因此被视为客户关系管理思想的萌芽。

三、客户关系管理的内涵

关于 CRM 的定义,不同的研究机构有着不同的表述。最早提出该概念的 Gartner Group 认为:所谓的客户关系管理就是为企业提供全方位的管理视角;赋予企业更完善的客户交流能力,最大化客户的收益率。

Hurwitz Group 认为:CRM 的焦点是自动化并改善与销售、市场营销、客户服务和支持等领域的客户关系有关的商业流程。CRM 既是一套原则制度,也是一套软件和技术。它的目标是缩减销售周期和销售成本、增加收入、寻找扩展业务所需的新的市场和渠道以及提高客户的价值、满意度、赢利性和忠实度。

而 IBM 则认为:客户关系管理包括企业识别、挑选、获取、发展和保持客户的整个商业过程。IBM 把客户关系管理分为三类:关系管理、流程管理和接入管理。

从管理科学的角度来考察,客户关系管理(CRM)源于市场营销理论;从解决方案的角度考察,客户关系管理是将市场营销的科学管理理念通过信息技术的手段集成在软件上面,得以在全球大规模的普及和应用。作为解决方案(Solution)的客户关系管理集合了当今最新的信息技术，包括 Internet 和电子商务、多媒体技术、数据仓库和数据挖掘、专家系统和人工智能、呼叫中心等。作为一个客户关系管理的应用软件，凝聚了市场营销的管理理念。市场营销、销售管理、客户关怀、服务和支持构成了 CRM 软件的基石。

综上，客户关系管理(CRM)有三层含义：①体现为新态企业管理的指导思想和理念；②是创新的企业管理模式和运营机制；③是企业管理中信息技术、软硬件系统集成的管理方法和应用解决方案的总和。

其核心思想就是：客户是企业的一项重要资产，客户关怀是 CRM 的中心，客户关怀的目的是与所选客户建立长期和有效的业务关系，在与客户的每一个"接触点"上都更加接近客户、了解客户，最大限度地增加利润和利润占有率。CRM 的核心是客户价值管理，它将客户价值分为既成价值、潜在价值和模型价值，通过一对一营销原则，满足不同价值客户的个性化需求，提高客户忠诚度和保有率，实现客户价值持续贡献，从而全面提升企业的盈利能力。

尽管 CRM 最初的定义为企业商务战略，但随着 IT 技术的参与，CRM 已经成为管理软件、企业管理信息解决方案的一种类型。因此另一家著名咨询公司盖洛普(Gallup)将 CRM 定义为：策略+管理+IT。强调了 IT 技术在 CRM 管理战略中的地位，同时，也从另一个方面强调了 CRM 的应用不仅是 IT 系统的应用，而且和企业战略和管理实践密不可分。

第二节　客户关系管理作用和功能

一、客户关系管理出现的原因

(一)需求的拉动

放眼看去，一方面，很多企业在信息化方面已经做了大量工作，收到了很好的经济效益。另一方面，一个普遍的现象是，在很多企业，销售、营销和服务部门的信息化程度越来越不能适应业务发展的需要，越来越多的企业要求提高销售、营销和服务的日常业务的自动化和科学化。这是客户关系管理应运而生的需求基础。

我们会从顾客、销售、营销和服务人员、企业经理那里听到各种抱怨。例如，来自销售人员的声音：从市场部提供的客户线索中很难找到真正的顾客，并且在这些线索上花费大量时间。来自营销人员的声音：去年在营销上开销了 2000 万元，怎样才能知道这 2000 万元的回报率？在展览会上，我们一共收集了 4700 张名片，怎么利用它们才好？其中有多少人已经与销售人员接触了？来自服务人员的声音：其实很多客户提出的电脑故障都是自己的误操作引起的，很多情况下都可以自己解决，但回答这种类型的客户电话占去了工程师的很多时间，工作枯燥而无聊；怎么其他部门的同事都认为我们的售后服务部门只是花钱而挣不来钱？来自顾客的声音：从企业的两个销售人员那里得到了同一产品的不同报价，

第八章　客户关系管理

哪个才是可靠的？我已经提出不希望再给我发放大量的宣传邮件了，怎么情况并没有改变？为什么我的维修请求提出一个月了，还是没有等到上门服务？来自经理人员的声音：有个客户半小时以后就要来谈最后的签单事宜，但一直跟单的人最近辞职了，而我作为销售经理，对与这个客户联系的来龙去脉还一无所知，真急人；有三个销售员都和这家客户联系过，我作为销售经理，怎么知道他们都给客户承诺过什么？这次的产品维修技术要求很高，我是一个新经理，该派哪一个维修人员呢？

上面的情况可归纳为两个方面的问题。其一，企业的销售、营销和客户服务部门难以获得所需的客户互动信息。其次，来自销售、客户服务、市场、制造、库存等部门的信息分散在企业内，这些零散的信息使得无法对客户有全面的了解，各部门难以在统一的信息的基础上面对客户。这需要各部门对面向客户的各项信息和活动进行集成，组建一个以客户为中心的企业，实现对面向客户的活动的全面管理。

近年来，企业面对的竞争压力越来越大。在产品质量、供货及时性等方面，很多企业已经没有多少潜力可挖。而以上问题的改善将会大大提高企业竞争力，为企业赢得新客户、保留老客户和提高客户利润贡献度。对很多企业特别是那些已经有了相当的管理基础和信息基础的企业来说，现在，这个时机已经来临了。

实际上，正如所有的"新"管理理论一样，客户关系管理绝不是什么新概念，它只是在新形势下获得了新内涵。信息技术的发展使得这种信息应用成为可能，企业的客户可通过电话、传真、网络等访问企业，进行业务往来；任何与客户打交道的员工都能全面了解客户关系、根据客户需求进行交易、了解如何对客户进行纵向和横向销售、记录自己获得的客户信息；能够对市场活动进行规划、评估，对整个活动进行 360 度的透视；能够对各种销售活动进行追踪；系统用户可不受地域限制，随时访问企业的业务处理系统，获得客户信息；拥有对市场活动、销售活动的分析能力；能够从不同角度提供成本、利润、生产率、风险率等信息，并对客户、产品、职能部门、地理区域等进行多维分析。

上面的所有功能都是围绕客户展开的。与"客户是上帝"这种可操作性不强的口号相比，这些功能把对客户的尊重落到了实处。客户关系管理的重要性就在于它把客户单独列了出来，围绕着客户做文章。

(二)技术的推动

计算机、通信技术、网络应用的飞速发展使得上面的想法不再停留在梦想阶段。

办公自动化程度、员工计算机应用能力、企业信息化水平、企业管理水平的提高都有利于客户关系管理的实现。我们很难想象，一个管理水平低下、员工意识落后、信息化水平很低的企业从技术上实现客户关系管理。有一种说法很有道理：客户关系管理的作用是锦上添花。现在，信息化、网络化的理念在我国很多企业已经深入人心，很多企业已经具备相当的信息化基础。

电子商务在全球范围内开展得如火如荼，正在改变着企业做生意的方式。通过 Internet，可开展营销活动，向客户销售产品，提供售后服务，收集客户信息。重要的是，这一切的成本是那么低。

客户信息是客户关系管理的基础。数据仓库、商业智能、知识发现等技术的发展，使得收集、整理、加工和利用客户信息的质量大大提高。在这一方面，来看一个经典的案例。美国最大的超市——沃尔玛对顾客的购买清单信息的分析表明，啤酒和尿布经常同时出现在顾客的购买清单上。原来，美国很多男士在为自己的小孩买尿布的时候，还要为自己带上几瓶啤酒。而在这个超市的货架上，这两种商品离得很远，因此，沃尔玛超市重新分布货架，即把啤酒和尿布放得很近，使得购买尿布的男人很容易地看到啤酒，最终使得啤酒的销量大增。这就是著名的"啤酒与尿布"的数据挖掘案例。

(三)管理理念的更新

经过30多年的发展，市场经济的观念已经深入人心。当前，一些先进企业的重点正在经历着从以产品为中心向以客户为中心的转移。有人提出了客户联盟的概念，也就是与客户建立共同获胜的关系，达到双赢的结果，而不是千方百计地从客户身上谋取利益。

当今时代是一个变革的时代、创新的时代。比竞争对手领先一步，而且仅仅一步，就可能意味着成功。业务流程的重新设计为企业的管理创新提供了一个工具。在引入客户关系管理的理念和技术时，不可避免地要对企业原来的管理方式进行改变，变革、创新的思想将有利于企业员工接受变革，而业务流程重组则提供了具体的思路和方法。

在互联网时代，仅凭传统的管理思想已经不够了。互联网不仅带来了一种手段，而且触发了企业组织架构、工作流程的重组以及整个社会管理思想的变革。

客户关系管理的实现，可从两个层面进行考虑。其一是解决管理理念问题，其二是向这种新的管理模式提供信息技术的支持。其中，管理理念的问题是客户关系管理成功的必要条件。这个问题解决不好，客户关系管理就失去了基础。而没有信息技术的支持，客户关系管理工作的效率将难以保证，管理理念的贯彻也就失去了落脚点。

二、客户关系管理的作用

(一)CRM对企业的作用

CRM对企业具有以下三个方面的作用。

(1) 营销智能。CRM系统根据所有的历史数据，自动地进行数据分析，提出市场预测，并自动产生具体的营销活动建议。在营销活动结束后，CRM系统能够收集活动中的反馈资料，这些资料就成为历史数据，为实现下一轮的商务智能营销提供第一手的数据。

(2) 销售自动化。CRM系统通过整合多种客户的联系渠道，针对客户的个性化要求，提供可靠的信息，提高专业人员的大部分活动的自动化程度，不仅包含销售活动本身及参与销售活动的人员管理，同时包括随销售活动而产生的服务管理。

（3）提高效率。CRM 系统的智能性及全面性，使得销售人员可以按照 CRM 系统设定的操作流程来追踪其广告活动，更好地针对未来的市场作出正确的抉择。销售管理人员可以在足不出户的情况下，采用最好的销售模式，管理产品的整个销售过程，来完成整个销售过程中的每一个环节。

(二)CRM 对客户的作用

CRM 对客户具有以下三个方面的作用。

（1）节约购买成本。CRM 系统的实施，减少了客户对供应商的"教育成本"，供应商将主动学习客户的需求特征，客户的任何一个细微的需求都会作为客户个体化信息进行存储，这样就会减少客户购买行为过程中所花费的成本，包括时间成本、沟通成本及机会成本。

（2）满足潜在需求。供应商会根据 CRM 的要求，尽可能收集更多的客户信息。根据这些信息，CRM 系统给供应商提出这样的建议：在什么时候，哪些客户有可能购买企业的哪些产品，用什么同这些客户进行联系。

（3）接受无微不至的关怀和服务。CRM 系统是通过良好的服务和技术支持来保证客户的满意度，维护客户对供应商的品牌忠诚的。因此，CRM 在给企业带来优势的同时，也使客户得到了更多的方便和益处。

三、客户关系管理的功能

(一)互动管理

良好的 CRM 可以有效地管理各个互动渠道，使互动渠道的运用更加高效。同时，通过对客户资料的分析与客户价值评价，可以依照客户的分类等级来选择、创造与客户互动的新模式，进而有效地降低营运成本。

(二)营运管理

营运管理主要包括营销管理、销售管理、客户服务与支持三大核心功能。

（1）营销管理。营销管理的核心是营销自动化。营销自动化为营销提供独特的能力，如营销活动计划的编制和执行、计划结果的分析、清单的产生和管理、市场预测等，是建立在多个营销战役交叉的基础上，能够对客户的活动及时作出反应，更好地抓住各种商机。

（2）销售管理。销售管理的核心是销售自动化，销售自动化是 CRM 所有功能中增长最快的一个领域，也是当前 CRM 应用最广泛的一种功能。它可实现移动销售、账户管理、合同管理、创新管理、销售预测、盈利分析等功能。

(3) 客户服务与支持。客户服务与支持主要集中在售后服务方面，但也提供一些售前信息，如产品、广告等。在多数情况下，客户保持和获得客户的能力依赖于企业提供的服务质量，因此客户服务与支持非常重要。客户服务与支持功能包括现场服务、客户关怀、纠纷处理、订单跟踪、纪念版行为安排等。

(三)决策支持

完整的 CRM 强调客户资料的一致性与完整性，CRM 决策功能中的数据仓库与数据挖掘技术可将客户资料系统地存储与管理，不仅方便 CRM 营运功能的执行和运用，还可以通过在线分析、数据挖掘等资料分析工具对客户、交易与产品等相关资料进行分析，切实了解客户对企业的贡献度和客户的偏好与需求，甚至预测客户未来的消费行为模式与商品结构，并将结果作为营销策略的决策依据。

(四)系统整合

CRM 系统只有与企业的生产、财务和物流等业务流程管理系统进行整合，才能在客户服务及资料分析方面发挥实质性的功效。整合前段和后段的资料，企业才能全面了解客户的互动及交易资料，分析出客户对企业的贡献度，并决定是否值得继续为该客户加强服务品质等。

第三节　客户关系管理的实现

一、客户关系管理的基础

(一)销售力量自动化

在采用 CRM 解决方案时，销售力量自动化(Sales Force Automation, SFA)在国外已经有了十几年的发展，并将在近几年在国内获得长足发展。SFA 是早期的针对客户的应用软件的出发点，但从 20 世纪 90 年代初开始，其范围已经大大地扩展，从整体的视野出发，以提供集成性的方法来管理客户关系。

就像 SFA 的字面意思所表明的，SFA 主要是提高专业销售人员的大部分活动的自动化程度。它包含一系列的功能，通过提高销售过程的自动化程度并向销售人员提供工具，提高其工作效率。它的功能一般包括日历和日程安排、联系和客户管理、佣金管理、商业机会和传递渠道管理、销售预测、建议的产生和管理、定价、区域划分、费用报告等。

举例来讲，有的 CRM 产品具有销售配置模块，允许系统用户(不论是客户还是销售代表)根据产品部件确定最终产品，而用户不需晓得这些部件怎么连接在一起，甚至不需要知道这些部件能否连接在一起。由于用户不需技术背景即可配置复杂的产品,因此,这种销售配置工具特别适合在网上应用,如 Dell 计算机公司,允许其客户通过网络配置和定购个人电脑。自助的网络销售能力使得客户可通过互联网选择、购买产品和服务,使得企业可直接与客户进行低成本的、以网络为基础的电子商务。

(二)营销自动化

营销自动化模块是 CRM 的最新成果,作为对 SFA 的补充,它为营销提供了独特的能力,如营销活动(包括以网络为基础的营销活动或传统的营销活动)计划的编制和执行、计划结果的分析;清单的产生和管理;预算和预测;营销资料管理;"营销百科全书"(关于产品、定价、竞争信息等的知识库);对有需求客户的跟踪、分销和管理。营销自动化模块与 SFA 模块的不同在于它们提供的功能不同,这些功能的目标也不同。营销自动化模块不局限于提高销售人员活动的自动化程度,其目标是为营销及其相关活动的设计、执行和评估提供详细的框架。在很多情况下,营销自动化和 SFA 模块是互为补充的。例如,成功的营销活动可能得知有需求的客户,为了使得营销活动真正有效,应该及时地将销售机会提供给执行的人,如销售专业人员。在客户生命周期中,这两个应用具有不同的功能,但它们常常是互为补充的。

(三)客户服务与支持

在很多情况下,客户保持和提高客户利润贡献度依赖于提供优质的服务,客户只需轻点击鼠标或打一个电话就可以转向企业的竞争者。因此,客户服务和支持对很多公司是极为重要的。在 CRM 中,客户服务与支持主要通过呼叫中心和互联网实现。在满足客户的个性化要求方面,它们的速度、准确性和效率都令人满意。CRM 系统中的强有力的客户数据使得通过多种渠道(如互联网、呼叫中心)的纵横向销售变得可能,当把客户服务与支持功能同销售、营销功能比较好地结合起来时,就能为企业提供很多好机会,向已有的客户销售更多的产品。客户服务与支持的典型应用包括:客户关怀;纠纷、次货、订单跟踪;现场服务;问题及其解决方法的数据库;维修行为安排和调度;服务协议和合同;服务请求管理。

(四)计算机、电话、网络的集成

企业有许多同客户沟通的方法,如面对面的接触、电话、呼叫中心、电子邮件、互联网、通过合作伙伴进行的间接联系等。CRM 应用有必要为上述多渠道的客户沟通提供一致的数据和客户信息。客户经常根据自己的偏好和沟通渠道的方便与否,掌握沟通渠道的最终选择权。例如,有的客户或潜在的客户不喜欢那些不请自来的电子邮件,但企业对偶尔打来电话却不介意,因此,对这样的客户,企业应避免向其主动发送电子邮件,而应多利用电话这种方式。

统一的渠道能给企业带来效率和利益，这些收益主要从内部技术框架和外部关系管理方面表现出来。就内部来讲，统一的渠道方法建立在集中的数据模型的基础上，能够改进前台系统，增强多渠道的客户互动。集成和维持上述多系统间界面的费用和困难经常使得项目的开展阻力重重，而且，如果缺少一定水平的自动化，在多系统间传递数据也有很多困难。就外部来讲，企业可从多渠道间的良好的客户互动中获益。如客户在同企业交涉时，不希望向不同的企业部门或人提供相同的重复的信息，而统一的渠道方法则从各渠道间收集数据，这样客户的问题或抱怨能更快、更有效地被解决，提高客户满意度。

二、信息系统实施的两个支柱

对于 CRM 的应用效果，目前存在着很多悲观说法，认为许多 CRM 系统都没有得到有效的应用。这主要是由以下两方面的原因所造成的：首先，实施者在客户的催促下急于交付产品，并没有按部就班地实施，按照客户的期望进行开发和客户化。例如，有的 CRM 实施要求帮助客户建立大量的数据模型，挖掘数据以支撑公司的决策。其次，CRM 不仅是技术，而且是一个商业策略、一种理念，其价值在于以客户为中心，帮助识别、吸引和挽留有价值的客户。那种赶 CRM 时髦、在 IT 功能上花费大量资金、期望 IT 能带来神奇项目的想法或做法，最终可能只是失望。如果不对文化、员工、客户和业务流程管理给予应有的重视，CRM 系统是无法成功实施的。从这个方面来说，充分的准备、战略目标、客户目标和 CRM 战略是非常重要的。一般而言，要有效地实施信息系统，企业必须对以下两个方面给予充分的重视：第一，解决管理理念问题；第二，为新的管理模式提供新的信息技术支持。其中，管理理念问题是客户关系管理成功的必要条件。这个问题解决不好，客户关系管理就失去了基础。同时，如果没有信息技术的支持，那么客户关系管理工作的效率就难以保证。

一个良好的客户关系管理系统往往可以从以下几个方面为企业提供帮助：①对每个客户的数据进行整合，提供对每个客户的总的看法；②瞄准利润贡献较高的客户，提高其对本公司的忠诚度；③向客户提供个性化的产品和服务；④提高每个销售员为企业带来的收入，同时减少销售费用和营销费用；⑤更快、更好地发现销售机会，更快、更好地呼应客户的查询；⑥向高层管理人员提供关于销售和营销活动状况的详细报告；⑦对市场变化做出及时的反应等。

三、客户关系管理实施的五个步骤

客户关系管理系统是面向企业前台应用的管理信息系统，其本身蕴涵了客户关系的管理思想和先进的信息技术。所以，客户关系管理系统的实施也要遵循管理的科学方法，包括总体规划、项目启动、产品选择、项目实施和控制改进等五个步骤。

1. 总体规划

在总体规划阶段，企业主要需完成以下工作：基于关键绩效指标的企业运营诊断；信息化应用现状评估；现状问题分析；机会分析，关注企业可以借助哪些机会开创新的局面；明确总体的规划目标；明确总体规划的 IT 支撑系统；总体切换策略安排。其中很重要的一个方面，就是从客户的角度来了解整个企业，理解客户的生命周期，包括潜在客户、合格的潜在客户和现实的客户。

2. 项目启动

一旦 CRM 项目获得了公司范围上上下下的支持，就可以从各部门选择适当的人员组成 CRM 项目小组。项目小组是 CRM 系统实施的原动力，要就 CRM 的实施作出各种决策，给出建议，就 CRM 的细节和带来的好处与整个公司的员工进行沟通。一般来讲，项目小组应该包括高层领导、销售和营销部门的人员、IT 部门的人员、财务人员及所有的最终用户代言人等。其中，高层领导的作用是支持、领导和推动 CRM 的实现。高层领导可以从以下几个方面对 CRM 的解决方案进行评价：此系统能否提供决策所需的信息？此系统能否最大限度地改善现在的流程？此系统能否很好地降低成本？同样的解决方案在其他企业是否获得了成功？此系统的投资收益是否合理？相对而言，IT 部门的主要工作则是选择和安装 CRM 系统。他们应该对选择的系统有充分的了解，并在系统实施的每个阶段提供技术上的支持。销售、营销和服务等部门的系统用户对系统感到满意和顺手时，CRM 的成功概率将大大增加。这些部门的用户往往利用如下标准来评估 CRM 解决方案：是否容易学会？是否容易使用？能否节约时间和降低管理费用？能否简化客户和潜在客户与企业的互动？能否促进公司和客户的沟通？能否提升销售的效果？财务部门则可以从以下几个方面对 CRM 方案进行分析：对生产效率改进的评价，对运营费用降低的评估，以后系统扩展所需的费用，系统的投资收益分析等。除了上面所描述的人员外，项目小组还应该包含一个很重要的成员，即外部顾问人员。一个合格的 CRM 咨询顾问往往具有丰富的项目实施经验，能够在 CRM 实施之前和实施中提供企业所需的帮助。他可以分析并确定企业真正的业务需求，改进对系统功能的设置。对顾问人员的选择、确定何时和怎样引入顾问人员，是项目成功与否的重要决定因素。在软件实施时，关键在于选择项目队伍，而不是选择哪个公司。项目成员中，最重要的是项目经理，项目经理在客户和项目队伍之间起着桥梁的作用。在项目实施时，还要注意考察软件公司和咨询公司是否有拥有这种经验的技术人员。在与其他系统集成的时候，这一点更加重要。除此之外，保持实施顾问按时到位并投入足够的精力。当然，软件供应商还应该提供专门的项目管理人员负责与企业沟通，企业的系统管理员则作为内部的系统专家。项目小组的成立和对项目小组成员的培训也发生在这一阶段。最后，还要进行投资收益的分析，以便有效地衡量最新系统所带来的回报。

3. 产品选择

选择客户关系管理系统产品，主要考虑自身企业管理方面的需要，而不是盲目追求高要求、多功能。对供应商的选择主要考虑供应商在该领域的经验和其服务支持，主要包括以下几个方面。

(1) 产品选型。面对产品选型，有一个基本的原则：根据管理需要来选择功能，而不是软件功能制约管理。在产品选型的过程中，以下问题是企业应该考虑的：①现在市场上ERP也好，CRM也好，往往包括很多子系统，甚至包括几十个模块。对特定的企业而言，并不是所有功能都是必不可少的。所以，购买完全版未必是明智的做法。实际上，企业可以打破系统之间的界限，根据自己的需求，进行模块化选购。应该说，随着子系统或子模块的逐步发展，"搭积木式"或"模块化应用"将成为一种趋势。②在产品选型时，系统集成的代价有时甚至大大超过各应用系统建立的代价。要允许适度信息孤岛的存在，希望一个集成的系统能够解决企业所有的问题几乎是不可能的，在不同的领域都会有不同的子系统能发挥较好的功效。③市场上的软件产品是分布在各个层次上的，有些是面对大型企业和跨地域企业，有些是只在中小企业市场发展客户。所以，首先要明确自己需要的产品是在哪一层次，然后在这个层次上选择所需的产品。④对企业目前及今后几年的客户数量进行预测。如果任何时候客户的数量都很少，那么合适的SRA软件就可以提供绝大部分的CRM功能。如果客户数量有十万甚至更多，那么就要考虑更多功能的CRM软件。也就是说，软件的功能要与企业的需要相匹配。⑤如果客户关系价值对本企业而言非常大，营销、销售与服务等领域能力的提高有助于保持和改善客户关系，而且客户数量比较多或非常多，那么实施CRM系统是很有必要的。

(2) CRM供应商的选择。CRM供应商的选择和CRM软件的选择同等重要。现在，CRM是一个热点的话题，很多软件商都在利用这个理念，但是，各软件商的产品和服务的质量却良莠不齐。在进行供应商选择时，供应商已有的经历是重要的评价因素。总体上讲，那些有多年经验、有许多成功案例、在未来相当长时期内能够生存下来的公司，是值得信赖的。

另外，这种公司还应该能够很好地进行沟通，对于企业的要求和需求能够很快地做出回应，并提供良好的售前、售中和售后服务。一般而言，良好的供应商应该能够满足以下要求：①识别企业的业务流程要求；②培训项目小组；③设计、配置系统；④提供实施和技术支持；⑤培训系统用户、经理人员和维护人员；⑥提供持续的技术支持服务。CRM供应商的选择决定了CRM项目的咨询、实施、安装和培训的有效性。如果它们不能为系统的持续改进和运行提供有力可靠的支持，那么最好的软件和最新技术只是一种财力的浪费。

4. 项目实施

在这个阶段要实现CRM系统的配置和初始化，满足大部分的各种各样的业务要求，所需的软硬件也要在这个阶段进行安装，并且完成对企业员工的使用培训。①完成系统的配置并进行测试。对系统所能实现的功能进行全方位的检验，看其是否充分地满足企业在功能上的需求。②完成系统数据的初始化。CRM系统的分析功能依赖于系统初始数据量的大小。大量的事实表明,那些管理制度完善、历史资料齐全的企业,在这一阶段结束后,系统就显示出了强大的商业智能,可以为企业的决策提供强有力的支持。③使用培训。可以在各部门中选择员工参加由软件商提供的使用培训,使其成为新系统方面的专家,然后由他们负责对所有系统用户和管理人员进行培训。这也对企业员工的素质提出了更高要求。对于在企业从事销售、营销和服务的员工而言,计算机技能变成了必不可少的条件。但在现实情况下,我们经常会看到,由于销售人员的计算机水平有限,当企业实施CRM系统时,往往不得不再招聘新员工来完成计算机操作,这无疑违背了CRM系统的初衷:提高效率、机构精简和提高管理水平。同时,这也很难保证数据的质量和及时快速地对客户的需求作出反应。④局部实施。CRM系统应该先在小范围进行运行和测试。由于CRM系统的实施对业务流程与资源分配等方面造成了很大冲击,所以在最终实现和项目启动之前,应该多方面收集用户反馈的信息:对系统中存在的问题和需要改进的地方进行修正;在更大的范围内得到支持,特别是得到企业高层的支持。⑤最终实施和项目展开。这是系统实施的最后阶段,这一阶段对项目组人员提出了时间要求,因此,有必要给每个成员发放一份实施进度表,并在表中说明项目实施的每一阶段应该完成的工作,以及在此阶段之前应该完成的工作。在整个项目的实施过程中,应当按照项目管理的要求组建项目团队,团队的组成人员应该是既有管理素质又熟悉业务的复合型人才。而项目的实施不仅要关注能够量化的最终结果,也应该关心全过程中的定性指标的改进,例如,企业可以邀请社会上的专家来进行评估,并制订下一步的持续改进计划。

5. 控制改进

CRM项目的实施不可能一蹴而就,作为一个管理项目,它的效果是通过不断地改进而体现出来的,即开展持续改进工作。具体而言,企业可以在内部设置一个全日制的系统管理员,实现技术上的自给自足和便利。同时,为了培养内部的专家,还可以在项目的计划阶段就让其参与CRM项目。鉴于CRM系统的技术工作是很复杂的,因此要确保解决方案提供商能够向内部专家提供技术上的帮助。从技术方面来讲,很多CRM系统提供了性能指标功能,即系统向相关人员提供相应的数据,或方便地获得这些数据。此外,为了确保系统能够产生预期的好处,应该在系统向全部用户开放前进行测试。如果不能满足需求的话,就要花时间对工具进行改进。在此过程中,用户的反馈往往可以为这种改进提供很好的依据。持续改进阶段的主要工作有:①确定持续改进的组织设置,明确人员安排;②持续开展宣传活动,克服项目已经结束的思想;③企业与厂商、服务机构经常保持联系,了解最新行业动态和企业应用情况;④可以在媒体上宣传项目的实施情况,同时提升企业品牌;⑤参加一些交流协会和组织,不断获取最新信息等。

四、客户关系管理的日常工作

客户关系管理的日常工作分为两个阶段。

阶段一：识别你的客户

将更多的客户名输入到数据库中；采集客户的有关信息；验证并更新客户信息，删除过时信息。客户英文的"customer"有两种翻译，即"顾客"和"客户"之意。前者是指传统意义上的消费者，即购买商品的人，适用于企业的销售部门和销售环节；后者含义则更广泛，指所有与企业有互动行为的单位或个人，是从营销和客户关系管理的角度来说的，这个概念更为准确。

在商品流通领域，客户由以下几个部分组成：①消费者客户。他们是企业产品或服务的直接消费者，又称"最终客户"或"终端客户"。后面实训内容中会员管理主要指的就是这类客户。②中间客户。中间客户购买企业的产品或服务，但并不是产品或服务的直接消费者，而是处于企业与消费者之间的经营者。中间客户的典型主体是批发商或零售商，如经销商、代理商、连锁超市零售商等。③公利客户。这种客户是代表公众利益，向企业提供资源，然后直接或间接从企业所得中收取一定比例费用的客户。典型类型是政府、行业协会、媒体。

阶段二：对客户进行差异分析

识别企业的"金牌"客户；哪些客户导致了企业成本的发生？企业本年度最想和哪些企业建立商业关系？选择出几个这样的企业；上年度有哪些大宗客户对企业的产品或服务多次提出了抱怨？列出这些企业；去年最大的客户是否今年也订了不少的产品？找出这个客户；是否有些客户从你的企业只订购一两种产品，却会从其他地方订购很多种产品？根据客户对于本企业的价值(如市场花费、销售收入、与本公司有业务交往的年限等)，把客户分为A、B、C三类。

阶段三：与客户保持良性接触

给自己的客户联系部门打电话，看得到问题答案的难易程度如何；给竞争对手的客户联系部门打电话，比较服务水平的不同；把客户打来的电话看作一次销售机会；测试客户服务中心的自动语音系统的质量；对企业内记录客户信息的文本或纸张进行跟踪；哪些客户给企业带来了更高的价值？与他们更主动地对话；通过信息技术的应用，使得客户与企业做生意更加方便；改善对客户抱怨的处理。

阶段四：调整产品或服务以满足每个客户的需求

改进客户服务过程中的纸面工作，节省客户时间，节约公司资金；使发给客户的邮件更加个性化；替客户填写各种表格；询问客户，他们希望以怎样的方式、怎样的频率获得企业的信息；找出客户真正需要的是什么；征求名列前十位的客户的意见，看企业究竟可以向这些客户提供哪些特殊的产品或服务，争取企业高层对客户关系管理工作的参与。

五、客户关系管理(CRM)实现的关键因素

客户关系管理(CRM)的实现应该关注如下七个方面。

(1) 高层领导的支持。这个高层领导一般是销售副总、营销副总或总经理,他是项目的支持者,主要作用体现在三个方面。首先,他为 CRM 设定明确的目标。其次,他是一个推动者,向 CRM 项目提供为达到设定目标所需的时间、财力和其他资源。最后,他确保企业上下认识到这样一个工程对企业的重要性。在项目出现问题时,他激励员工解决这个问题而不是打退堂鼓。

(2) 要专注于流程。成功的项目小组应该把注意力放在流程上,而不是过分关注于技术。应认识到,技术只是促进因素,本身不是解决方案。因此,好的项目小组开展工作后的第一件事就是花费时间去研究现有的营销、销售和服务策略,并找出改进方法。

(3) 技术的灵活运用。在那些成功的 CRM 项目中,其技术的选择总是与要改善的特定问题紧密相关。选择的标准应该是,根据业务流程中存在的问题来选择合适的技术,而不是调整流程来适应技术要求。

(4) 组织良好的团队。CRM 的实施队伍应该在四个方面有较强的能力。首先是业务流程重组的能力。其次是对系统进行客户化和集成化的能力,特别对那些打算支持移动用户的企业更是如此。第三个方面是对 IT 部门的要求,如网络大小的合理设计、对用户桌面工具的提供和支持、数据同步化策略等。最后,实施小组具有改变管理方式的技能,并提供桌面帮助。这两点对于帮助用户适应和接受新的业务流程是很重要的。

(5) 极大地重视人的因素。很多情况下,企业并不是没有认识到人的重要性,而是对如何做不甚明了。可以尝试如下几个简单易行的方法。方法之一是,请企业的未来的 CRM 用户参观实实在在的客户关系管理系统,了解这个系统到底能为 CRM 用户带来什么。方法之二是,在 CRM 项目的各个阶段(需求调查、解决方案的选择、目标流程的设计等)都争取最终用户的参与,使这个项目成为用户负责的项目。方法之三是,在实施的过程中,千方百计地从用户的角度出发,为用户创造方便。

(6) 分步实现。欲速则不达,这句话很有道理。通过流程分析,可以识别业务流程重组的一些可以着手的领域,但要确定实施的优先次序,每次只解决几个最重要的问题,而不是毕其功于一役。

(7) 系统的整合。系统各个部分的集成对 CRM 的成功很重要。CRM 的效率和有效性的获得有一个过程,它们依次是:终端用户效率的提高、终端用户有效性的提高、团队有效性的提高、企业有效性的提高、企业间有效性的提高。

第九章 配送中心管理

第一节 配送中心货位管理

随着生产制造技术、交通运输系统的发展,对配送的多品种、小批量及准时性的要求增加,物流系统中拣货、出库、配送的重要性已超过了保管功能。同时,货品的流通也变得快速、复杂,相应地在储存作业中就会因流动频率及种类的增加而难以掌控。而货位管理使货品处于被保管状态,进而能随时掌握货品的去向、数量及其位置。

一、货位管理的步骤

进入仓库中储存的每一批物品在理化性质、来源、去向、批号、保质期等各方面都有其特性,仓库要为这些物品确定一个合理的货位,既要保证保管的需要,更要便于仓库的作业和管理。仓库需要按照物品自身的理化性质和储存要求,根据分库、分区、分类的原则,将物品存放在固定的区域与位置。此外,还应进一步在定置区域内,按物品材质和型号规格等分类,并按一定顺序依次存放。货位管理的基本步骤如图9-1所示。

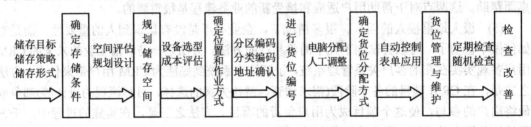

图 9-1 货位管理的基本步骤图

(一)储存策略

储存策略即指储位的指派原则。良好的储存策略可以减少出入库移动的距离、缩短作业时间,甚至能够充分利用储存空间。常见的储存策略有以下几种。

1. 固定型

利用信息系统事先将货架进行分类、编号,并粘贴货架代码,并事先确定各货架内将要存放的物品的货位存货方式。在固定型管理方式下,各货架内存放的物品长期一致。

(1) 固定型的优点。固定型的主要优点是:每项货品都有固定的储放位置,拣货人员容易熟悉货品储位；货品的储位可按周转率大小(畅销程度)安排，以缩短出入库搬运距离；可针对各种货品的特性作储位的安排调整，将不同货品特性间的相互影响减至最小。

(2) 固定型的缺点。固定型的缺点是储位必须按各项货品之最大在库量设计，因此，储区空间平时的使用效率较低。

(3) 固定型的适用情况。固定型储放主要适用于以下类型：非季节性物品；重点客户的物品；厂房空间大的仓库；多种少量商品的储放；品种较多且性质差异较大的仓库。

2. 随机型

每一个货品被指派储存的位置都是随机产生的，而且可经常改变；也就是说，任何种类的货品均可以被存放在任何可利用的位置。此随机原则一般由储存人员按习惯来储放，且通常按货品入库的时间顺序储放于靠近出入口的储位。

(1) 随机型的优点。由于储位可公用，因此，只需按所有库存货品最大在库量设计即可，储区空间的使用效率较高。

(2) 随机型的缺点。这种储放方式的缺点是进行货品的出入库管理及盘点工作的困难度较高；周转率高的货品可能被储放在离出入口较远的位置，增加了出入库的搬运距离；具有相互影响特性的货品可能相邻储放，对货品造成损害或发生危险。

(3) 随机型的适用情况。随机型储放方式主要适用于以下类型：季节性物品；物流量变化剧烈的物品；厂房空间有限，尽量利用储存空间；种类少的货品。

3. 分区分类型

分区分类储存是根据"四一致"的原则(性能一致、养护措施一致、作业手段一致、消防方法一致)，把仓库划分为若干保管区域；把储存商品划分为若干类别，以便统一规划储存和保管。分区分类储存时，要注意分类粗、细的处理。储存货物的分类过细，将会给每种货物都留出货位，这样往往由于堆不满而浪费仓容；还经常因某种货物数量增加，而原留货位存不下时，发生"见空就塞"的弊病，结果等于没有分区分类。储存货物分类过粗，使一个货区内混存多种货物，势必造成管理上的混乱。因此，仓库主管对储存货物的分类处理既不能过细，也不能过粗，要粗细适度。

1) 分区分类储放的分类

由于仓库的类型、规模、经营范围、用途各不相同，各种仓储商品的性质、养护方法也迥然不同，因而，分区分类储存的方法也有多种，需统筹兼顾，科学规划。

(1) 按商品的种类和性质分区分类储存。按照货物的自然属性，把怕热、怕光、怕潮、怕冻、怕风等具有不同自然属性的货物分区分类储存。在这种分类方式下，将理化性质相同的物品集中堆放，便于仓库对库存物品采取相应的养护措施，同时，还便于对同种库存物品进行清仓盘点。

(2) 按商品的危险性质分区分类储存。货物的危险性质，主要是指易燃、易爆、易氧化、腐蚀性、毒害性、放射性等。

(3) 按商品的发运地分区分类储存。货物的储存期较短,并且吞吐量较大的中转仓库或待运仓库,可按货物的发往地区、运输方式、货主,进行分区分类储存,以便仓库发货或货主提货。但这种方式非常容易造成货位的交叉占用,以及物品间相互产生影响。

(4) 按仓储作业的特点分区分类储存。即按仓库的条件及商品的特性分区分类储存。

(5) 混合货位规划。即综合考虑按理化性质分类和按使用方向分类的优缺点,对通用物品按理化性质分类保管,专用物品则按使用方向分类保管。

2) 分区分类储存的优点

这种储放方式的优点是可缩短商品拣选及收、发作业的时间;能合理使用仓容,提高仓容利用率;有利于保管员熟悉商品的性能,提高保管养护的技术水平;可合理配制和使用机械设施,有效地提高机械化、自动化操作的程度;有利于保证仓储商品的安全,减少损耗。

3) 分区分类储存的缺点

分类储放较固定型具有弹性,但也有与固定型同样的缺点。例如,储位必须按各项货品最大在库量设计,因此,储区空间平均的使用效率低。

4) 分区分类储存的适用情况

这种储放方式主要适用于产品相关性大者,经常被同时订购的商品;周转率差别大者;产品尺寸相差大者。

4. 分类随机型

每一类货品有固定存放位置,但在各类储区内,每个储位的指派是随机的。

(1) 分类随机储放的优点。分类随机储放既有分类储放的部分优点,又可节省储位数量、提高储区利用率。

(2) 分类随机储放的缺点。货品出入库管理及盘点工作的进行困难度较高。分类随机储放兼具分类储放及随机储放的特色,需要的储存空间介于两者之间。

5. 共同储放型

在确定知道各货品的进出仓库时刻的条件下,不同的货品可共用相同储位的方式称为共用储放。其特点是能够充分利用仓容。

各种存货方式的比较如表 9-1 所示。

表 9-1 货位的存货方式的比较

方 式	优 点	缺 点	适 用
定位式	存取方便	使用效率低	不适合随机储放
随机式	效率高	管理难	空间有限

第九章 配送中心管理

续表

方　式	优　点	缺　点	适　用
分区分类式	存取方便	利用率低	相关性大
分类随机式	利用率高	管理难	
共同储存式	经济性好	管理难	

(二)储位指派原则

储存策略是储区规划的大原则，因而还必须配合储位指派法则才能决定储存作业实际运作的模式。而伴随储存策略产生的储位指派法则主要包括以下几项。

(1) 以周转率为基础原则。

按照商品在仓库的周转率(销售量除以存货量)来排定储位。首先，依周转率由大自小排一序列，再将这一序列分为若干段，通常分为3～5段。同属于一段中的货品列为同一级，依照定位或分类储存法的原则，给每一级的货品指定储存区域。周转率愈高，应离出入口愈近。

(2) 产品相关性原则。

商品相关性大者在订购时经常被同时订购，所以，应尽可能存放在相邻位置。物品相关性储存的优点是可以缩短提取路程、减少工作人员的疲劳、简化清点工作等。可以利用历史订单数据分析产品相关性大小。

(3) 产品同一性原则。

同一性原则是指把同一物品储放于同一保管位置的原则。这种将同一物品保管于同一场所来加以管理的管理方式，其管理效果是可以预测的。仓储作业人员对于货品保管位置都能简单熟知，并知道对同一物品的存取花费最少搬运时间的系统是提高配送中心作业生产率的基本原则之一。因而，当同一物品散布于仓库内多个位置时，物品进行储放、取出等作业所带来的不便可想而知，即便在盘点以及作业人员对货架物品掌握程度等方面都有可能造成困难。所以，同一性的原则是任何配送中心都应确实遵守的重点原则。

(4) 产品类似性原则。

类似性原则是指将类似品相邻保管的原则。它依据与同一性原则相同的观点。

(5) 产品互补性原则。

互补性高的物品也应存放于邻近位置，以便缺货时可迅速以另一种类替代。

(6) 产品相容性原则。

相容性低的产品绝不可存放在一起，以免损害产品质量，例如，烟、香皂、茶不可放在一起。

(7) 先进先出的原则。

先进先出是指先入库的物品先出库的意思。这个原则一般适用于有效期短的商品，如感光纸、软片、食品等。

(8) 堆垛的原则。

堆垛原则是像堆积木般将物品堆高。从配送中心整体有效保管的观点来看，提高保管效率是必然之事，而利用托盘等工具来将物品堆高的容积效率要比平面存放方式高。但需注意的是，在受先进先出等库存管理条件的限制时，一味地往上堆并非最佳的选择，应该考虑使用合适的货架或积层架等保管设备，以使堆垛原则不致影响出货效率。

(9) 面对通道的原则。

面对通道原则是将物品面对通路来保管，使作业人员容易识别标号、名称等。为了使物品的储存、取出能够容易且有效率地进行，就必须将物品面对通道来保管，这也是使配送中心内的工作能流畅进行及活性化的基本原则。

(10) 产品尺寸原则。

在仓库布置时，应同时考虑物品单位大小及由于相同的一群物品所造成的整批形状，以便能供应适当的空间满足某一特定需要。所以在储存物品时，必须要有不同大小位置的变化，用以容纳一切不同大小的物品和不同的容积。此原则的优点在于：物品储存数量和位置适当，分拣发货迅速，搬运工作及时间都能减少。

如果不考虑储存物品单位大小，将可能造成储存空间太大而浪费空间，或储存空间太小而无法存放；未考虑储存物品整批形状也可能因整批形状太大而无法同处存放(数量太多)或浪费储存空间(数量太少)。一般将体积大的货品存放于进出较方便的位置。

(11) 重量特性原则。

重量特性原则是按照物品重量的不同来决定所储放物品在保管场所的高低位置。一般而言，重物应保管于地面上或货架的下层位置，而重量轻的物品则保管于货架的上层位置；若是以人手进行搬运作业时，人的腰部以下的高度用于保管重物或大型物品，而腰部以上的高度则用来保管重量轻的物品或小型物品。这一原则对于保证货架的安全性及人手搬运的作业性有很大的意义。

(12) 产品特性原则。

物品特性不仅涉及物品本身的危险及易腐性质，同时可能影响其他的物品，因此在布置设计配送中心时必须要考虑。例如，对易燃物的储存须在具有高度防护作用的建筑物内留出安装适当防火设备的空间，最好是对物品进行独立区隔放置；对易窃物品的储存须装在有加锁的笼子、箱、柜或房间内；对易腐品的储存需要储存在冷冻、冷藏或其他特殊的设备内，且由专人作业与保管；对易污损品的储存可使用帆布套等覆盖；一般物品需要储存在干燥及管理良好的库房，以应客户需要随时提取，等等。

另外，彼此易互相影响的货品应分开放置，如饼干和香皂，容易气味相混；而危险的化学药剂、清洁剂，也应独立隔开放置，且作业时须戴上安全护套。

此原则的优点在于：不仅能随物品特性而有适当的储存设备保护，且容易管理与维护。

(13) 储位表示原则。

储位表示原则是指对保管物品的位置予以明确表示的原则，如居住地址般的标识。此原则的主要目的在于将存取单纯化，并能减少其间的错误。尤其在临时人员、高龄作业人员众多的配送中心中，此原则更有必要。

(14) 明晰性原则。

明晰性原则是指利用视觉，使保管场所及保管品能够容易识别的原则。此原则须对前述的储位表示原则、同一性原则及叠高原则等都有所顾及，使用颜色看板、布条、标识符号等方式，让作业员一目了然，且能产生联想而帮助记忆。

在良好的储放策略与指派原则的配合之下，可大量减少拣取商品所需移动的距离。越复杂的储位指派原则需要功能越强的电脑相配合。现今，国内电脑软硬件发达，价格便宜，各公司应多加规划利用，以增加作业效率。

(三)指派方式

储位指派方式依计算机使用程度可分为以下三种。

1. 人工指派方式

由于以人工指派储位全由管理者的人脑所使唤，而人又受七情六欲之主观性所驱使，如果管理者本身欠缺对储位管理的相关经验及认知，就都会使其所指派情况受影响，效率便会大打折扣。另一方面，虽然人工指派可依据报表行事，但此报表仍是由人来登录或读取，因笔误或看错而搅乱储位管理秩序是常有的事，其精确度因此大打折扣。人工指派方式的优缺点及实施方式如下。

(1) 人工指派方式的优点。人工指派方式的优点是计算机及相关事务机器设备投入少，费用不必投入太多；以人脑来分配储位，弹性大。

(2) 人工指派方式的缺点。人工指派方式的缺点包括：易受作业人员的情绪影响，而影响效率；出错率高；效率一般较计算机化差；需要大量人力的投入；过分依赖管理者之经验；执行效率差。

2. 计算机辅助指派方式及计算机全自动指派方式

在储位管理中以计算机来指派储位所凭借的就是控制管理技术。利用自动读取或识别设备来读取信息，通过无线电或网络，再配合储位监控或储位管理软件来控制储位的指派，这两种方式由于其信息输入/输出均以条形码扫描仪读取，故错误率低，且其一切控制均为实时控制方式。信息扫读后，通过无线电或网络即刻把回馈信息传回，而其中储位的搬移布置也由软件明确设定，根据制定的指派原则一一执行，决不会有人为的主观影响，因此在执行上其效率远胜人工指派方式。

其优点是不受人为因素的影响、效率高、资料输出/输入错误率低；其缺点是设备费用高、维护困难。

(1) 计算机辅助指派方式。计算机辅助指派方式是利用一些图形监控软件，收集在库储位信息后，实时地转换并显示仓库的各储位使用情况，以供储位指派决策者实时查询，作为储位指派指示参考，并由人工下达储位指派指示，故仍需调仓作业。

(2) 计算机全自动指派方式。计算机全自动指派方式是利用一些图形监控及储位管理软件，收集在库储位信息及其他入库指示后，通过计算机运算来下达储位指派指示，指示由计算机自动下达，任何时段都可保持储位的理想使用，故不需调仓作业。

表 9-2 列出了储存单元对指派方式选择的影响。

表 9-2 储存单元对指派方式的影响

储位储存单元 计算机化程度	个别储位单元	纵深储位单元	区域储位单元
未应用计算机，以人工管理指派储位	不适合	不适合	适合
应用计算机建立货品储位管理文件，以人工管理指派储位	不适合	尚可	适合
应用计算机辅助人工管理指派储位	尚可	适合	适合
计算机全自动管理指派储位	适合	适合	适合

二、编号作业

规划好各储区货位后，为了方便记忆与记录，用货位编号、品名、序号、卷标记号等对其进行标识就非常重要，如果没有这些可标识区分的符号代码，记忆系统便无法运作。实际上货位的编号就如同商品的住址，而商品编号就如同姓名一般，一封信在住址、姓名都写清楚的条件下，才能迅速正确地送到收信人手中。

(一)货位编号的要求和方法

1. 货位编号的要求

货位编号要满足标志设置适宜、标志制作规范、编号顺序一致、段位间隔恰当等要求。

2. 货位编号的方法

一般货位编号的方法有下列四种。

(1) 区段方式。把保管区域分割为几个区段，再对每个区段编号。此种编号方式是以区段为单位，每个号码所标注代表的货位区域将会很大，因此适用于容易单位化的商品以及大量或保管周期短的商品。在 ABC 分类中的 A、B 类商品也很适合此种编号方式。商品

第九章 配送中心管理

以物流量大小来决定其所占区段的大小,以进出货频率来决定其配置顺序。

(2) 品种类别方式。把一些相关性商品经过集合以后,区分成几个品种类别,再对每个品种类别进行编号。此种编号方式适用于比较容易分类别保管及品牌差距大的商品,如服饰、五金方面的商品。

(3) 地址式。利用保管区域中的现成参考单位,如建筑物第几栋、区段、排、行、层、格等。这种编号方式由于其所标注代表的区域通常以一个货位为限,且其有相对顺序性可依寻,使用起来简单明了又方便,所以是目前物流中心使用最多的编号方式。但由于其货位体积所限,仅适合一些量少或单价高的商品储存使用。

(4) 坐标式。利用空间概念来编排货位的方式,由于此种编排方式对每个货位定位切割细小,在管理上比较复杂,对于流通率很小、需要长时间存放的商品即一些生命周期较长的商品比较适用。

储存货品的特性不同,所适合采用的货位编码方式也不同,而如何选择编码方式就得根据保存货品的储存量、周转率、保管空间布置及所使用的保管设备而做选择。不同的编码方法对于管理的容易与否也有影响,所以应该综合考虑以上诸多因素进行选择。

(二)商品分类及编号的原则、方法

1. 商品分类的原则、方法

商品的分类是指为满足某种目的和需要,根据商品的特征、特性,选择适当的分类标志,将商品划分为不同类别和组别的过程。

1) 商品分类的原则

商品的分类应遵循科学性原则、系统性原则、实用性原则、可扩性原则、兼容性原则及唯一性原则。

2) 商品分类的方法

(1) 按商品的用途分类。可将全部商品分为生产资料和生活资料两大类;若将生活资料继续按用途分类,又可分为食品、医药用品、纺织品等。

(2) 按商品的原材料分类。这种分类适用于原材料的种类和质量对商品的性能和品质影响较大或起决定作用的情况。

(3) 按商品的加工方法分类。若生产工艺不同,生产出的商品特性、品种也就不同的商品可使用这种分类方法。

(4) 按商品的主要成份或特殊成分分类。有的商品的特性、质量、用途往往是由其主要成分或特殊成分所决定的,这类商品可采用该种分类方法。

(5) 按其他特征分类。譬如按商品的形状、尺寸、颜色、重量、产地、产季等分类。

2. 商品编号的原则和方法

商品编号,又称商品货号或商品代码,它赋予商品以一定规律的代表性符号。符号可以由字母、数字或特殊标记等构成。货物经过编号以后,在管理上具有可以提高货物移动的效率、防止重复订购相同的货物、满足先进先出的原则、节省人力、减少开支、降低成本等功能。

1) 商品编号的原则

商品编号应遵循唯一性、简明性、标准性、可扩性、稳定性等原则,还应符合易记忆、适于计算机处理等要求。

2) 商品编号的种类

商品编号以所用的符号类型分为四种:数字代码、字母代码、字母—数字代码、条形码。其中,最常用的是数字代码和条形码。

3) 商品编号的方法

常用的商品编号的方法有以下三种。

(1) 层次编号法。是按照商品类目在分类体系中的层次、顺序,依次进行编号,主要采用线分类体系。

(2) 平行编号法。以商品分类面编号的一种方法,即每个分类面确定一定数量的码位,各代码之间是并列平行的关系。例如,服装的平行编号法如表9-3所示,若是全毛淑女西装,其编号为(AH1)。编号时可全部用字母或全部用数字编号,也可同时用字母、数字进行编号。

表9-3 服装的平行编号法

服装面料	式 样	款 式	服装面料	式 样	款 式
全毛(A)	男士装(I)	西装(1)	毛绦(C)	童装(III)	连衣裙(3)
全棉(B)	淑女装(H)	大衣(2)	丝麻(D)	婴儿装(IV)	衬衫(4)

(3) 混合编号法。是层次编号法与平行编号法的结合运用。

第二节　配送中心的出库管理

一、出库作业管理的含义

出库过程管理是指仓库按照货主的调拨出库凭证或发货凭证(提货单、调拨单)所注明的货物名称、型号、规格、数量、收货单位、接货方式等条件,进行的核对凭证、备料、复核、点交、发放等一系列作业和业务管理活动。

出库业务是保管工作的结束,既涉及仓库同货主或收货企业以及承运部门的经济联系,也涉及仓库各有关业务部门的作业活动。为了能以合理的物流成本保证出库物品按质、按量、及时、安全地发给用户,满足其生产经营的需要,仓库应主动同货主联系,由货主提供出库计划,这是仓库出库作业的依据,特别是供应异地的和大批量出库的物品更应提前发出通知，以便仓库及时办理流量和流向的运输计划，完成出库任务。

二、商品出库的基本要求

1) 贯彻先进先出、推陈储新的原则

出库作业应该根据商品入库时间的先后，实现先进先出，以保证库存商品质量完好。尤其是对易变质、易腐蚀的商品，应加快周转，同时，对变质失效的商品不准出库。

2) 出库凭证和手续必须符合要求

虽然出库凭证的格式不尽相同，但其格式必须真实、有效。出库凭证必须有效才能出库。

3) 要严格遵守仓库有关出库的各项规章制度

(1) 商品出库必须遵守各项制度，按章办事。发出的商品必须与提货单、领料单或调拨单上所列的名称、规格、型号、单价、数量相符合。

(2) 未验收的商品以及有问题的商品不得发放出库。

(3) 商品入库检验与出库检验的方法应保持一致，以避免造成人为的库存盈亏。

(4) 超过提货单有效期尚未办理提货手续的，不得发货。

(5) 提高服务质量，满足用户需求。商品出库应做到及时、准确、保质、保量，防止差错事故发生；工作尽量一次完成，提高作业效率；为用户提货创造各种方便条件，协助用户解决实际问题。

三、出库业务程序

为保证商品能快速、准确、保质保量地出库，应严格遵守出库作业的一般程序。出库流程图如图9-2所示。

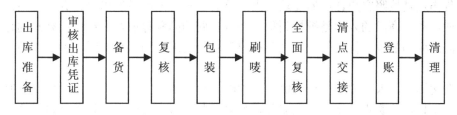

图9-2　出库流程图

1. 出库准备

由于出库作业比较细致复杂，工作量大，事先对出库作业合理组织，安排好作业人员和机械，保证各个环节的紧密衔接，是十分必要的。

(1) 发货作业的合理组织。发货作业是一项涉及人员较多、处理时间较紧、工作量较大的工作，进行合理的人员组织和机械协调安排是完成发货的必要条件。

（2）待运货物的仓容及装卸设备、工具和工作人员的安排配调。商品出库时，应留出必要的理货场地，并准备必要的装卸搬运设备，以便运输人员提货发运或装箱送箱，及时装载货物，加快发送速度。

（3）包装材料、工具、用品的准备。对从事装、拼箱或改装业务的仓库，在发货前应根据货物的性质和运输部门的要求，准备各种包装材料、相应的衬垫物，以及刷写包装标识的用具、标签、颜料和钉箱、打包工具等。

2. 审核出库凭证

物资出库凭证，不论是领料单或调拨单，都应由主管分配的业务部门签章。仓库接到出库凭证后，必须对出库凭证进行以下审核。

（1）审核货主开出的提货单的合法性和真实性，或审核领料单上是否有其部门主管或指定的专人签章，手续不全不予出库；

（2）核对品名、型号、规格、单价、数量、收货单位、有效期等；

（3）核对收货单位、到站、开户行和账号是否齐全和准确，如果是客户提货，则要核对提货单有无财务部门准许发货的签章。

审核无误后，按照出库单证上所列的物资品名、规格、数量和仓库料账再作全面核对。核对无误后，在料账上填写预拨数后将出库凭证交给仓库保管员。

3. 备货

保管员对商品会计转来的货物出库凭证复核无误后，按其所列项目内容和凭证上的批注，与编号的货位对货，核实后进行配货。备货主要包括拣货和签单两个过程。

1）拣货

（1）拣货作业的含义。

拣货作业是按照客户订单的要求或出库单的要求将商品挑选出来，并放在指定位置的物流作业活动。商品的入库是批量到货，并且相同的品种存放在一起；而客户的订单包含多种不同的商品品种，拣货作业就是要按照订单的要求，用最短的时间和最少的作业将商品准备好。

在发达国家，人工成本占仓储费用的60%，而拣货作业又是仓储活动中最耗时、耗力的环节。所以，认真设计拣货作业流程，严格控制拣货作业的人工投入就显得非常重要。随着社会需求向小批量、多品种方向发展，配送商品的种类和数量将急剧增加，拣货作业在仓库作业中所占的比重越来越大，分拣系统的效率对整个仓库的作业效率和服务水平具有重要的影响，因此，各个仓库都应重视拣货作业。

（2）拣货方式。

① 按订单拣货

依客户订单的订货条目，以一张订单为单位进行货品的拣取作业。按订单拣货方式适

第九章　配送中心管理

用于单张订单订购品项多且同一品项在不同订单重复率不高的情形，如果采取批量拣取，会使其后的分类工作变得复杂，增加分拣出错的风险。如果一张订单的品项过多，为加快拣货速度，可以配合订单分割的策略，即把一张订单分割成若干子订单分别拣取。

- 按订单拣货方法的优点

  按订单拣货方法的优点是系统在订单量增长方面的扩充性大，客户订单数的增加不致影响设备使用的饱和性；按订单拣货方式使拣货区与商品存放区可以同时共用，不必进行事后第二次分类作业；系统的作业前置时间较短等。

- 按订单拣货方法的缺点

  按订单拣货方法的缺点是一次的拣取是以单张订单的品项进行，当品项多时总的行走距离加长。此外，为保证拣货的准确率，这种方法的使用必须增加核对流程。

② 批量拣货

先将某一数量的订单汇总成一批次订单，再针对该批次订单进行总量拣取，待该批量拣货完成再针对订单拣取品项，依客户进行二次分类。批量拣货适用于多量少样的订单形态。如果物流中心的货品具有显著的 ABC 分类特征，在做货位规划时根据 ABC 分类将货品分区存放，批量拣货就可以结合分区拣取策略，将一个批次的订单货品汇总后分区拣取，每个区域又可以根据该区货品的存储方式采用最有效率的拣货工具。

- 批量拣货方式的优点

  批量拣货方式的优点是一次拣出订购商品的总量，可使拣货员总的行走距离缩短，单位时间的拣货量增加，尤其是在货位优化后，对生产率的提高较为明显；由于批量拣货完毕后一般会进行二次分类，如此两阶段作业间可以互相检查，使整体拣货作业的准确率提高。

- 批量拣货方法的缺点

  批量拣货方法的缺点是很多时候客户订单并非同时集结至物流中心，必须累计一定数量的订单后，方可进行批次拣取，如此较能达到作业的经济效益，但相对会造成作业前置时间加长，也会给后续的作业带来一定压力，履行订单的总的时间也相对较长。另外，批量拣货模式会遇到因订单数量增加而使拣货设备产能过于饱和的情况。

- 按订单拣货和批量拣货的比较

  按订单拣货和批量拣货是两种最基本的拣货策略，比较而言，按订单拣货弹性较大，临时性的产能调整较为容易，适合客户多样少量订货、订货大小差异较大、订单数量变化频繁、有季节性趋势且货品外形体积变化较大、货品特性差异较大、分类作业较难进行的物流中心。批量拣货的作业方式通常适用于订单大小变化小、订单数量稳定且货品外形体积较规则固定及流通加工必不可少的物流中心。

③ 波次拣货。

波次拣货是根据订单形态特点，将订单分类拣货，结合按订单拣货和批量拣货方法，如根据订单的响应时限分类,将所有紧急订单作为一个批量拣货;或根据订单的品项和数量特点,分为多样多量、多样少量等,再配合适合的拣货策略。

所以,波次拣货是提高拣货效率的一种方法,它使用户将多种不同的订单依据某种共性合并在一个波次当中,整合为一个拣货作业。这个拣货作业按照商品的库存流转规则和最有效的移动单元进行。

(3) 拣货作业的流程。

拣货作业主要包含以下四个步骤。

① 确定拣货方式。即根据出库商品的特性选择合适的拣货方式。

② 制定拣货清单。根据所选择的拣货方式形成不同的拣货清单。即按订单拣货时,一般每一订单形成一份拣货清单;对批量拣货,一般将多张订单集合成一批,按照商品品种类别把多张订单上的商品进行加总形成拣货清单。

③ 安排拣货路线。根据拣货清单上的商品货位,安排拣货线路,基本原则为使拣货人行走最近的路线。

④ 分派拣货人员进行拣货。拣货人员根据拣货清单,按照事先规划好的拣货路线拣选相应的商品,放在托盘或其他容器中,再集中在一起与出库单放在指定位置,由出库验货人员进行检查。

同时,出库商品应附有质量证明书或抄件、磅码、装箱单等附件。机电设备、仪器仪表等产品的说明书及合格证应随货同行。进出口商品还要有海关证明、商品检验报告等。

2) 签单

应付货物按单付讫后,保管员逐笔在出库凭证上签名和批注结存数,前者用以明确责任,后者供会计登账时进行账目实数的核对。

4. 复核

为了保证出库物品不出差错,备货后应进行复核。出库的复核形式主要有专职复核、交叉复核和环环复核三种。除此之外,在发货作业的各个环节上都贯穿着复核工作。例如,理货员核对单货,守护员(门卫)凭票放行,账务员(保管会计)核对账单(票)等。这些分散的复核形式起着分头把关的作用,有助于提高仓库发货业务的工作质量。

复核的内容包括:品名、型号、规格、数量是否同出库单一致;机械设备等的配套是否齐全;所附技术证件是否齐全。复核人复核无误后,应在提货单上签名,以示负责。

5. 包装(相关内容已在第六章介绍)

6. 刷唛

包装后,要写明收货单位、到站、发货号、本批总件数、发货单位等。字迹要清晰,书写要准确,并在相应位置印刷或粘贴条码标签。利用旧包装时,应彻底清除原有标识,以免造成混乱,导致差错。

第九章 配送中心管理

7. 全面复核查对

货物备好后，为了避免和防止备货过程中可能出现的差错，工作人员应按照出库凭证上所列的内容逐项复核。具体包括：怕震怕潮等物资的衬垫是否稳妥，密封是否严密；包装上是否有装箱单，装箱单所列各项目是否和实物、凭证等相符；收货人、到站、箱号、危险品或防震防潮等标志是否正确、明显；是否便于装卸搬运作业；能否承受装载物的重量，能否保证物资运输装卸时不损坏，保障物资完整。

8. 交接清点

备货出库物品经过全面复核无误后，即可办理出库及清点交接手续。点交是划清仓库和提货方两者责任的必要手段。对于选用哪种方式出库，要根据具体条件，由供需双方事先商定。出库方式有以下几种。

(1) 送货上门。仓库根据货主单位的出库通知或出库请求，通过发货作业把应发物品交由运输部门送达收货单位或使用仓库自有车辆把物品运送到收货地点的发货形式，就是通常所称的送货制。

仓库实行送货具有多方面的好处：仓库可预先安排作业，缩短发货时间；收货单位可避免因人力、车辆等不便而发生的取货困难；在运输上，可合理使用运输工具，减少运费。

(2) 代办托运。仓库受客户的委托，为客户办理商品托运时，依据货主开具的出库凭证所列出的商品信息，办理出库手续，通过运输部门把商品发运到用户指定地方的一种出库方式。此类方式较为常用，也是仓库提供附加价值的措施之一，适用于大宗、长距离的商品运输。

(3) 收货人自提。这种发货形式是由收货人或其代理人持取货凭证直接到库取货，仓库凭单发货。仓库发货人与提货人可以在仓库现场划清交接责任，当面交接并办理签收手续。

(4) 过户。过户是一种就地划拨的形式，物品实物并未出库，但是所有权已从原货主转移到新货主的账户中。仓库必须根据原货主开出的正式过户凭证，才予办理过户手续。

(5) 取样。货主由于商检或样品陈列等需要，到仓库提取样品(通常要开箱拆包、分割抽取样本)。仓库必须根据正式取样凭证发出样品，并做好账务记载。

(6) 转仓。转仓是指货主为了业务方便或改变储存条件，将某批库存自甲库转移到乙库。仓库也必须根据货主单位开出的正式转仓单办理转仓手续。

9. 登账

在保管员付货后，还要经过复核、放行才能登记。它要求财会人员必须做好出库单、出门证的全面控制和回笼销号，防止单证遗失。按照日账日清的原则，在登账时，逐单核对保管员批注的结存数，如与账面结存数不符，应立即通知保管员，直至查明原因。然后将出库单连同有关证件资料及时交给货主，以便货主办理货款结算。

10. 现场和档案的清理

经过出库的一系列工作程序之后，实物、账目和库存档案等都发生了变化。应按下列几项工作彻底清理，使保管工作重新趋于账、物、资金相符的状态。

(1) 按出库单，核对结存数。

(2) 如果该批货物全部出库，应查实损耗数量，在规定损耗范围内的进行核销，超过损耗范围的查明原因，进行处理。

(3) 一批货物全部出库后，可根据该批货物出入库的情况、采用的保管方法和损耗数量，总结保管经验。

(4) 清理现场，收集苫垫材料，妥善保管，以待再用。

(5) 代运货物发出后，收货单位提出数量不符时，属于重量短少而包装完好且件数不缺的，应由仓库保管机构负责处理；属于件数短少的，应由运输机构负责处理。若发出的货物品种、规格、型号不符，由保管机构负责处理；若发出的货物损坏，应根据承运人出具的证明，分别由保管及运输机构处理。

由于提货单位任务变更或其他原因要求退货时，可经有关方同意，办理退货。退回的货物必须符合原发的数量和质量，要严格验收，重新办理入库手续。当然，未移交的货物则不必检验。

第三节　配送中心盘点作业

货品因不断地进出库，在长期累积下库存信息容易与实际数量产生不符的现象；或者有些产品因存放过久、不恰当，致使产品质量受影响，难以满足客户的需求。为了有效地控制货品数量，而对各仓库储存物品进行数量清点的作业，叫盘点作业。盘点结果的盈亏往往差异很大，若公司未能及时把握并适时采取措施，将对公司的损益造成重大影响。

一、盘点作业的目的

盘点作业主要出于以下几个目的。

1) 确定库存量，并修改料账不符产生的误差

通常货品在一段时间不断入库与出库后，容易产生误差，形成这些误差的主要原因有以下几种：

(1) 库存资料记录不正确，如多记、误记、漏记等；

(2) 库存数量有误，如损坏、遗失、验收与出货清点有误等；

(3) 盘点方法选择不恰当，如误盘、重盘、漏盘等。

这些差异必须在盘点后查清错误的起因，并予以更正。

2) 计算企业资产损益

企业的损益与总库存金额有相当密切的关系，而库存金额又与库存量及其单价成正比。因此为了能准确地计算出企业实际的损益，就必须针对现有数量加以盘点。一旦发觉库存太多，即表示企业的经营受到压迫。

3) 考核货品管理的绩效，使出入库的管理方法和保管状态变得清晰

呆废品的处理状况、存货周转率、物料的保养维修等，均可通过盘点发现问题，从而及时地采取措施。

二、盘点作业的步骤

一般盘点必须依循图 9-3 所示步骤逐步实施。

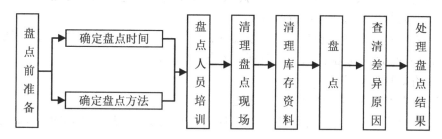

图 9-3　盘点作业的基本步骤

1) 事先准备

盘点作业的事先准备工作是否充分，关系到盘点作业进行的顺利程度，为了利用有限的人力在短时间内迅速准确地完成盘点，必须事先做好相应的准备工作：明确建立盘点的程序方法；配合财务进行盘点；盘点、复盘、监盘人员必须经过训练；经过训练的人员必须熟悉盘点用的表单；盘点用的表格必须事先印制完成；库存资料必须已经结清。

2) 盘点时间的决定

一般来说，为保证货账相符，盘点次数愈多愈好，但因每次进行盘点要投入人力、物力、财力，成本很大，故很难经常进行盘点。事实上，导致盘点误差的关键原因在于出入库过程，可能是因出入库作业单证的输入、检查点数的错误或是出入库搬运造成的损失，因此一旦出入库作业次数多时，误差也会随之增加。所以，就一般生产厂家而言，因其货品流动速度不快，半年至一年实施一次盘点即可。但物流中心货品流动速度较快的情况下，既要防止过久盘点对公司造成的损失，又要考虑可用资源的限制，最好能根据物流中心各货品的性质制定不同的盘点时间，例如，在已建立商品 ABC 管理的公司，一般建议 A 类主要货品每天或每周盘点一次，B 类货品每 2~3 周盘点一次，C 类较不重要货品每月盘点一次即可。

而未实施商品 ABC 分类管理的企业，至少也应对较容易损耗毁坏及高单价货品增加盘

点次数。另外需注意的是，当实施盘点作业时，时间应尽可能短，以 2～3 日内完成为宜。至于日期一般会选择以下几种。

(1) 财务决算前夕。因便于决算损益以及查清财务状况。
(2) 淡季进行。因淡季储货量少盘点容易，需要的人力较少，且调动人力较为便利。

3) 确定盘点方法

因盘点场合、需求的不同，盘点的方法亦有所差异，应根据实际情况确定盘点方法。

4) 盘点人员的培训

为使盘点工作得以顺利进行，盘点时必须增派人员协助进行，对于由各部门增援的人员必须组织起来进行短期培训，使每位参与盘点的人员都充分发挥其功能。而人员的培训应分为以下两部分。

(1) 针对所有人员进行盘点方法训练。必须让所有人员充分理解盘点的基本要领、表格的填写等，这样工作起来才能得心应手。
(2) 针对复盘与监盘人员进行认识货品的训练。因为大多数复盘与监盘人员对货品并不熟悉，故而应加强对货品的认识，以利于盘点工作的进行。

5) 储存场所的清理

储存场所的清理内容包括以下几个方面：

(1) 在盘点前，必须明确已验收应当入库的和未验收不需进行盘点的货品，以划分清楚避免混淆；
(2) 储存场所在关闭前应通知各需求部门提前做好准备；
(3) 储存场所整理整顿完成，以便计数盘点；
(4) 预先鉴定呆料、废品、不良品，以便盘点时鉴定；
(5) 账卡、单据、资料均应整理后加以结清；
(6) 储存场所的管理人员在盘点前应自行预盘，以便提早发现问题并加以预防。

6) 盘点工作

盘点时，因工作单调琐碎，人员较难持之以恒，为确保盘点的正确性，除对人员加强培训外，还应在其工作进行期间加强指导与监督。

7) 核查差异原因

当盘点结束后，发现所得数据与账本不符时，应追查产生差异的主因。其产生的原因可能是：因记账员素质不高，导致货品数目登记错误；因料账处理制度的不完善，导致货品数目无法登记；因盘点制度的不完善，导致货账不符。应查明盘点所得数据与账本的差异是否在容许误差内；盘点人员是否尽责，产生盈亏时应由谁负责；是否产生漏盘、重盘、错盘等情况；盘点的差异是否可事先预防，是否可以降低料账差异的程度。

8) 盘盈、盘亏的处理

查清差异原因后，应针对主因适当地作调整与处理，至于呆废品、不良品减少的部分应与盘亏一并处理。物品除了盘点时产生数量的盈亏外，有些货品在价格上会产生增减，这些变化在经主管审核后必须利用货品盘点盈亏调整表进行修改。

同时，进行盘点的目的主要是希望通过盘点来核查当前货品的出入库及保管情况，以找出管理方式及流程、作业程序等存在的问题，进而改之。所以，通过盘点需解决的问题包括：在这次盘点中，实际库存与账面库存的差异是多少？这些差异发生于那些种类的货品？平均每一差异量对公司损益造成多大影响？每次循环盘点中，有几次确实存在误差？平均每种货品发生误差的次数如何？

三、盘点的种类与方法

1. 盘点的种类

与账面库存和现货库存一样，盘点也分为账面盘点及现货盘点。所谓账面盘点就是把每天入库及出库货品的数量及单价记录在电脑或账簿上，然后不断地累计加总算出账面上的库存量及库存金额。而现货盘点亦称为实地盘点或实盘，也就是实际去点数调查仓库内的库存数，再依货品单价计算出实际库存金额的方法。

因此，要得到最正确的库存情况并确保盘点无误，最直接的方法就是账面盘点与现货盘点的结果要完全一致。一旦存在差异，即产生料账不符的现象，须查清错误原因，得出正确结果及分清责任归属。

2. 盘点的方法

1) 账面盘点法

账面盘点法是将每一种货品分别设账，详细记载每一种货品的入库与出库情况，不必实地盘点即能随时从电脑或账册上查询货品存量，通常量少而单价高的货品较适合采用此方法。

2) 现货盘点法

现货盘点依其盘点时间频度的不同又分为期末盘点和循环盘点。期末盘点是指在期末一起清点所有货品数量的方法，而循环盘点则是在每天、每周即作少种少量的盘点，到了月末或期末则每项货品至少完成一次盘点的方法。

(1) 期末盘点法。由于期末盘点是将所有货品一次盘完，因而需要全体员工一起出动，采取分组的方式进行盘点。一般来说，每组盘点人员至少要三人，以便能互相核对、减少错误，同时能彼此制约，避免使盘点流于形式。其盘点过程包括：将全公司员工进行分组；由一人先清点所负责区域的货品，将清点结果填入各货品的盘存单上半部；由第二人复点，填入盘存单的下半部；由第三人核对，检查前两人之记录是否相同且正确；将盘存单缴交给会计部门，合计货品库存总量；等所有盘点结束后，再与电脑或账册进行对照。

(2) 循环盘点法。循环盘点是将每天或每周作为一个盘点周期，其目的在于除了减少过多的损失外，对于不同货品施以不同的管理，如同前述 ABC 商品管理法，价格愈高或愈重要的货品,盘点次数愈多,价格愈低愈不重要的货品,就尽量减少盘点次数。循环盘点因一次只进行少量盘点,因而只需专门人员负责即可,不需动用全体人员。

期末盘点与循环盘点的比较如表 9-4 所示。

表 9-4 期末盘点与循环盘点的比较

盘点方式 比较内容	期末盘点	循环盘点
时间	期末、每年仅数次	平常、每天或每周一次
所需时间	长	短
所需人员	全体动员	专门人员
盘差情况	多且发现得晚	少且发现得早
对营运的影响	须停止作业数天	无
对货品的管理	平等	A 类重要货品:仔细管理;C 类不重要货品:稍微管理
查清盘差原因	不易	容易

第三篇　商品流通实训

实训一　总部基础档案建立

一、实训目标

(1) 使学生了解总部核心业务流程。

(2) 使学生了解零售行业跨区域(单一总部、多层次总部、单一公司、多核算子公司、单一物流、多物流配送中心、单结算、多结算中心)、多业态(购物中心与大型卖场，社区店与标准店铺，便利店，百货店)连锁经营在软件中的实现模式。

(3) 使学生了解并掌握商业企业供应商引进(供应商引进、索证、合同签订等)流程及供应商的考核机制。

(4) 使学生了解商品引进流程，并掌握商品的分类原则及目录管理，商品生命周期、商品经营状态、商品流转途径管理等。

二、实训内容

(1) 通过企业组织架构与部门分类的定义了解零售连锁集团化跨业态、跨区域、跨行业，实现统一采购、统一配送、统一价格、区域管理等发展战略思想。

(2) 通过供应商档案与合同的录入了解供应商引进流程。

(3) 通过新品的录入，了解科学化、规范化的商品分类对超市商品管理的意义所在，并掌握商品的生命周期及目录管理。

三、实训步骤

1. 新开店信息录入(组织架构模块)

1.1 学生登录总部后台管理系统，进入"组织架构→企业组织架构→维护→核算单位"，录入核算单位信息，包含单位编码(学号后四位)、核算单位名称(学生自己命名)、税票口(学号)、联系人(学生姓名)、地址(自定义公司的地址)要素。如图实1-1所示。

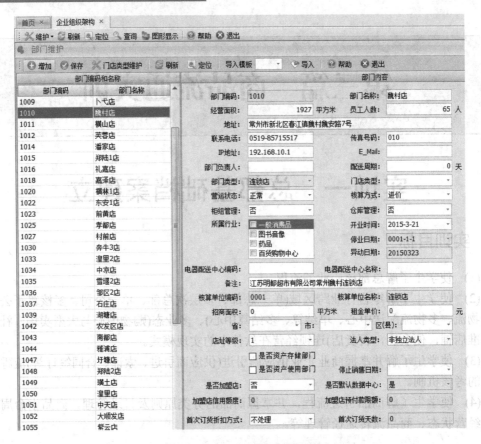

图实 1-1 门店信息录入界面

1.2 学生登录总部后台管理系统，进入"组织架构→企业组织架构→维护→部门"，录入增加的门店信息，包含门店的编码(学号后四位)、名称(如家家乐仙林店，一般是什么路或什么万达店)、经营面积(1000 平方米)、员工人数(50 人)、电话(025-86718801)、地址(自定)是否加盟店管理等要素。

1.3 通过"组织架构→企业组织架构→维护→核算单位"，指定门店所属的核算单位，以了解不同的核算单位的业务处理流程特点。如图实 1-2 所示。

1.4 通过组织架构→部门分类，定义新增门店所属的部门分类业态及区域。因为连锁超市业态底下有很多门店，如果具体到某一个门店去管理，势必增加工作量，影响工作的效率，为了更好地管理门店，可以按照区域或者业态将门店进行分门别类，在定价或者管控等环节采用分类管理。

(1) 定价部门分类项：主要用于商品定价的部门分类。通过组织架构→部门分类→定价部门分类项→维护→分类维护/分类对照，维护定价部门分类及总部分类对照。如图实 1-3 所示。

实训一　总部基础档案建立

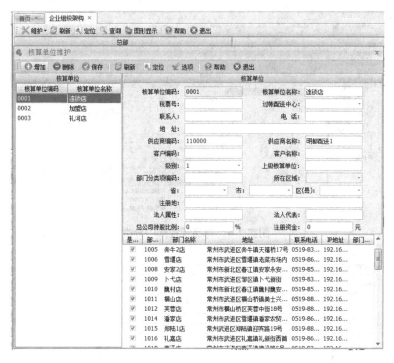

图实 1-2　核算单位业务流程

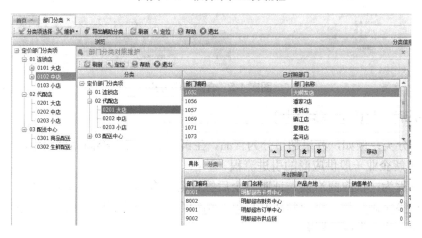

图实 1-3　商品定价部门分类

(2) 控制部门分类项：主要用于商品管控信息的部门分类。通过组织架构→部门分类→控制部门分类项→维护→分类维护/分类对照，维护控制部门分类及总部分类对照。如图实 1-4 所示。

(3) 合同部门分类项：主要用于制订合同的分类。通过组织架构→部门分类→合同部门分类项→维护→分类维护/分类对照，维护合同部门分类及总部分类对照。如图实 1-5 所示。

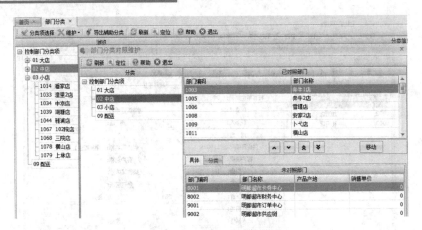

图实 1-4 商品管控部门分类

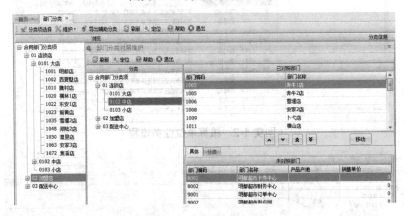

图实 1-5 合同部门分类

2. 供应商引进(厂商档案模块)

供应商分类：例如，苏果超市分为食品、生鲜、非食三大类商品供应商。

2.1 了解企业一般供应商的引进流程

一般流程为：供应商洽谈、证照齐全后签订购销合同，由各商品部采购员填写开户单交采购副总签字确认后，供应商凭开户单、购销合同、证照到财务部交开户费办理开户，财务在软件内建立供应商档案。

2.2 供应商档案录入

登录总部后台管理系统，进入"主档管理→厂商档案→供应商档案"模块建立供应商档案，并维护供应商的相应信息，完成供应商的引进工作。

录入供应商信息，要求：供应商编码由系统自动生成 5 位流水码，助记符为学号后 4 位，供应商名称为(姓名)+江苏太古可口可乐饮料有限公司(例：(张三)江苏太古可口可乐饮料有限公司)，供应商电话：025-12345678，地址：南京市江宁区科建路 168 号，网址为

www.bizcent.com，联系人姓名为张三，E_MAIL 为 zhangshan@163.com，联系人移动电话为13912345678，开户名称：交通银行竹山路支行，结算方式为统一结算，经营方式为经销。如图实1-6所示。

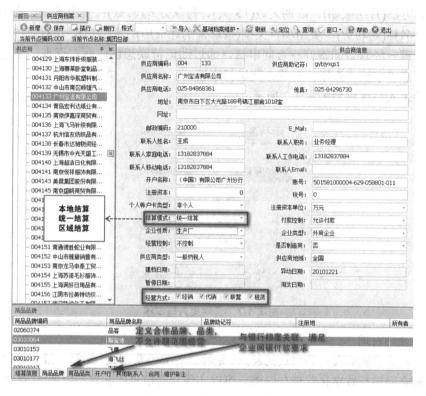

图实1-6　供应商档案界面

2.2.1　结算模式：针对多核算单位(子公司)体系下的供应商结算而设计，决定了供应商的结算关系，明确供应商的结算地点。结算模式分为以下几种。

(1)　本地结算：所有的结算均在供货部门所在的核算单位(分公司)进行结算。
(2)　统一结算：所有的结算均在指定的核算单位(分公司)进行结算。
(3)　区域结算：针对不同的区域，分别指定各自的结算核算单位(分公司)，实现多区域结算中心。

2.2.2　经营方式：经销、代销、联营、租赁。

付款控制：分为允许付款和不允许付款，如果为不允许付款，则在结算的时候不能对该供应商进行付款。

经营控制：不控制，可以正常地进行进货和结算；暂停进货，不可以进货，但可以结算；清场，不可以进货也不可以进行结算。

系统可以控制供应商经营的商品品牌和商品品类，实现对供应商的品类管理。

2.3 合同的录入与审核(合同管理模块)

合同管理→经营合同签订→合同维护,选择所有部门,确定,录入供应商基本条款,包括供应商编码(通过助记符联想生成),合同有效期(当日起一年),买手编码(9999);结算条款,结算方法(月结账期)、账期天数(15 天)、付款方式(转账);费用条款,周期性费用录入费用项目名称(返利费)、费用项目类型(按总采购计费用),扣点(3),保存。

合同管理→经营合同签订→合同审核,通过助记符联想供应商,查询,确定,在合同审核页面,点"审核"按钮,对此合同进行审核。

合同的录入与审核如图实 1-7 所示。

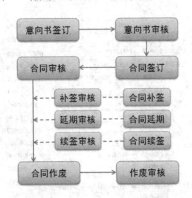

图实 1-7 合同录入与审核

2.3.1 合同管理

合同管理是供应商及商品引进的起点,是界定各类经营方式、结算政策的基础,通过"合同管理"对合同进行数字化管理与归档,可以实现合同信息的共享与财务(结算)稽核控制。

(1) 合同作业。

① 签订:录入(维护)、审核、作废。

② 补签:合同变更或补充条款。

③ 延期:延长合同有效期限,不修改合同条款。

④ 续签:一般适用于年度合同的续约,也可以修改合同条款。

⑤ 查询:合同及明细查询。

(2) 合同类型。

合同的主要类型为整体合同、分部门合同。

(3) 经营方式。

① 经销合同,是零售商通过直接购买方式(或买断)向供应商采购货物,货物所有权进行转移,完成交易后物权属零售商,零售商用现款支付或按约定期限且不设任何条件进行货款支付的经营方式。

② 代销合同,货物的权属在验收后属零售商,但货款的支付是根据约定账期且只对

实现销售的部分进行结算。

③ 联营合同,百货商场也称为专柜,一般由供应商自行管理,零售商只进行销售的统一(集中收款),多采用统码(类别码)管理,不区分具体商品,结算时根据销售和扣点进行款项结算。

④ 租赁合同,就是零售商将一块营业区域交于供应商来经营,收取租金的合作方式,租赁收入不属于商品的销售收入。

(4) 合同要素。

合同主要由以下几个要素构成:

① 基本条款;

② 结算条款;

③ 费用条款;

④ 供需方信息;

⑤ 协议文本;

⑥ 备注(其他事项)。

2.3.2 合同录入

以经销合同为例录入供应商合同信息,主档管理→合同管理→经销合同→经销合同签订→合同维护,打开模块,选择合同适用的部门,录入合同对应的供应商、合同有效期,手工合同号以及供应商合同可能涉及的基本条款、结算条款、补充条款等信息。如图实 1-8 所示。

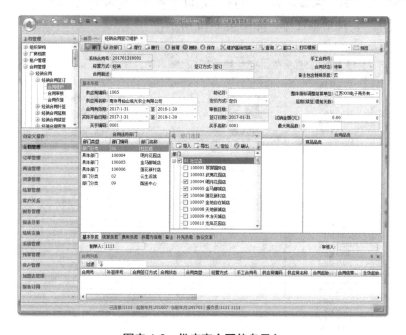

图实 1-8 供应商合同信息录入

3. 商品引进(商品档案模块)

3.1 了解商品引进的流程

商品引进的流程如图实 1-9 所示。

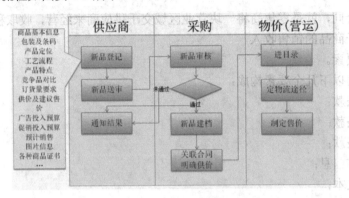

图实 1-9　商品引进流程图

3.2 品牌建档

系统通过"主档管理→商品档案→商品品牌"模块维护所有的品牌信息，以便和商品关联。

录入品牌信息，如品牌编码为"10258"，品牌名称为"爱尔美"，品牌助记符为"AEM"，所有者是"爱乐"，注册地江苏。如图实 1-10 所示。

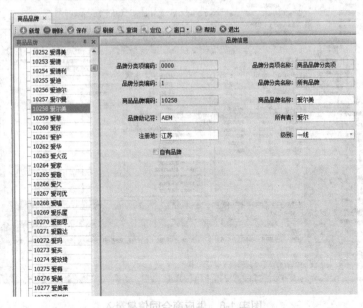

图实 1-10　品牌信息录入

3.3 新品建档

3.3.1 商品建档前了解商品分类。如图实 1-11 所示为某超市的商品分类情况，有五级分类，大类有生鲜、食品、百货等，食品又分饮料、烟酒、休闲食品等，饮料又可分固体饮料、液体饮料等，液体饮料又分碳酸饮料、果汁等，碳酸饮料又分可乐、橙味汽水等。

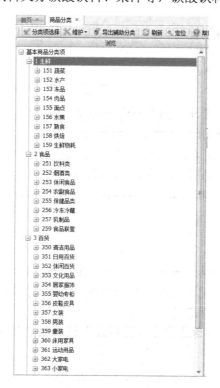

图实 1-11　商品分类图

3.3.2 通过"主档管理→商品档案→商品基本信息单"录入引入的新品信息。如图实 1-12 所示。

图实 1-12　新品信息录入

在具体录入的新品信息中，要求按照经营实际勾选或输入下面多项字段值。如小数控制可通过下拉框选择小数点后一位。

- 支持类别码管理
- 支持多商品类型
- 一般自营商品
- 联营商品

- 管库存联管商品
- 租赁商品
- 支持批号管理
- 支持子码管理(订单子码)
- 支持计量/称重商品
- 保质期与收货提前期管理
- 小数控制
- 一品多码/一品多包装
- 支持捆绑商品

在系统建立商品信息，要求：商品属性是否类别码：否；商品类型：一般商品；商品管理方式：基本管理；分类编码：1 食品；商品编码：学号；商品货号：学号后四位；商品名称：姓名+可口可乐 2L(例：(张三)可口可乐 2L)；规格型号：2L；商品产地：南京；商品品牌：以学号为品牌编码的品牌；进项税率：17；含税进价：5.3；建档售价：5.8；商品条码：690+学号(例：6902120120210)。修改以自己学号为编码的商品的保质期天数为 365 天。

4. 商品管控

4.1 目录管理概念

"目录"是指可经营商品的集合，只有在目录内的商品才是可以经营的。这对混合业态、跨地域经营的连锁企业尤为重要，不同业态、区域的门店经营品种差异性较大，必须明确加以界定，控制门店经营范围。

4.2 通过"主档管理→商品管控→进目录"模块指定商品所允许经营的门店。如图实 1-13 所示。

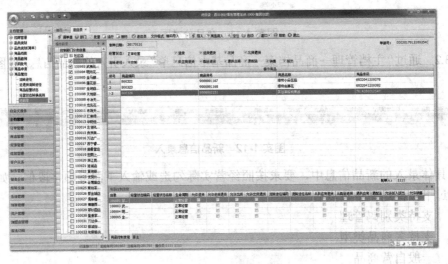

图实 1-13 目标管理界面图

4.3 商品生命周期
4.3.1 了解商品生命周期概念
商品生命周期如图实 1-14 所示。

经营状态	生命周期阶段	进货	进货退货	出货	出货退货	含义
正常经营	正常经营	●	●	●	●	企业正常经营的商品，四个状态都为允许
经销买断	正常经营	●	○	●	●	商品是买断经销的，不允许进货退货
暂停销售	临时控制	○	○	○	●	出于某种原因，商品被封存，等候进一步处理，只能出货退货
进货控制	进入淘汰	○	●	●	●	准备淘汰，或者供应商不再供应，这种状态不允许进货
下架禁销	进入淘汰	○	●	○	●	停止销售，清退现有库存，这种状态下商品只能退货
买断出清	进入淘汰	○	○	●	●	商品已买断停止供应，库存出完即止，此时只能出货
淘汰清退	淘汰清退	○	○	○	○	商品淘汰已经结束，库存在当月自动转损益

图实 1-14 商品生命周期

4.3.2 商品生命周期系统实现方式
假设一个商品从正常经营阶段进入淘汰清退状态，通过"主档管理→商品管控→商品控制单"模块修改商品的经营状态。

商品目录及商品生命周期管理：将商品编码为本人学号的商品给所有部门进目录，经营状态为正常经营，流转途径为不控制。主档管理→商品管控→进目录，选择所有部门，经营状态选择正常经营，流转途径选择不控制，输入本人学号的商品信息，单击"进目录"。

如图实 1-15 所示。

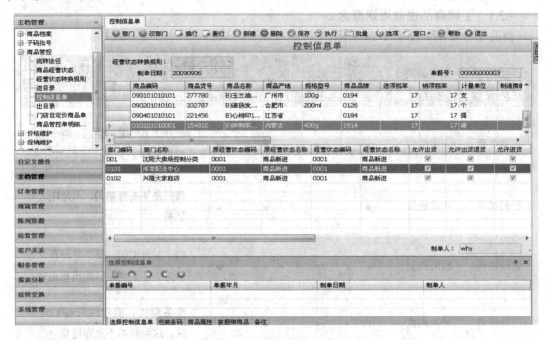

图实 1-15　商品生命周期转换

实训二 价格与促销

一、实训目标

(1) 理解与掌握零售软件系统的价格体系。
(2) 掌握各类价格制定的系统操作。
(3) 了解零售软件系统所支持的形式多样的促销方式,以及怎样满足实际运营中营销策略的运用。
(4) 掌握各种促销在系统中的具体实现及相应系统操作。
(5) 理解各类促销在供应商与零售商之间的促销损失承担规则以及相应系统操作理论。

二、实训内容

(1) 了解零售行业涉及的价格体系、价格种类以及系统的操作模式。

了解所有的价格种类及每种价格系统的实现方式,软件中所涉及的价格种类如下:
- 进价:成本价
- 零售价:挂牌价
- 最低售价:保护价
- 最高售价:保护价
- 促销价格:促销价
- 配送价格:配送给各门店的价格
- 客户(账期)价格:批发价

(2) 了解零售行业所涉及的促销形式及系统的实现方式。目前零售业比较常见的促销形式如下:
- 价格促销
- 赠品促销
- 积分促销
- 买返促销
- 组合促销

三、实训步骤

1. 系统价格(进售价)的维护

商品的进价是指零售商向供应商采购商品的采购价,是最终零售商与供应商的结算价格，也是商品成本的重要来源，是供应商采购订单和验收入库单价格的依据。商品的售价，即超市商品的零售单价、挂牌价。

(1) 价格维护。

进入"主档管理→价格维护→商品定价单"，选择所有的部门，商品以自己学号为编码，录入销售单价，并在合同商品定价模块录入含税进价。修改以自己学号为编码的商品售价为：学号后四位/80，保留2位小数；并与供应商编码00001，合同号：201508120001建立对照关系(此步骤要求关联供应商合同已审核)，进价为：学号的后4位/100，保留2位小数。

合同商品定义如图实2-1所示。

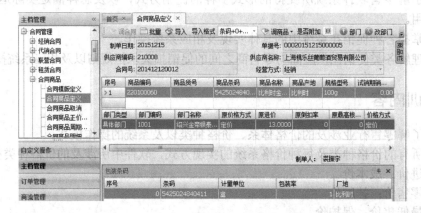

图实2-1　合同商品定义

(2) 配送价格单是配送中心定义给门店的商品价格。该模块在加盟店配送使用较多。选择对应的部门(校外超市)，输入自己学号的商品，对配送价格方式选择加价率方式，配送加价/倒扣率模块录入2，代表加价2个点。点执行生效。

商品售价单维护如图实2-2所示。

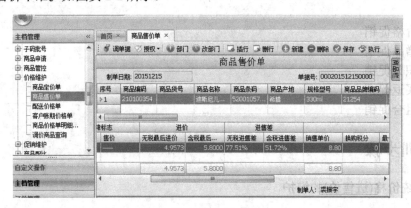

图实2-2　商品售价单维护

2. 促销维护与定义

2.1 普通促销的定义

2.1.1 促销类型的制定

根据需要制定适合本企业、满足当地消费购买习惯所需要的促销类型，常见的有 DM 特价，会员专享促销，惊爆价(限时限量)、整件价等。进入"主档管理→促销维护→促销类型"，根据相应的促销要素制定促销类型。如图实 2-3 所示。

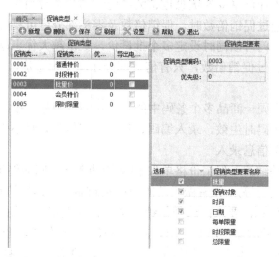

图实 2-3　促销类型制定

常用的促销方式基本由以下要素构成，通过对促销要素的不同组合，可以任意制定企业所需要的促销类型。

(1) 日期：明确促销的有效日期范围。

所有的促销都有一个明确的日期，可以提醒顾客、强化时效性，日期也是其他促销要素的基础。

(2) 时间以营业时段区分时效性。

可将一天营业时间分为多个区间，在不同的区间定义不同的促销价/折扣率，例如，限时限量、成批折扣式、全场/指定商品折扣。

(3) 促销对象：所有顾客、会员、特定(指定级别)会员。

促销可针对所有顾客，也可针对特定的顾客(如所属会员)；对所属会员以其对企业的贡献度可进一步细分，在维护促销单时选择特定的对象拉开促销的力度，以达到吸引顾客的目的，再配合会员贡献采用晋级制度进一步锁定顾客。

(4) 限制数量：总限量、时段限量、每单限量。

为了让更多的顾客购买到有限的促销品，可设定限购条款，达到大家"齐分享"的目的。

总限量：促销期间，可以促销价销售的最大数量；如促销时间未到但促销量已经达到则该活动也提前结束。

时段限量：有限的促销数量，设定多个时段，以促销价销售的最大数量。

每单限量：每张收银小票可购买到促销价的最大数量，如已超过则不再享受该促销价，转而享受其他促销价或零售价。

批量：量贩价、整件价、整件条码价。

量贩，买得越多累计可享受的优惠也越大；促销的数量必须大于等于2(上不封顶)。

批量价：达到或超过促销倍数时，促销倍数及零头部分皆可享受同样的优惠。

相同商品在同一部门可以同时设定多个批量价，数量越大优惠越大。

整件价：达到或超过促销倍数，只有倍数部分才享受优惠价，零头部分享受其他促销价或零售价。

整件条码价：选用同一商品多个条码中的一个作为促销品，在同系列出新品时可选用。且前台只有录入指定条码时生效，录入编码、货号、其他条码时不生效。

2.1.2 商品促销单信息录入

"主档管理→促销维护→促销价格单"，根据活动选择不同的促销类型(已设定好的DM促销、会员专享促销类型等)，设置做活动的门店及商品、促销价信息。

录入商品促销单信息，要求：选择促销类型：普通促销，开始日期：当前日期，结束日期：2015-12-31，促销对象：所有会员，补偿方式：按特供价验收，促销价：学号的后4位/120，保留2位小数，特供价：学号的后4位/150，保留2位小数。如图实2-4所示。

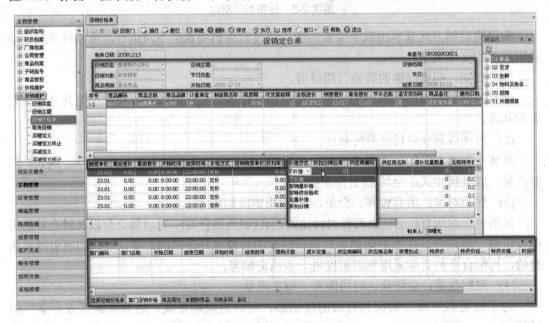

图实2-4 商品促销单信息录入

2.2 满减促销

满减促销，满××元减××元，比如满 100 元减 20 元，前台销售 100 元，结算直接扣减 20 元，顾客实际应付 80 元。购买商品满足一定的金额直接扣减，以促销消费，一般百货、母婴行业应用较多，可以针对品牌、供应商、品类或者具体商品做此类促销活动。实训操作满 100 元减 15 元，满 200 元减 40 元。

2.2.1 最优惠减少金额算法

(1) 按(减少金额/满足金额)的比率从大到小排序，同比率的按满足金额从大到小排序。

(2) 从前往后分摊实际销售金额，每条规则分摊到的销售金额必须是满足金额的倍数。分摊是一个循环，保留未分摊销售金额，每条规则的分摊销售金额 = 下取整(未分摊销售金额/满足金额)×满足金额。

(3) 汇总满减定义分摊销售金额/满足金额×减少金额，得到实际减少金额。

2.2.2 满减规则实例

某满减定义实际销售额 520 元，规则定义如表实 2-1 所示。

表实 2-1 满减规则定义

序 号	满足金额	减少金额
0	100	15
1	200	40

按(减少金额/满足金额)从大到小排序，如表实 2-2 所示。

表实 2-2 按(减少金额/满足金额)从大到小排序

序 号	满足金额	减少金额
1	200	40
0	100	15

循环每条规则，分摊实际销售金额，分摊销售金额 = 下取整(未分摊销售金额/满足金额)×满足金额，如表实 2-3 所示。

表实 2-3 分摊实际销售金额

序 号	满足金额	减少金额	分摊销售金额	剩余未分摊金额
1	200	40	下取整(520÷200)×200 = 400	520−400 = 120
0	100	15	下取整(120÷100)×100 = 100	

计算满减金额如表实 2-4 所示。

表实 2-4 计算满减金额

序号	满足金额	减少金额	分摊销售金额	减少金额
1	200	40	400	400÷200×40 = 80
0	100	15	100	100÷100×15 = 15
合计				95

在系统操作模块"主档管理→促销维护→满减定义",选择所有部门,促销主题:全民学生价,低至 199-100;促销对象:所有顾客;回收参与类型:商品;最大回收金额:100;满减规则:满足金额 199;满减金额:100;全部设置完成后点击"审核"按钮。

2.2.3 满减定义终止

将已经执行生效的满减促销单单据提前结束。进入模块"主档管理→促销维护→满减定义终止"。如图实 2-5 所示。

(1) 从"满减定义选择"中挑出需要结束的单据号后双击;
(2) 点击"终止"按钮;
(3) 总部下载当天数据,按满减促销单的促销部门全部下载;
(4) 门店加载后通知前台重新登录。

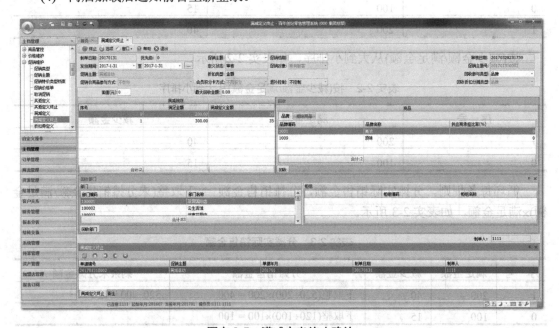

图实 2-5 满减定义终止确认

前台在登录时获取当天有效的促销规则,在此之后加载的促销规则(含买返、满减、折扣券、组合促销)前台不能识别,终止的买返单据如为当天生效的,前台必须重启。

2.3 赠品促销

赠品促销是超市常见的一种促销模式,以满足一定金额赠送赠品或者满足一定金额加价换购来吸引消费者消费。

2.3.1 赠品发放规则中的条件项

例:整单38加收1元;促销部门为"大型综超、标准超市";在周五~周日三天促销;"烟、酒"除外;

该例中用到以下几个条件:

条件一:整单满足金额为38元(排除中的商品不参与计算满足金额)(可选条件)。

条件二:整单加收金额1元(可选条件),在服务台发放赠品时收取,在勾选"是否成倍发放"时支持按倍数收取整单加收,以发放赠品翻倍。

条件三:促销部门(必选条件)。

条件四:日期范围(必选条件),发放有效条件日期。

条件五:排除商品(可选条件),与促销商品有交叉时被排除的商品。

条件六:发放赠品限量(可选条件):默认为0按单据中的作为1倍计算,在可发放多个赠品的前提下,可选择每单(按1倍计,支持倍数规则)中可发放的数量。

条件七:发放商品限量(可选条件):默认为0按单据中的作为1倍计算,在可发放多个商品的前提下,可选择每单(按1倍计,支持倍数规则)中可发放的数量;

条件八:最大发放倍数:在勾选"是否成倍发放"时用于控制最高发放倍数,为空表示上不封顶。

条件九:商品条件方式(整单发放时不可选),支持另外三种方式。

组合条件:商品组合数量、商品组合金额可维护,用于控制本单必须满足的发放条件(此时整单满足金额条件无效,以此类准)。

2.3.2 系统操作

登录总部后台管理系统,进入"主档管理→赠品档案→赠品发放规则单"定义满赠活动。如图实2-6所示。

常见的赠品发放形式有如下几种:

(1) 送赠品:满足任意金额送赠品。

(2) 客单满送赠品:单张小票满足金额送赠品。

(3) 买一(多)送一。

(4) 品种买满送赠品。

(5) 加价换购。

2.4 买返促销

一张收银小票中的整单购买额度达到××元;或一张收银小票中可以参与活动的有效商品合计额度达到××元商品,商家返还××元券(卡),返还的券(卡)可以在活动的时间内再次购买商品时抵扣。一般百货行业应用这种方式较多,满足一定的金额返优惠券待下次消费时使用，以达到二次消费的目的。

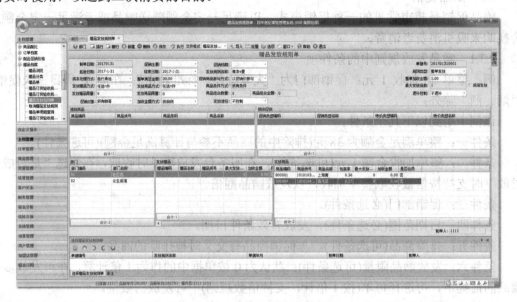

图实 2-6　满赠活动规则定义

2.4.1　买返定义

基本操作包括以下步骤。

(1) 集团总部定义买返活动方案，登录总部后台管理系统，通过"主档管理→促销维护→买返定义"模块定义买返促销。如图实 2-7 所示。

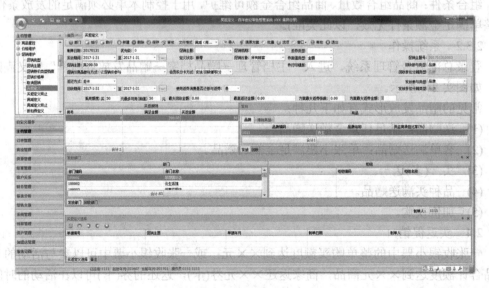

图实 2-7　买返促销定义

(2) 集团总部在促销生效前定义一批券(现金券/折扣券)，并调拨到相门店。
① 客户关系→卡券管理→券管理→券制作→制券：选择"折扣券"如图实2-8所示。

图2-8 批券定义

② 录入批号、面值、张数后确认。
③ 确认后点"券明细"后点"打印"完成制券的过程。
券明细信息汇总如图实2-9所示。

图实2-9 券明细信息汇总

(3) 券调拨。
① 点"调拨"，选择"券类型"，然后输入起始券号、结束券号后回车；根据汇总行核对调拨的券张数、金额是否正确。如图实2-10所示。
② 确认后选择"拨入部门"；提示成功后完成券调拨。如图实2-11所示。

图实 2-10 券调拨

图实 2-11 "拨入部门"确认

(4) 前台。

顾客在门店购买商品，收银员录入销售单。如图实 2-12 所示。

在前台可以查看以下三项内容：

① 商品名称前有[P]标记；

② 结算的第一行显示的小数会显示所对应的规则；

③ 结算时选择"折扣券"会提示输入消费券号码。

系统支持定义参加买返活动(发放)的支付方式，在销售支付方式模块中定义。如图实 2-13 所示。

(5) 发放。

① 在"商流管理→赠品管理→赠品发放→买返发放单"中输入"销货单号"，根据规则计算返还金额，如图实 2-14 所示。

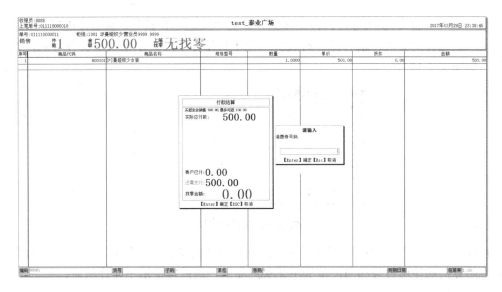

图实 2-12　商品销售单

图实 2-13　买返活动方式定义

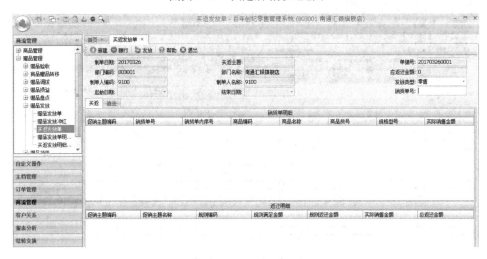

图实 2-14　返还金额计算

② 点"发放",输入券号,根据规则计算的"应返还金额"足额后才能确认。

③ 回收券的处理:前台结算时选择"电子折扣券"后提示输入消费券号码,扫描后确认,如图实 2-15 所示。

图实 2-15 消费券回收

注意:如当前单据中所购买返商品未达到规则中定义的最小返还金额,则前台会提示不允许结算;如使用券号的当前单据中无买返商品,则前台提示不允许结算。

(6) 供应商承担比例。

① 买和返是双向的过程,买的当天根据规则中"发放→供应商承担比例"生成退补。

② 使用返还的券进行消费的当天,系统根据规则中的"回收→供应商承担比例"生成退补。

2.4.2 买返活动终止

将已经执行生效的买返促销单据提前结束。登录总部后台管理系统,进入"主档管理→促销维护→买返定义终止"。如图实 2-16 所示。

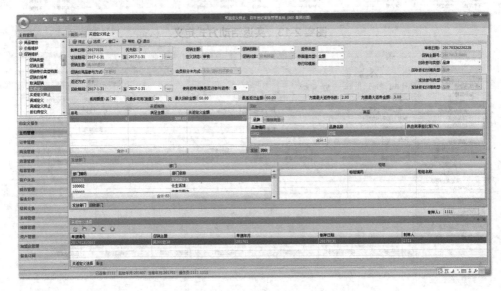

图实 2-16 买返活动终止

(1) 从"买返定义选择"中挑出需要结束的单据号后双击；
(2) 点击"终止"按钮；
(3) 总部下载当天数据，按买返促销单的促销部门全部下载；
(4) 门店加载后通知前台重新登录。

2.5 组合促销

组合促销实现奇偶价及商品组合定价、任选 N 件减金额的功能。一般用于百货行业较多，有任选 n 件打折，任选 n 件定价、奇偶打折、奇偶定价等模式。

2.5.1 组合促销系统操作

系统通过"主档管理→促销维护→组合促销定义"模块来实现促销。如图实 2-17 所示。

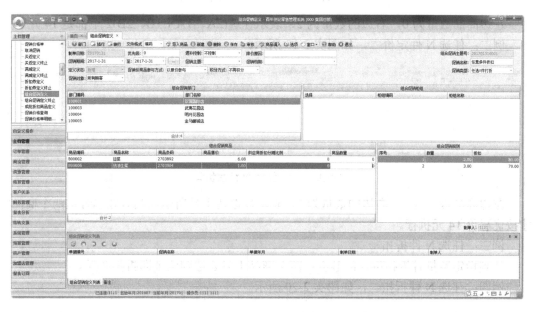

图实 2-17 组合促销定义

2.5.2 组合促销商品和组合促销规则实例

组合促销商品：选用促销商品的组合。

商品组合：可以选用相同商品、同一系列、不同商品零售价格相同或不同零售价格商品进行组合。

商品数量：默认为 0 表示对购买的商品无组合式限制；例如，维护了"商品数量"，在此组合中，购买的商品必须包含"商品数量"不等于 0 的商品在内且达到了"组合促销规则"中的"数量"的倍数时，才能优惠。

组合促销规则：数量可自定义，定价即达到该数量后的合计销售金额。

数量：购买组合促销商品达到此数量或其倍数时，才能按"定价"优惠；可为 1 或任意大于 1 的整数。

定价：达到数量时的优惠总价。
介于数量的倍数之间的商品不享受优惠。
例一：任选 N 件定价一，如图实 2-18 所示。

图实 2-18　任选 N 件定价一

左边商品数量为 0，右边的数量为 2，表示任选(2A、1A＋1B、2B)2 个都是 14 元。
例二：任选 N 件定价二，如图实 2-19 所示。

图实 2-19　任选 N 件定价二

左边商品数量为 2，右边的数量为 2，表示任选两个且所购商品必须包含这两个商品时才按优惠价 14 元执行。
例三：任选 N 件折扣一
达到指定数量时折扣折让的额度：两个商品中只要达到两个即折扣 2 元。
例四：任选 N 件折扣二，如图实 2-20 所示。

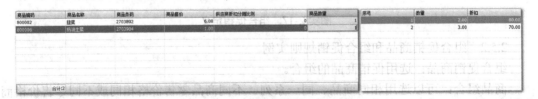

图实 2-20　任选 N 件折扣二

达到指定数量且所购商品须包含两个商品时才优惠，即两个商品须各买 1 个才折扣 2 元。
例五："促销类型＋奇偶类型"之一，如图实 2-21 所示。
促销类型：奇偶定价。
奇偶类型：单品奇偶。

图实 2-21　奇偶定价+单品奇偶

ABC 三个商品中，任选其中一个都是 7.50；第二个 7 元；第三个 6.50 元。以此类推，第四个与第一个相同。

例六："促销类型＋奇偶类型"之二，如图实 2-22 所示。

促销类型：奇偶定价。

奇偶类型：组合奇偶。

图实 2-22　奇偶定价+组合奇偶

ABC 三个商品须同时满足时才按此优惠，类似于动态捆绑。

例七：任选 N 件减金额，如图实 2-23 所示。

图实 2-23　任选 N 件减金额

ABC 三个商品任选 2 个即减少 1 元；

商品数量：为 0 表示无限制，如维护则 ABC 三个商品须在一张单据中同时出现并达到指定的数量。

数量：任选的件数，购买该数量或其倍数时优惠。

减金额：满足规则可以减少的金额，满足倍数时可按倍数优惠。

3. 促销评估

促销在执行后须跟踪促销的效果，考察促销对单品、品类、门店的销售、毛利、毛利率产生了什么影响，并对促销效果进行综合评估，为未来的促销方案提供参考。

影响促销的因素：商品、价格、供应商、配送能力。

促销商品评估：来客数、客单价、毛利率、毛利额等(促销品、促销品类)。

实训三　会员与结算

一、实训目标

(1) 掌握卡的管理流程。

(2) 了解和掌握卡开户、卡调拨、卡开通、换卡、卡写磁、卡写磁、卡充正等功能的操作及目的。

(3) 掌握会员管理流程，会员资料登记、变更、积分管理等。

(4) 掌握结算管理的流程及结算系统之间的数据关系。

(5) 掌握合同费用条款在结算数据中的体现。

二、实训内容

(1) 了解一般零售超市卡的管理流程，有效地从各层面监管门店售卡及当前卡库存状态。卡一般由总部制作，根据门店需要调拨至各门店，由门店根据实际售卖情况进行现场激活及维护会员档案信息。再通过一系统报表查询当前卡库存及卡的消费情况。

(2) 了解会员招募的流程及管理意义。企业可通过会员管理聚拢富裕群体，将之发展为企业的忠实客户，并通过系统精准的会员营销及其他渠道推动中产阶级实现更多的消费。

(3) 通过系统分析会员消费行为，从战略层面而言有利改善商品品类、提高顾客价值。可通过会员存量分析、会员职员性别分析表、会员招募与激活分析报表、会员商圈营销报告及销售概况等一系列的报表来分析会员消费行为。

(4) 了解和供应商结算的数据关系。

- 供应商往来
- 货款
- 验收
- 退补
- 验收调整
- 租赁营业额
- 抵成本费用
- 费用
- 现收
- 账扣
- 抵成本

- 发票
- 发票提交
- 发票抵用
- 余额核销
- 预付款
- 预付款支付
- 预付款抵用

(5) 了解供应商结算的流程。

三、实训步骤

1. 卡开户

1.1 卡级别与卡类型

根据会员的消费能力及群体可将会员分为金卡会员，银卡会员和普通会员，根据卡的功用一般可将卡分为积分卡和储值卡。初始化数据时定义好卡级别与卡类型。"主档管理→客户关系→卡券档案→卡级别"，定义企业会员卡级别，如图实 3-1 所示。"主档管理→客户关系→卡券档案→卡类型"，定义企业使用的卡类型种类，如图实 3-2 所示。

图实 3-1 卡级别定义

图实 3-2 卡类型定义

1.2 卡开户

通过卡开户模块在系统制卡，登录"客户关系→卡券管理→卡管理→开户→卡开户"模块，选择卡类型，卡级别，开户卡号等，点开户，如图实 3-3 所示。

2. 卡调拨

根据市场的评估和门店的申请，将开好户的卡号段调拨至相应门店，登录"客户关系→卡券管理→卡管理→调拨→卡调拨"模块，选择调拨门店、起始卡号和结束卡号，确定后调拨，如图实 3-4 所示。

图实 3-3　卡开户

图实 3-4　卡调拨

3. 卡开通

门店在售卡时将卡开通，门店开通需要登录门店系统，进入"客户关系→卡券管理→卡管理→开通→卡开通"模块，选择需要开通的卡类型及卡号，将卡开通，如图实 3-5 所示。若卡直接在总部开通，则不用做卡调拨操作。

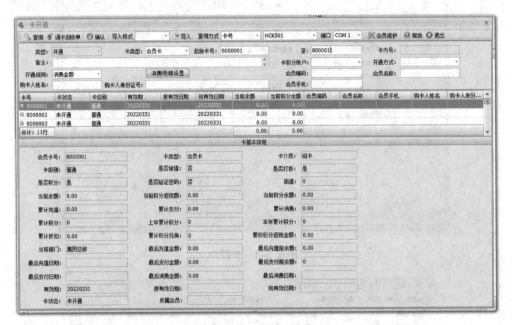

图实 3-5　卡开通

4. 会员资料维护

维护已登记的会员手机号码、出生年月、家庭住址、家庭成中同、联系电话、教育程度、证件号码、招募人、是否电话回访、购买意向等信息，后续可以通过一系列报表分析会员的购买行为。通过"客户关系→会员管理→会员维护"模块来维护会员信息，如图实 3-6 所示。

录入会员卡信息，卡开户：选择卡类型：会员卡；卡介质：条码卡；卡号为本人学号；开户积分：500；开户金额：300；是否优先支付为否。录入完后将卡开通，同时维护会员资料信息。

5. 供应商结算

结算是 ERP 系统中重要的组成部分，在管理百年商业 ERP 系统中，体现的整体流程是：生成结算数据→制订结算计划→供应商对账→发票提交→付款与收费→完成结算。

实训三　会员与结算

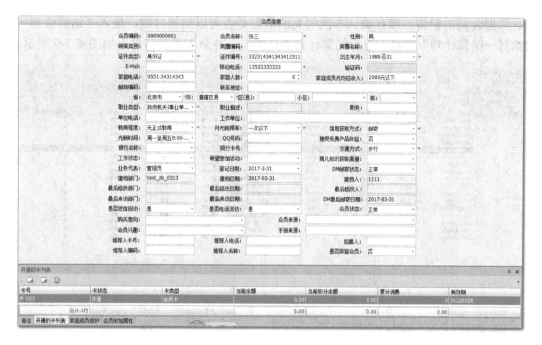

图实 3-6　会员信息维护

5.1　结算生成

结算流程的第一步是结算数据生成，主要包含以下几部分内容。

首先是商流中验收、退补，租赁的销售额，这部分工作在系统加载门店数据过程中自动完成；在"账期"结算模式下，可勾对符合账期的商流单据；其次是系统根据合同条款，自动生成货款和费用单据；结算数据生成是以自然月为单位，且只能生成当月之前的数据；最后是针对临时性的货款及费用手工进行调整。

为了保证数据的完整性，这部分数据只能生成历史月份，主要是涉及合同的费用如验收退补、合同中的费用、清算、保底等账扣、抵成本形成的单据。

登录"结算管理→结算数据生成→结算生成"模块，选择生成月份和生成的供应商信息，如图实 3-7 所示。

5.2　结算计划

在结算数据生成完成后，用户可针对每份合同制订结算计划。系统根据合同约定的结算日及账期天数，显示当前结算期可结算的所有数据，用户根据需要勾对单据并保存。结算计划中包含三部分：货款、费用、汇总信息。

进入"结算管理→货款结算→结算计划"模块，选择供应商及相应的合同信息，进行勾单操作，如图实 3-8 所示。

5.3　结算计划确认

结算计划确认是对已经勾兑过的结算计划进行审核确认，并录入供应商发票信息的操作。依据合同的销售、库存确认本次勾兑的单据是否可以结算付款。进入"结算管理→货款结算→结算计划"模块，进行结算计划确认操作，并录入发票信息，如图实3-9所示。

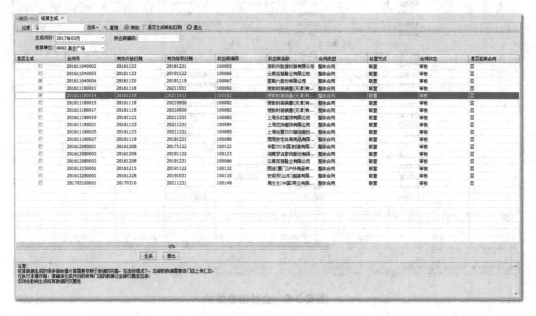

图实 3-7　供应商结算生成

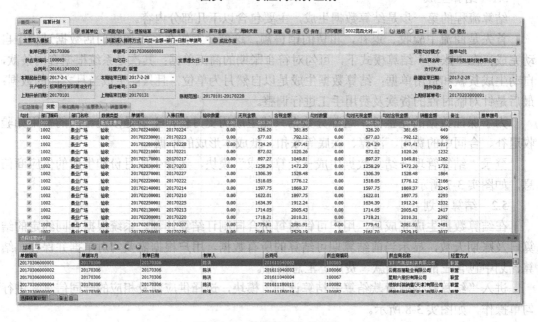

图实 3-8　结算计划勾单操作

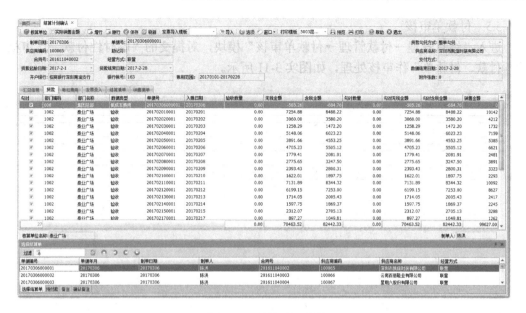

图实 3-9 结算计划确认

5.4 付款单录入

进入"结算管理→付款管理→付款单"模块,录入供应商编码、选择对应的合同(或在下方选择需要付款的结算单据),修改本次付款金额,确认无误后保存,即完成付款,如图实 3-10 所示。

图实 3-10 付款单录入

5.5 付款单审核

进入"结算管理→付款管理→付款单审核"模块,对提交的"临时性付款、已审核后的预付款、付款单"作审核处理,如图实 3-11 所示。

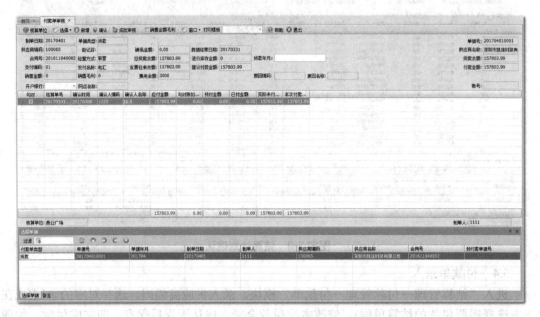

图实 3-11 付款单审核

实训四　门店订单与商流管理

一、实训目标

(1) 了解订单平台的构成。
(2) 了解订单的生命周期、订单策略、退货策略的设置与意义。
(3) 了解订单的申请流程、采购订单、配送订单、调拨订单、损溢订单等流程。
(4) 了解商品验收、商品调拨、商品损溢、前台销售等商品流转管理。

二、实训内容

(1) 了解并掌握软件订单平台构成：采购订单(配送或门店向供应商订货)，调拨订单(门店与门店之间的调拨)，配送订单(门店向物流中心订货)，库调订单(门店损溢订单)，销售订单(客户向门店或物流中心订货)以及相应的操作流程。

(2) 了解订单订货策略(订单限量、MOC 检查、配送中心)、商品订货策略(包装控制、中央控制、物流商控制、直流控制、商品配送中心)、订单退货策略(退货日期、单品限量)、商品退货策略(禁止退货、允许退货)等系统设定。

(3) 了解并掌握商品验收流程及验收注意事项、商品调拨流程及注意事项、商品损溢流程及注意事项。

(4) 了解并掌握前台 POS 销售相关操作。

三、实训步骤

1. 商品订货

1.1　门店向供应商订货

标准订货流程为：门店中央申请单录入→总部提取审核确认→供应商持订单送货→门店根据送货数量调订单验收→实物入库或上架，如图实 4-1 所示。

1.1.1　学生登录门店后台管理系统，进入"订单管理→订单生成→中央申请单"，单据属性选择"正常"，单据类型选择"采购"，录入需要申请的商品编码(自己的学号)，零头数量(最小包装单位数量)100 个，点"执行"。此订单需要进行审核，需进行采购订单确认。

验收冲红：代表验收单做错了，自动生成一张负数量的验收单，就是对已有验收单的删除。

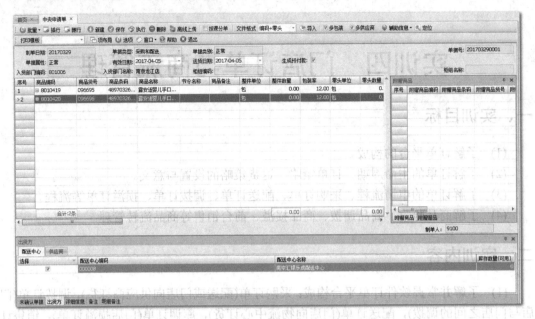

图实 4-1　门店向供应商订货申请

1.1.2　老师登录总部系统，进入"订单管理→订单预处理→门店采购订单预处理"，选择"批量→提取申请"，提取所有学生的采购订单，提取后保存确认，如图实 4-2 所示。

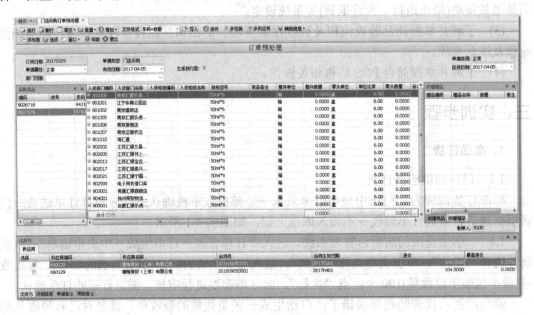

图实 4-2　门店采购订单预处理

实训四　门店订单与商流管理

1.1.3　采购订单审核，老师登录总部系统，进入"订单管理→采购订单→采购订单确认"，查询所有的采购订单，选择需要确认的采购订单，点"确认"按钮，如图实 4-3 所示。

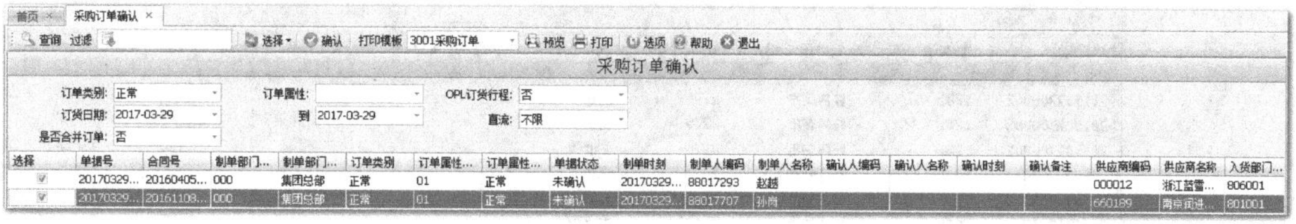

图实 4-3　采购订单审核

1.1.4　老师和学生可登录总部或者门店后台管理系统，进入"订单管理→采购订单→采购订单明细查询"，查询相应的采购订单信息，如图实 4-4 所示。

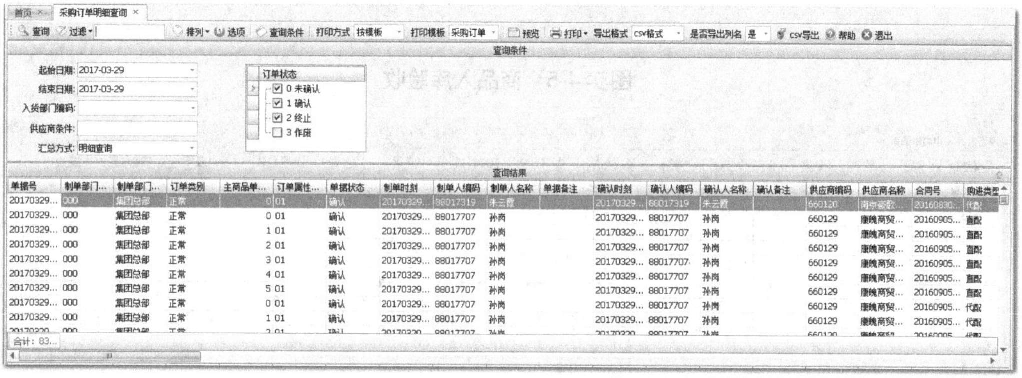

图实 4-4　采购订单查询

1.1.5　商品入库验收，学生登录门店后台管理系统，进入"商流管理→商品管理→商品验收→商品验收单"模块，输入送货的供应商信息，点左上角的"调订单"，调入供应商的送货订单，选择订单，确定，根据实际的收货情况录入实际验收数量，如图实 4-5 所示。

具体门店商品验收操作：①录入中央申请单，单据属性为正常，单据类型为采购，商品编码为本人学号的商品，数量为 100 个。②录入商品验收单：供应商编码为 00001，供应商名称为 demo 供应商，调订单验收录入验收数量为 80。

1.2　门店向物流中心申请订货

门店向物流中心申请订货的流程为：门店中央申请单录入→总部提取审核确认→配送订单由数据交换中心传至物流中心→物流中心根据门店的配送订单拣货、发货→门店根据送货数量拨入验收→实物入库或上架，如图实 4-6 所示。

1.2.1　学生登录门店后台管理系统，进入"订单管理→订单生成→中央申请单"，单据属性选择"正常"，单据类型选择"配送"，录入需要申请的商品条码，零头数量，点"执行"。

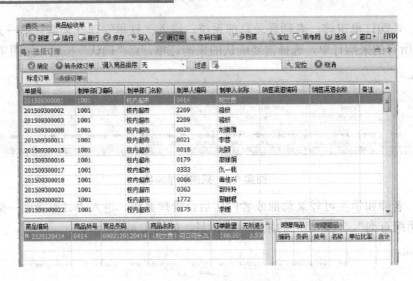

图实 4-5　商品入库验收

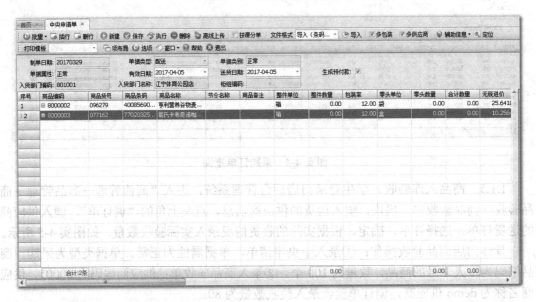

图实 4-6　门店向物流中心订货申请

1.2.2 老师登录总部系统，进入"订单管理→订单预处理→配送订单预处理"，选择单据类别"正常"，"批量→提取申请"，提取所有学生的配送申请单，提取后保存确认，如图实 4-7、图实 4-8 所示。

实训四　门店订单与商流管理

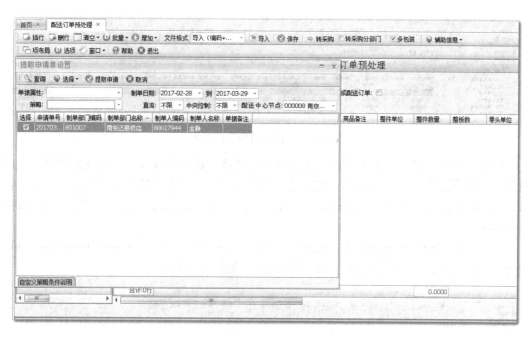

图实 4-7　配送订单接收

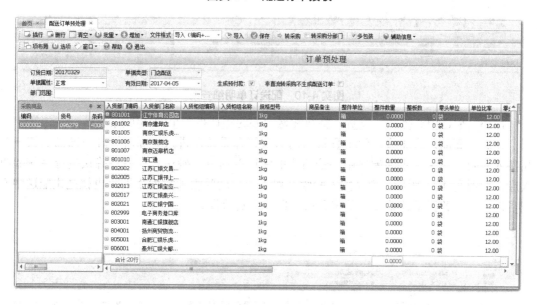

图实 4-8　配送订单预处理

1.2.3　配送订单审核。老师登录总部系统，进入"订单管理→配送订单→配送订单确认"，查询所有的采配送订单，选择需要确认的配送订单，点击"确认"按钮，如图实4-9所示。

图实 4-9 配送订单审核确认

1.2.4 登录总部后台管理系统,进入"结转交换→数据下载",上传已确认的配送订单明细,再登录配送中心后台管理系统,进入"结转交换→数据加载",加载已确认的配送订单。此处的数据交换企业一般会设置定时任务,10 分钟自动传送一次,配送中心 10 分钟内自动加载。

1.2.5 老师和学生可登录总部或者门店后台管理系统,进入"订单管理→配送订单→配送订单明细查询",查询相应的配送订单信息,如图实 4-10 所示。

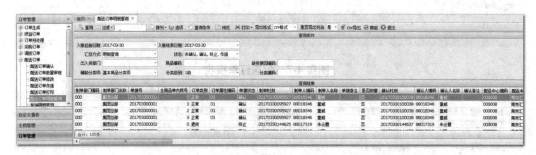

图实 4-10 配送订单明细查询

1.2.6 配送中心拣货、发货,将在配送中心的实训报告里面详细描述。

1.2.7 商品入库验收,学生登录门店后台管理系统,进入"商流管理→商品调拨→商品拨入验收"模块,查询配送中心给门店的配送单信息,确认无误后点确认进行系统验收入库,如图实 4-11 所示。商品拨入验收一般设置自动验收天数为 2 天,也就是说配送中心配货后 2 天内若无手动验收,系统会默认自动全数验收。

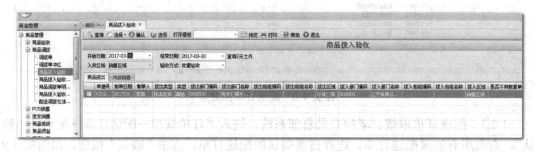

图实 4-11 商品入库验收

2. 商品退货

2.1 门店直接退货给供应商

标准退货流程为：门店中央申请单录入→总部提取审核确认→供应商取货→门店根据退货数量调订单退货→财务自动生成退货货款。

2.1.1 学生登录门店后台管理系统，进入"订单管理→订单生成→中央申请单"，单据属性选择"退货"，单据类型选择"采购"，录入需要申请的商品条码，零头数量，点击"执行"按钮，如图实4-12所示。

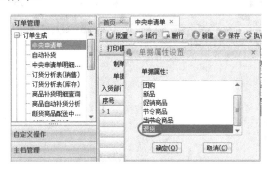

图实4-12 单据属性确认

门店商品退货操作：①录入中央申请单，单据属性为退货，单据类型为采购，商品编码为本人学号的商品，数量为10个。②录入商品退货单：供应商编码为00001，供应商名称为demo供应商，调订单退货，退货数量为10，如图实4-13所示。

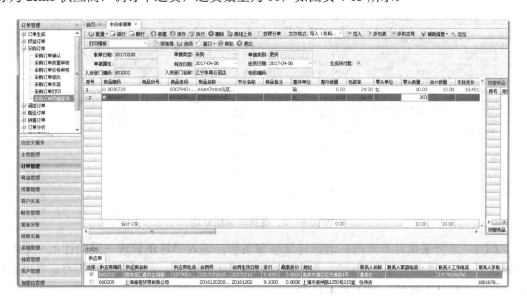

图实4-13 门店向供应商退货订单申请

2.1.2 老师登录总部系统,进入"订单管理→订单预处理→门店采购订单预处理",单据类别选择"退货","批量→提取申请",提取所有学生的退货采购申请单,提取后保存确认,如图实4-14、图实4-15所示。

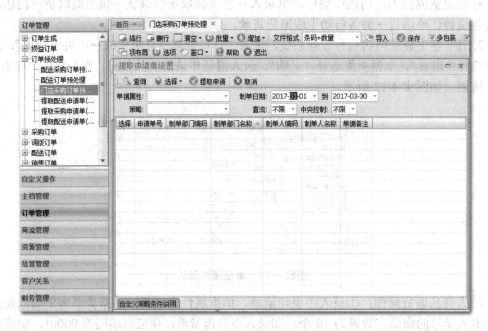

图实4-14 退货单据的提取

图实4-15 退货单据预处理

2.1.3 退货采购订单审核,老师登录总部系统,进入"订单管理→采购订单→采购订单确认",订单类别选择"退货",查询所有的退货采购订单,选择需要确认的退货采购订单,点击"确认"按钮,如图实4-16所示。

实训四 门店订单与商流管理

图实 4-16 退货订单审核确认

2.1.4 老师和学生可登录总部或者门店后台管理系统，进入"订单管理→采购订单→采购订单明细查询"，查询相应的退货采购订单信息，如图实 4-17 所示。

图实 4-17 退货采购订单信息查询

2.1.5 商品退货单录入。学生登录门店后台管理系统，进入"商流管理→商品管理→商品验收→商品退货单"模块，输入退货的供应商信息，点击左上角的"调订单"，调入供应商的退货订单，选择订单，确定，根据实际的退货情况录入实际退货数量，如图实 4-18、图实 4-19 所示。

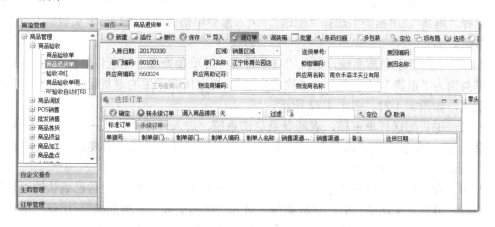

图实 4-18 商品退货单选择

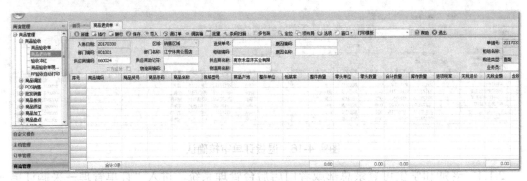

图实 4-19　商品退货订单录入

2.2　门店向物流中心申请退货

门店向物流中心申请退货的流程为：门店中央申请单录入→总部提取审核确认→退货配送订单由数据交换中心传至物流中心→退货商品拉到配送中心后，配送中心进行退货收货处理→物流中心退货处商品处理：良品分拣、直接报损或者退供应商→门店扣减库存，如图实 4-20 所示。

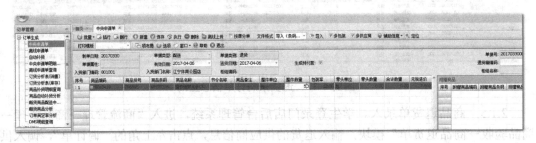

图实 4-20　门店向物流中心退货申请

2.2.1　学生登录门店后台管理系统，进入"订单管理→订单生成→中央申请单"，单据属性选择"退货"，单据类型选择"配送"，录入需要申请的商品条码、零头数量，点击"执行"按钮。

2.2.2　老师登录总部系统，进入"订单管理→订单预处理→配送订单预处理"，选择选择单据类别为"退货"，"批量"→"提取申请"，提取所有学生的退货配送申请单，提取后保存确认，如图实 4-21、图实 4-22 所示。

2.2.3　退货配送订单审核，老师登录总部系统，进入"订单管理→配送订单→配送订单确认"，选择单据类别"退货"，查询所有的退货配送订单，选择需要确认的配送订单，点击"确认"按钮，如图实 4-23 所示。

2.2.4　登录总部后台管理系统，进入"结转交换→数据下载"，上传已确认的退货配送订单明细，再登录配送中心后台管理系统，进入"结转交换→数据加载"，加载已确认的退货配送订单。此处的数据交换企业一般会设置定时任务，10 分钟自动传送一次，配送中心

10 分钟内自动加载。

图实 4-21　退货单据提取

图实 4-22　退货单据预处理

图实 4-23　退货配送订单审核确认

2.2.5 老师和学生可登录总部或者门店后台管理系统,进入"订单管理→配送订单→配送订单明细查询",查询相应的退货配送订单信息,如图实 4-24 所示。

图实 4-24　退货配送订单明细查询

2.2.6 退货商品拉到配送中心后,配送中心收货人员根据实际的货物进行退货收货处理,将在配送中心的实训报告里面详细描述。

2.2.7 门店数据加载后自动扣减系统商品库存。

3. 门店与门店之间的商品调拨

3.1 调拨申请

由拨入方作调拨申请,拨出方根据拨入方的申请进行拨出商品,拨入方接收。

3.1.1 学生登录门店管理系统,进入"订单管理→调拨订单→调拨订单",选择拨入部门为需求方门店,录入需要的商品及数量信息,如图实 4-25 所示。

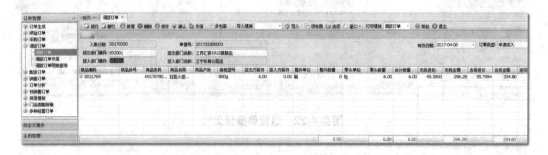

图实 4-25　需求方调拨订单操作

3.1.2 拨出方登录门店后台管理系统,进入"商流管理→商品管理→商品调拨→调拨单"模块,选择需要拨入的门店信息,直接调订单拨货或者直接手工录入拨入门店的商品信息,如图实 4-26 所示。门店商品调拨操作,录入商品调拨单,拨出门店为 1002 校外超市,调拨数量为 5 个。

3.1.3 拨入方登录门店后台管理,进入"商流管理→商品调拨→商品拨入验收"模块,查询拨出门店给拨入门店的商品信息,确认无误后点确认进行系统验收入库,如图实 4-27

所示。商品拨入验收一般设置为自动验收天数为 2 天，2 天内未手动验收系统会默认自动全数验收。

图实 4-26　拨出方调拨订单操作

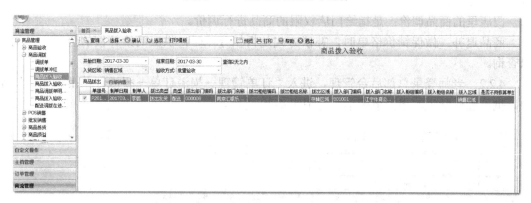

图实 4-27　商品拨入验收确认

4．商品损溢

4.1　手工损溢(库存调整)流程

损溢申请单录入→店长审核→若金额超过 500 转运营总监审核→调取已审核过的损溢订单生成损溢单。

4.2　系统操作

4.2.1　学生登录门店后台管理系统，进入"订单管理→损溢订单→损溢申请单"模块，选择损溢申请单的有效期，录入需要调整的商品信息，如图 4-28 所示。

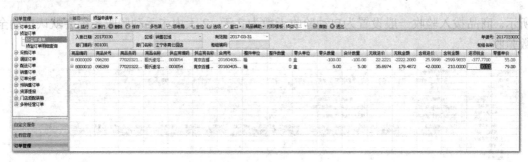

图实 4-28　门店商品损溢申请

门店商品损溢操作，录入商品损溢单，损溢类型为普通损溢，损溢数量为 2 个。

商品前台销售，要求：使用会员卡状态下销售，销售数量为 1，以现金结算，销售单价取商品的促销价。

门店里的商品调价：是指给门店权限的商品进行调价。

商品退补：做促销价格单时，补偿方式是折扣分摊时，供应商给补偿的金额，在此可以查询。

4.2.2　老师登录总部后台管理，进入"订单管理→损溢订单→损溢订单批量确认"模块，批量确认学生的损溢申请单，如图实 4-29 所示。

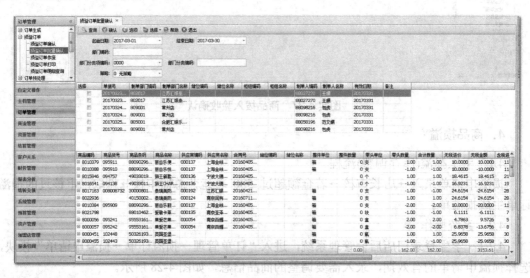

图实 4-29　商品损溢申请单确认

4.2.3　学生登录门店后台管理系统，进入"商流管理→商品管理→商品损溢→商品损溢单"模块，调订单来调取已确认过的损溢订单，保存确认，如图实 4-30、图实 4-31 所示。

实训四　门店订单与商流管理

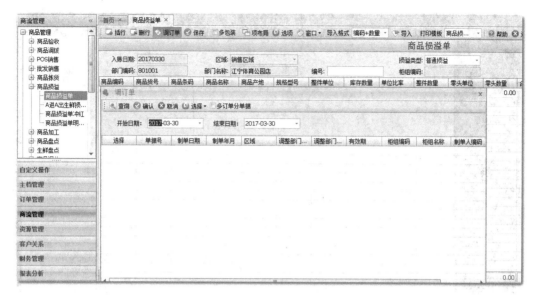

图实 4-30　已确认商品损溢单调取

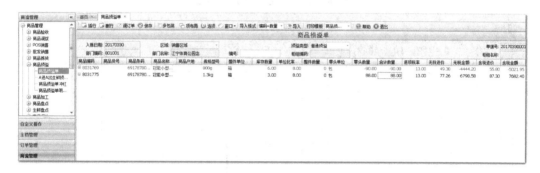

图实 4-31　商品损溢单确认

5．前台销售

5.1　前台销售登录

打开"百年软件前台销售系统"，在登录界面"用户名"处输入工号，"口令"回车即可登录前台销售系统，理解前台各快捷键的含义及实际操作的应用，如图实 4-32 所示。

销售界面最上方显示单位名称、当前登录的收银员名称、系统当前时间(取数据库时间)以及该收银员上笔销售金额、找零、是否违规等相关信息，如图实 4-33 所示。

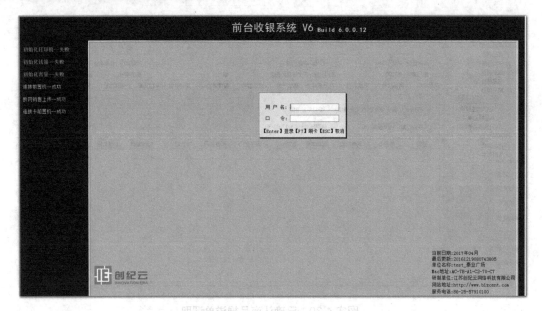

图实 4-32　前台销售系统界面

图实 4-33　销售界面

ESC 退出：在收银界面下需退出某个界面或退出收银系统可用此键。
F1 结算：
常用的结算方式有以下几种。

(1) 现金结算：扫入商品按 F1 选择现金结算，如图实 4-34 所示。

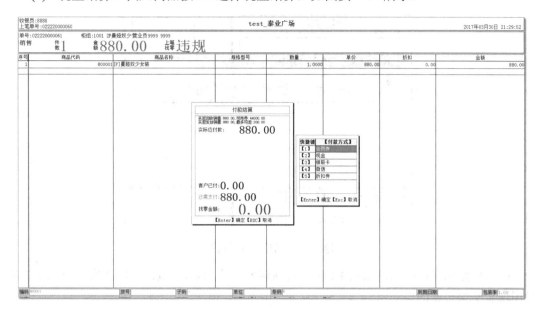

图实 4-34 现金结算界面

(2) 信用卡结算：使用信用卡前必须先签到：按 F10 选择(3)三方接口，按 00 选择"签到"，如图实 4-35 所示。

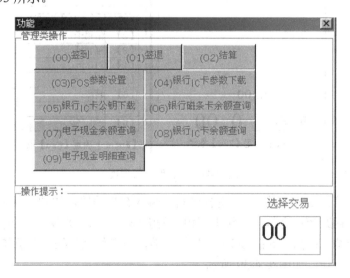

图实 4-35 信用卡签到界面

扫入商品按 F1 选择信用卡结算，会出现功能键，在选择交易处按(11)银行磁条卡消费，如图 4-36 所示。

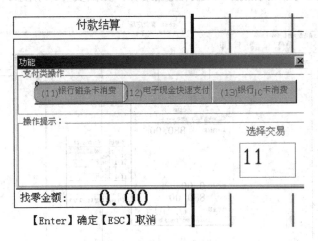

图实 4-36　信用卡结算界面

(3) 转账结算：扫入商品按 F1 选择选择转账直接结算，如图实 4-37 所示(备注：转账是用现金支票付款的)。

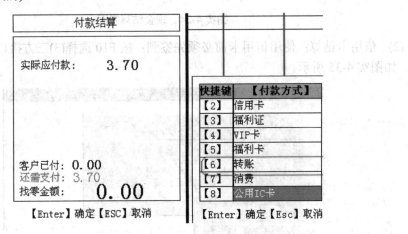

图实 4-37　转账结算界面

(4) 消费结算：扫入商品按 F1 选择消费，输入客户编码，如图实 4-38 所示(备注：消费一般只适于长期跟超市合作，系统里有顾客的编码，输入客户编码即可)。

(5) 折扣券结算：扫入商品按 F1 选择折扣券，在支付金额处输入折扣券的金额，折扣券金额计入折扣折让，如图实 4-39 所示。

(6) 券类结算：扫入商品按 F1 选择券类，在支付金额处输入券类的金额(券类对整单商品进行折扣)，如图实 4-40 所示。

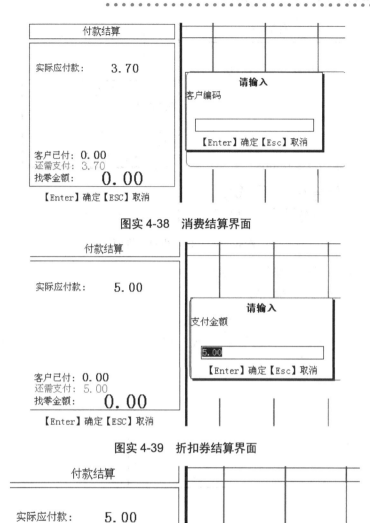

图实 4-38 消费结算界面

图实 4-39 折扣券结算界面

图实 4-40 券类结算界面

(7) 电子券结算：扫入商品按 F1 选择电子券，在消费券号码处输入电子券的号码，如图实 4-41 所示(备注：电子券必须是卡券中心关联促销方案开出的券码才可用)。

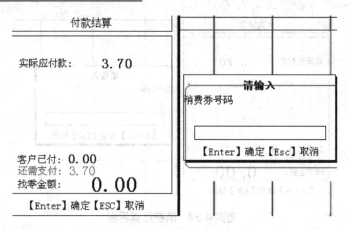

图实 4-41 电子券结算界面

F2 盘点：门店可以在此系统下录盘点表。

前台盘点界面如图实 4-42 所示。

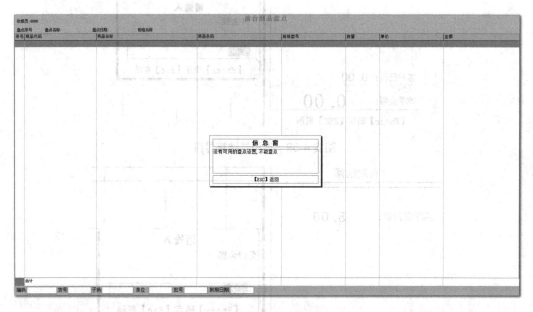

图实 4-42 前台盘点界面

盘点操作流程：

(1) 用扫描枪或者手工输入商品代码输入数量，修改数量时，通过"↓""↑"键先将焦点移到欲修改的商品上，直接录入实盘数量就可以了。如果有录入错误的信息可以按 F4 直接删除此商品信息，录入完按 F1 提交保存即可。

(2) 按 F2 可以调出后台录入的盘点清单，直接修改数量即可(前台录入保存的盘点表在后台盘点表维护中，选择基本单据直接双击调出单据即可)。

F3 折扣：只对团购或某个商品进行手工打折，并有权限控制。

具体操作：先将焦点定位于要打折的商品上，然后按 F3 选择手工折扣方式回车即可，如图实 4-43 所示。

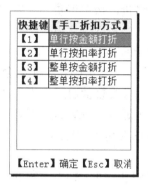

图实 4-43　手工折扣方式

备注：单行折扣是折扣到具体商品上面，整单折扣是所有商品的折扣。

F4 冲红：当收银员多扫商品时，按上键移到需冲红商品，按 F4 冲红(备注：需权限)。

商品冲红界面如图实 4-44 所示。

图实 4-44　商品冲红界面

具体操作：通过"↓""↑"键先将焦点移到欲修改的商品上，按 F4 即可。

F5 切换：在多种经营界面下收水电气时对每个键面的切换。

F6 挂起：对扫入商品不能及时结算时，可以用此键先将此单挂起为后面的顾客结算(备注：需权限，如有单据挂起未能调出结算时不能退出系统)。

F7 调入：对挂起的商品进行调入进行结算(备注：需权限)。

F8 模式：在此键下可以进入退货，按单退货、大家电销售等系统。

1) 正常销售

(1) 在销售界面输入用户名口令，点击确认进入。

(2) 如顾客有会员卡则扫入会员卡点击确认，如无会员卡按 Esc 退出即可。

(3) 扫入商品回车即可，如需修改数量通过"↓""↑"键先将焦点移到欲修改的商品上(如果有商品顾客不需要了，则通过冲红方式冲掉该商品)。

(4) 按 F1 结算，选择相对应的支付方式即可。

2) 退货

在正常的销售键面按 F8 选择退货键面：扫入退货商品进行退货如图实 4-45 所示(备注：需设权限进行退货)。

商品退货完成后必须重新按 F8 切换为销售模式。

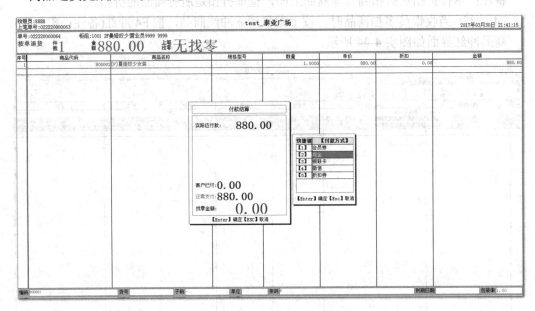

图实 4-45　退货界面

3) 按单退货

在正常的销售键面按 F8 选择按单退货键面，如图实 4-46 所示(在年月处输入小票上的购买日期，在单号处输入小票单据号即可)。

实训四 门店订单与商流管理

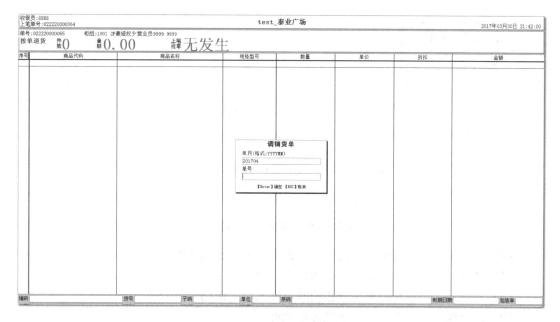

图实 4-46 按单退货界面

F9 走纸：在打印机出纸不对的情况下可以用此键。

F10 菜单下功能键。功能选择如图实 4-47 所示。

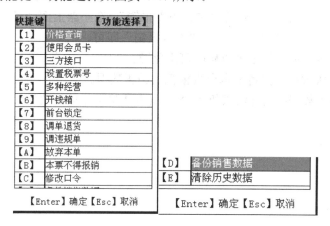

图实 4-47 F10 菜单

【1】价格查询：查询商品各种价格及门店库存(备注：需权限)。

价格查询中包含查询家电配送可用库存。商品信息查询界面如图实 4-48 所示。

【2】使用会员卡：当顾客出示会员卡时使用本键。

【3】三方接口：可查询信用卡、VIP 卡、福利卡、公用 IC 卡、余额和信用卡签到与结算。

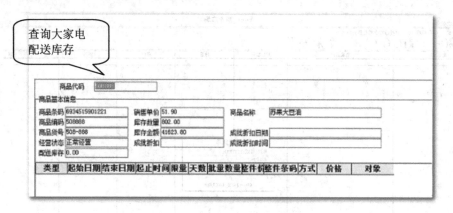

图实 4-48 商品信息查询界面

【4】设置税票号：收银员上机时输入税票的抬头和末尾的号码。

【5】多种经营：可销售便民商品和代收水电费项目。

【6】开钱箱：当没有销售需开钱箱时可输入员工密码开启。

【7】前台锁定：收银员中途下机可用此键。

【8】调单退货：前台系统在退货键面按此键可进入按单退货。

【9】调违规单：可以将违规的单据调出，输入年月、单据号即可调出。

【A】放弃本单：直接将本销售单清除，但记为违规，一般情况下不允许操作。

【B】本票不得报销：如果选择"本票不得报销"，在小票上面会打印"本票不得报销"字样，如果想去掉，重新选择一次"本票不得报销"即可。

【C】修改口令：前台员工密码修改可用此键。

【D】备份销售数据：指备份本台收银机的销售数据。

【E】清除历史数据：清除收银机备份数据(可清除半年前的数据)。

实训五　门店其他日常操作与报表查询

一、实训目标

(1) 了解超市盘点作业标准。
(2) 了解价签打印规范。
(3) 了解和掌握日常商品相关信息查询。
(4) 了解和掌握总部、门店、订单、配送之间数据交换及门店营业结束后日结事宜。
(5) 掌握门店常用日常报表查询与分析。

二、实训内容

(1) 了解超市盘点的目的、盘点周期和方法，了解盘点准备阶段重点关注事项，了解盘点阶段盘点单录入方式，了解盘点结束后的差异分析。
(2) 了解和掌握系统标价签打印及日常商品价格等查询操作。
(3) 了解和掌握每天日结及数据交换原理。
(4) 了解超市工作常用报表及几大异常报表对数据的分析。

三、实训步骤

1. 盘点作业标准及系统操作

1.1　盘点的目的：全面盘点是对门店一段时期经营管理状况的总结，通过盘点，可以考核门店商品损耗率，借以发现门店管理中存在的问题，保证账实相符。

1.2　门店盘点周期：原则上新店 45 天、老店一季度盘点一次(一年以下可定义为新店)。

盘点方法：一般采用一次盘点加重点抽盘的方法。如属门店负责人交接盘点，盘点组织工作由接收人组织，公司抽盘小组监督，移交人全程参加。

1.3　盘点前准备，确定盘点负责人、初复盘组、审核组、输入组、稽查组及盘点前货架、陈列、堆头、收银台及商品等整理工作。

1) 初、复盘组：人员由店长指定
工作标准：
(1) 遵循"由左至右、由上到下"的原则点数；
(2) 初、复盘人员不相互串数；
(3) 服从安排，不挑单或抗拒安排的工作；

(4) 单据填写清楚，字迹工整，每张单据要签字；
(5) 按商品的销售单位点数。
2) 审核组：由核算员担任
工作标准：
(1) 发放并有效控制盘点初、复盘清单〈盘点单发放控制表〉；
(2) 登记收单人员并签字；
(3) 核对初、复盘商品数量，如有不同，要求复盘人员复点；
(4) 复核输入组录入的正确性。
3) 输入组：由收银员担任
工作标准：
(1) 盘点准备阶段录入盘点清单；
(2) 确实按照初盘单正确输入商品数量；
(3) 负责将录入完毕的单据回传至审核组。
4) 稽核组：由店长指定
工作标准：
抽查初、复盘单的数据是否一致，有差异返回审核组。

1.4 盘点阶段，仓库在盘点开始至门店所有商品盘点结束期间不得进行货物进出，临时性的商品进出应征得店长的同意，仓库盘点结束后，应上锁封存。一般需要经历初盘→复盘→录入→找差异→盘点正式结转几个阶段。

1) 盘点区域设置

登录门店后台管理系统，进入"商流管理→商品盘点→盘点区域分类"，点维护→盘点区域分类维护，维护区域信息。

盘点区域一般采用"2-1-2-2"4位分级情况编码的原则，具体含义如下：

(1) 第1位数字2；代表品类编码，即"10"酒水，"11"家用清洁，"12"个人清洁，"14"干副食等；
(2) 第2位位数字1；代表陈列设备，即"1"代表店内货架，"2"代表地堆，"3"代表端架，"4"代表包柱，"5"代表冷冻柜，"6"代表展示台，"7"代表仓库；
(3) 第3位数字2；代表设备的组数；
(4) 第4位数字2；代表具体位置、货架支数。

盘点区域设置如图实5-1所示。

2) 抄盘点清单并录入系统

抄写时先按从左到右、从上到下的原则将端架商品抄写完毕，再将旁边挂带商品按从左到右、从上到下的原则抄写。抄写完毕后登录门店后台管理系统，进入"商流管理→商品管理→商品盘点→盘点清单维护"，录入区域编码、盘点人信息及清单明细，如图实5-2所示。

实训五　门店其他日常操作与报表查询

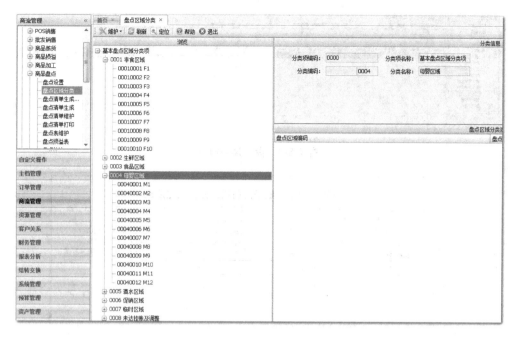

图实 5-1　盘点区域设置

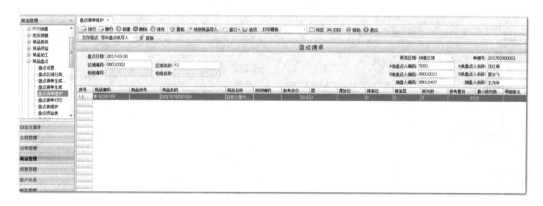

图实 5-2　盘点清单录入

3）盘点清单打印

进入门店后台管理系统，进入"商流管理→商品管理→商品盘点→盘点清单打印"模块，选择需要打印的盘点清单打印，如图实 5-3、图实 5-4 所示。

4）正式盘点

盘点时两人一组，一人报数，一人记录。初盘完毕转稽查组进行抽盘。盘点完毕后将盘点数据录入系统，登录门店后台管理系统，进入"商流管理→商品管理→商品盘点→盘点表维护"，导入对应的盘点清单，导入后录入实际盘点数量，如图实 5-5、图实 5-6 所示。

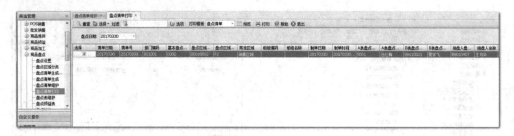

图实 5-3　盘点清单打印

图实 5-4　盘点清单打印图

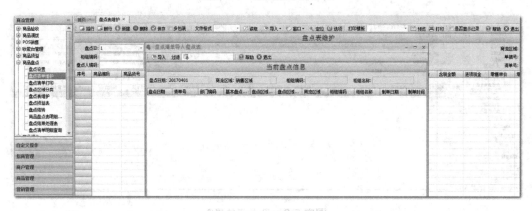

图实 5-5　盘点清单导入

图实 5-6　实际盘点数录入

5) 盘点差异核对

登录门店后台管理系统，进入"商流管理→商品管理→商品盘点→盘点损溢表"，查看差异，如图实 5-7、图实 5-8 所示。

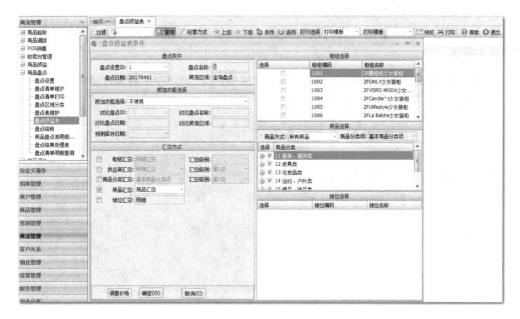

图实 5-7　盘点差异查询

图实 5-8　盘点损溢表

库存差异原因分析有以下几个步骤：
(1) 确定盘点数量是否有差异；

(2) 检查进货验收的单据是否有输错的情况；

(3) 检查是否有其他门店借货而未打调拨单的情况；

(4) 分析在管理上其他方面的问题，如内盗、外盗因素。

6) 盘点结转，形成正式损溢

登录门店后台管理系统，进入模块位置"商流管理→商品盘点→盘点结转"操作，如图实 5-9 所示。

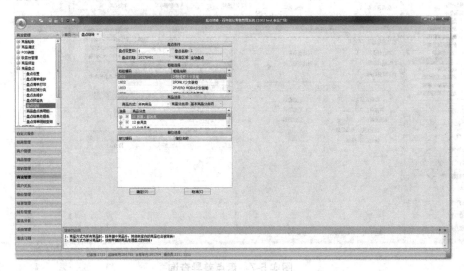

图实 5-9 盘点结转

2. 价签打印与商品查询

2.1 价签打印

学生登录门店后台管理系统，进入"主档管理→商品档案→标价签打印"模块，录入需要打印的商品，根据设定好的模板进行打印操作，如图实 5-10 所示。

图实 5-10 标价签打印

2.2 商品查询

学生登录门店后台管理系统，进入"主档管理→商品档案→商品浏览"模块，输入需要查询的商品信息，可以查询商品的编码、条码、名称、进价、售价、供应商、合同、控制信息等相关信息，如图实 5-11 所示。

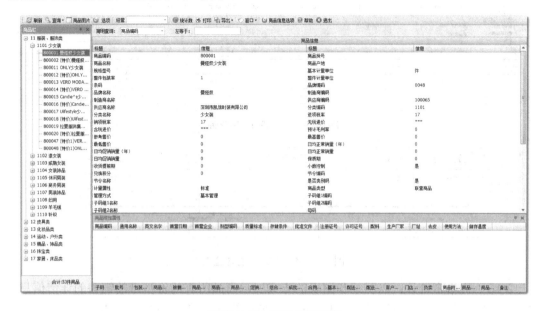

图实 5-11　商品信息查询

2.3 数据交换与日结

2.3.1 数据加载：将总部维护的档案(如新增商品档案、变更商品的进价、变更商品的零售单价、供应商档案等)、特价信息(普通特价、会员价、会员累计、批量作价信息)、调拨数据等加载到门店数据库中。

登录门店后台管理系统，进入"结转交换→数据加载"模块操作。

2.3.2 数据下载：按设定的下载日期，将门店发生的进销调存数据下载到指定的数据库里。

登录门店后台管理系统，进入"结转交换→数据下载"模块操作。

2.3.3 日结：日结的功能是结转保证了商品的进、销、调、存数据的完整性和连续性。

(1) 按商品核算方式和成本结转方式，生成当日的商品销售成本和毛利。

(2) 根据本日的期末数据生成下一日的期初数据。

2.4 门店常用报表查询

2.4.1 实时库存查询可以方便快速地查询商品的实时库存情况。进入"报表分析→进销存主题分析→实时库存"查询实时库存状况，如图实 5-12 所示。

2.4.2 进销存统计：提供了商品在企业内部各个流通环节上的综合数据。可以查询部门、柜组、供应商、多种商品方式、商品品牌、商品类型在查询分析期间商品进、销、存的数据。进入"报表分析→进销存主题分析→进销存统计"查询进销存统计，如图实 5-13 所示。

图实 5-12　实时库存查询

图实 5-13　进销存统计查询

2.4.3　**价格带统计**：以明细和图表的方式展示商品所有的价格带的销售的详情信息，以帮助相关人员分析商品价格销售占比情况。模块位置："报表分析→销售主题分析→价格带统计"，如图实 5-14 所示。

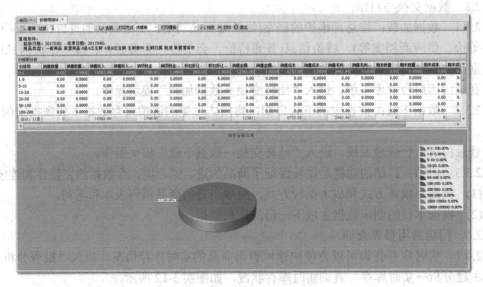

图实 5-14　价格带统计

实训五 门店其他日常操作与报表查询

2.4.4 时间带统计：以系统参数中设定的时间为计算单位，以明细和图标的方式统计门店商品的销售数量、销售笔数、销售金额及单价信息，以帮助相关人员分析统计门店的销售趋势。模块位置："报表分析→销售主题分析→时间带统计"，如图实 5-15 所示。

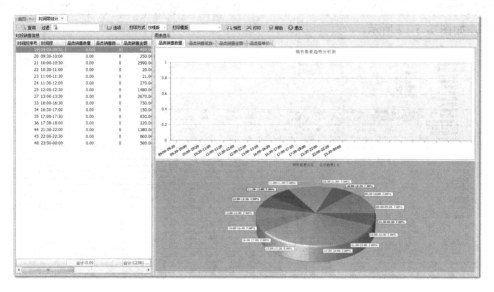

图实 5-15 时间带统计

2.4.5 毛利率/周转率统计：统计商品的毛利率和周转率情况，毛利率和周转率是反映企业情况的重要指标。模块位置："报表分析→销售主题分析→毛利率/周转率统计"，如图实 5-16 所示。

图实 5-16 毛利率/周转率统计

2.4.6 ABC 统计：按照销售额由高到低顺序排列的商品统计，一般前累计销售占比为 70%的为 A 类商品；次累计销售占比为 20%的为 B 类商品；后累计销售占比为 10%的为 C 类商品。查出畅销品明细后，要关注这些商品的库存、货源、陈列、贩卖、营销等情况，发现问题要及时调整解决，以提高销售量。模块位置："报表分析→销售主题分析→时间带统计"，如图实 5-17 所示。

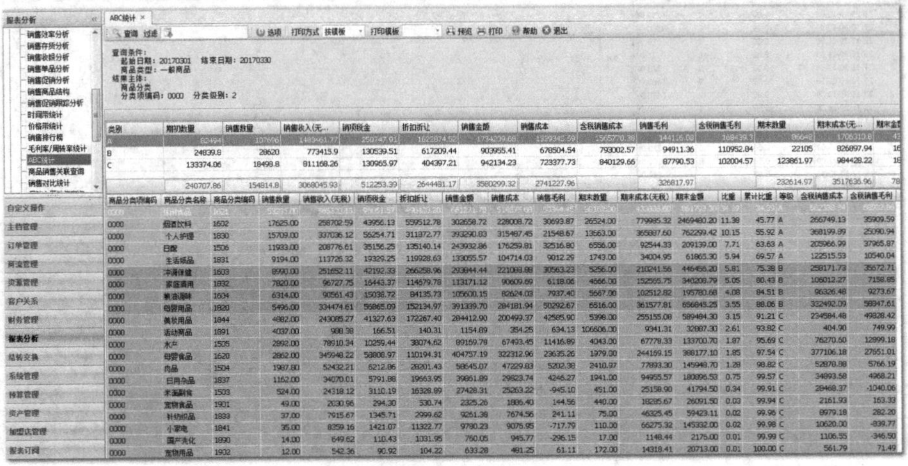

图实 5-17　ABC 统计

2.5　超市常见异常报表分析

2.5.1　进入淘汰商品，是指库存金额大于零且不准进货的商品。通过下架此类商品能有效地利用货架与库存空间，降低营运成本。模块位置："报表分析→异常报表→进入淘汰商品"，如图实 5-18 所示。

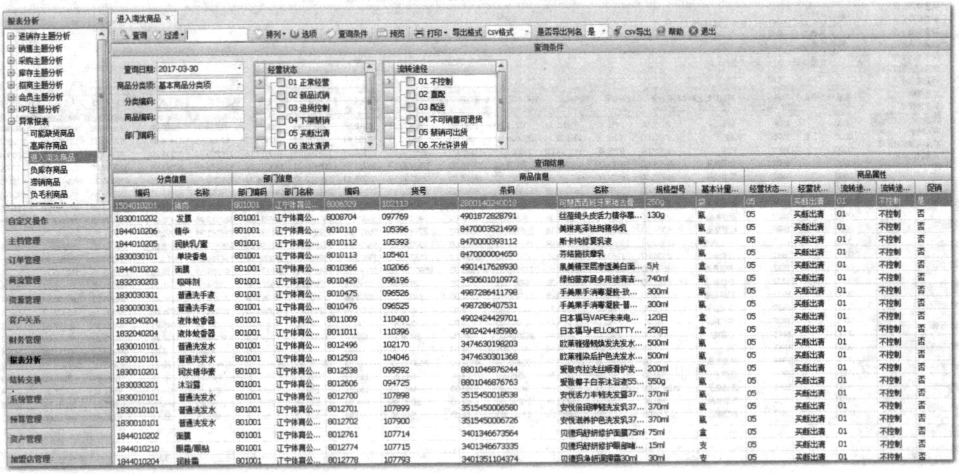

图实 5-18　淘汰商品查询

2.5.2 负库存商品,是指库存金额小于 0 的商品。通过查询出来的数据分析负库存商品产生的原因,可以对负库存商品及时进行处理,以使实物库存和账面库存同步,从而提升商品管理水准。

1) 负库存商品的产生原因
(1) 收货出现差错:
① 订单信息错误,订单下的是 A 商品,但供应商送过来的可能为相似的 B 商品。
② 数量问题:一种情况由收货员点数错误造成;另一种由信息员录入错误造成。
(2) 赠品问题,门店把赠品作为商品来销售,产生了负库存。
(3) 盘点出错,在定期的盘点中,出现了漏盘、错盘的情况。
(4) 整进分销,产生负库存。

2) 解决措施

通过跟门店主管沟通,调查出负库存原因,找出责任人,改正信息,解决问题。

3) 模块位置:"报表分析→异常报表→负库存商品",如图实 5-19 所示。

图实 5-19　负库存商品查询

2.5.3 滞销商品,是指库存金额大于零而且未销售天数大于滞销未销天数的商品。滞销商品查询的目的在于分析滞销商品产生的原因,及时处理滞销商品,充分发挥商品的价值。

一般的解决方案:不能退货的商品要做暂停进货,并通过对商品进行打折、促销、特殊陈列等手段,加速其销售;可退货商品要做暂停进货、停止销售,下架退货。每周跟进此问题,拿出解决措施。模块位置:"报表分析→异常报表→滞销商品",如图实 5-20 所示。

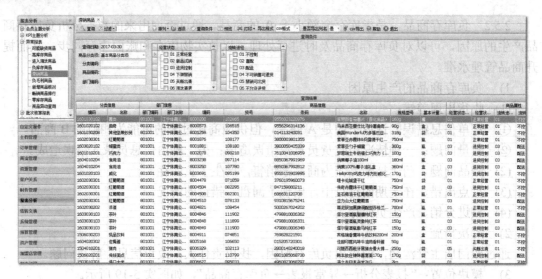

图实 5-20　滞销商品查询

2.5.4　负毛利商品，是指毛利小于 0 的商品，通过此报表分析负毛利商品产生的原因，及时处理异常的负毛利商品，以有效地控制商品毛利。模块位置："报表分析→异常报表→负毛利商品"，如图实 5-21 所示。

图实 5-21　负毛利商品查询

2.5.5　零库存商品，是指库存金额为零的商品。零库存商品查询的目的是及时处理零库存商品的补货。模块位置："报表分析→异常报表→零库存商品"，如图实 5-22 所示。

实训五 门店其他日常操作与报表查询

图实 5-22 零库存商品查询

实训六 配送中心日常管理

一、实训目标

(1) 理解企业设立配送中心的意义。

配送中心是连锁经营的重要环节。连锁超市主要是通过配送中心配送这一具体形式来体现配送的各项功能,通过对商品的配与送提高门店对顾客的服务,同时,配送中心的建立又为降低物流成本、开发利润源泉起到了巨大的作用。配送中心在整个连锁企业的管理运营中处于枢纽地位,是零售企业连接生产和消费、化解供需矛盾、降低时间和空间并产生经济效益的主要设施,具体表现为以下几个方面:

① 降低门店库容,扩大销售面积;
② 保障企业门店库存充足(可自由安排配送),加快库存周转,优化库存结构(调剂余缺);
③ 以集中采购方式,加大与供应商的议价能力;
④ 产品质量把关的闸口;
⑤ 建立门店与配送及供应商间良好的循环系统;
⑥ 降低企业运营成本和商品流通费用。

(2) 了解配送中心的一般组织架构及职能。

验收入货组:负责收取供应商到货,并将商品放到其相应的储位。

拣货组:将门店或者客户要货的商品从库区拣至出货区。

复核发货组:复核拣货组拣出商品的准确性,并做发货装车处理。

退货组:负责处理门店退货,并整理退货,退返供应商。

调运组:负责车辆的调度。

开票房:处理各种单据。

(3) 了解和掌握配送中心的配送、验收、退货、收货等流程。

(4) 了解和掌握配送中心的日常盘点及常用报表查询。

二、实训内容

(1) 了解和掌握配送中心的储位建立、储位商品对照等管理。
(2) 了解和掌握配送中心的验收流程。
(3) 了解和掌握配送中心的拣货发货流程。
(4) 了解和掌握配送中心的退货收货流程。

实训六 配送中心日常管理

(5) 了解和掌握配送中心的盘点流程。
(6) 了解和掌握配送中心日常的报表查询。

三、实训步骤

1. 配送中心储位及储位商品对照

1.1 老师登录配送中心后台管理系统,进入"主档管理→物流档案→存储区域档案",如图实 6-1 所示。录入区域:001 生鲜区,002 食品区,003 百货区,004 耗材区,005 其他区。

建立储位档案及储位商品对照,取学号的后 4 位作为储位编码,储位名称为(本人姓名)+A101[例:(程正星) A101],存储区域为食品或者百货。并将以本人学号为商品编码的商品与此储位建立对照关系。

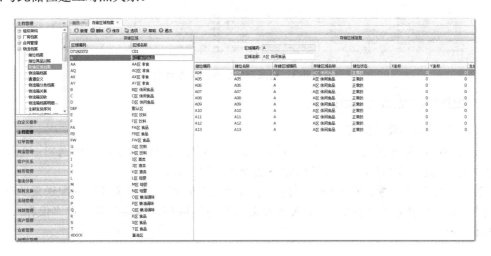

图实 6-1 存储区域档案录入

1.2 学生登录配送中心后台管理系统,进入"主档管理→物流档案→储位档案"模块,建立储位信息,如图实 6-2 所示。

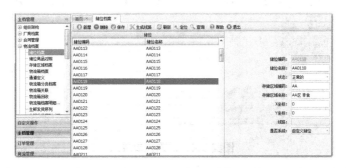

图实 6-2 储位信息建立

1.3 学生登录配送中心后台管理系统，进入"主档管理→物流档案→储位商品对照"，将商品与储位建立对照关系，如图实6-3所示。

图实6-3 商品与储位对照关系建立

2. 配送中心收货(供应商送货)

2.1 配送中心收货流程

配送中心收货流程为：采购订单录入→采购主管审核→供应商持订单送货→配送中心根据供应商送货数量调订单按储位验收→实物入库和上架。

2.1.1 学生登录配送后台管理系统，进入"订单管理→订单预处理→配送采购订单预处理"，单据类别选择"正常"，录入需要采购的商品编码、零头数量，点"保存"，如图实6-4所示。

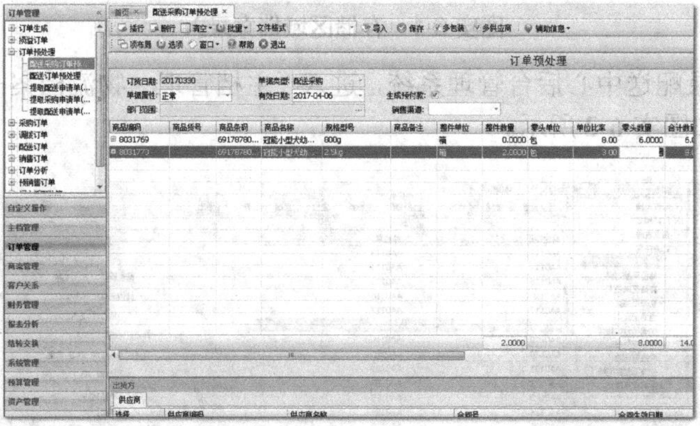

图实6-4 采购订单录入

2.1.2 老师登录配送后台管理系统，进入"订单管理→采购订单→采购订单确认"，订单类别选择"正常",查询所有的采购订单,选择需要确认的采购订单,点击"确认"按钮,如图实 6-5 所示。

图实 6-5 采购订单确认

2.1.3 老师和学生可登录配送后台管理系统,进入"订单管理→采购订单→采购订单明细查询",查询相应的采购订单信息,如图实 6-6 所示。

图实 6-6 采购订单明细查询

2.1.4 商品入库验收,学生登录配送后台管理系统,进入"商流管理→商品管理→商品验收→商品验收单"模块,输入送货的供应商信息,点左上角的"调订单",调入供应商的送货订单,选择订单,确定,根据实际的收货情况录入实际验收数量,并核对储位信息。若出现"该商品没有可对照的储位",需要检查是否未做商品储位对照,如图实 6-7 所示。

图实 6-7 商品入库验收

配送商品验收操作，直接于商品验收单模块录入商品验收单：供应商编码为00001，供应商名称为demo供应商，商品为商品编码为本人学号的商品，验收数量为200。

3. 商品退货(供应商退货)

3.1 配送直接退货给供应商

配送直接退货给供应商的流程为：退货订单录入→采购主管确认→供应商取货→物流中心根据退货数量调订单退货→财务自动生成退货货款。

3.1.1 学生登录配送中心后台管理系统，进入"订单管理→订单预处理→配送采购订单预处理"，单据类别选择"退货"，录入需要退货的商品编码、零头数量，点"保存"，如图实6-8所示。具体配送中心退货操作为，直接于商品退货单模块录入商品退货单：供应商编码为00001，供应商名称为demo供应商，退货商品为商品编码为本人学号的商品，退货数量为20。

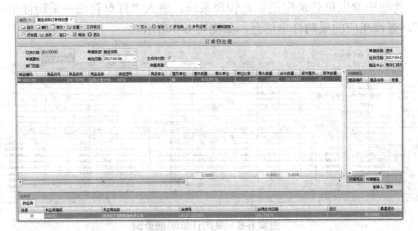

图实6-8 商品退货申请

3.1.2 退货采购订单审核。老师登录总部或者配送后台管理系统，进入"订单管理→采购订单→采购订单确认"，订单类别选择"退货"，查询所有的退货采购订单，选择需要确认的退货采购订单，点击"确认"按钮，如图实6-9所示。

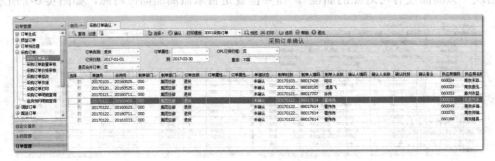

图实6-9 退货订单审核确认

3.1.3 老师和学生可登录总部或者配送中心后台管理系统,进入"订单管理→采购订单→采购订单明细查询",查询相应的退货采购订单信息,如图实 6-10 所示。

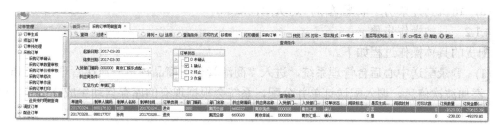

图实 6-10　退货采购订单查询

3.1.4 商品退货单录入。学生登录配送中心后台管理系统,进入"商流管理→商品管理→商品验收→商品退货单"模块,输入退货的供应商信息,点左上角的"调订单",调入供应商的退货采购订单,选择订单,确定,根据实际的退货情况录入实际退货数量,如图实 6-11 所示。

图实 6-11　退货单录入

4. 配送中心向门店配货

4.1 配送中心配货流程

配送中心配货流程为:建立波次→调配送订单→生成拣货单拣货→拣货确认→发货。
波次实际上指的是配送中心一天发货的次数,通过波次管理可以控制每个波次发货的门店数。

4.1.1 配送中心发货流程

配送中心发货流程包括以下几个步骤:
(1) 开票房在规定时间建立拣货波次;
(2) 调取配送订单,集中分配,打印拣货单;
(3) 拣货组凭拣货单拣货,并将货放至出货区;
(4) 复核组对拣出的商品进行复核作业,如果拣出的商品存在差异,则做拣货差异处理。处理差异完毕确认单据,打印拣货确认交接表,此时装车可以同步进行;

(5) 复核员打印拣货确认交接表并交至开票房，开票房根据交回的拣货确认交接表对相应的门店进行发货操作，并到配送单明细查询或者批销明细查询模块打印相关单据；

(6) 司机到开票房拿取配送单，送货至门店。

4.1.2 具体操作步骤

配货的具体操作过程如下。

(1) 登录配送中心后台管理系统，进入"商流管理→商品拣货→波次管理"，点击"新增"，添加波次信息，调入配送订单并分配，系统会根据现有的库存自动生成拣货单，如图实 6-12 所示。

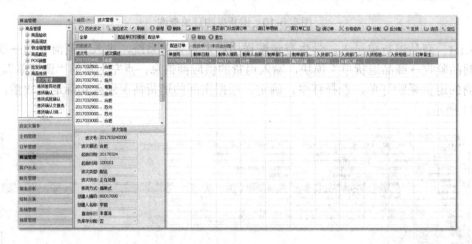

图实 6-12　拣货单生成

(2) 拣货组通过"商流管理→商品拣货→拣货单打印"模块，打印拣货单并去现场拣货，将商品拣至出货区。拣货单如图实 6-13 所示。

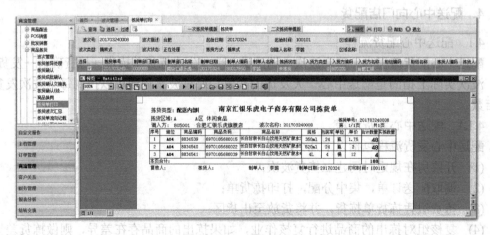

图实 6-13　拣货单

实训六 配送中心日常管理

(3) 复核组对拣出的商品进行复核作业，如果拣出的商品存在差异，则通过"商流管理→商品拣货→拣货单差异处理"，确认实际的拣货数量。核对无误后进入"商流管理→商品拣货→拣货确认"进行确认，如图实 6-14 所示。

商品配送于配送中心差异处理模块录入以下信息：单据类型：配送；部门：校内超市；商品编码为本人学号的商品；数量为 9 个。

图实 6-14 拣出商品复核作业

(4) 开票房根据当前的实际拣货单，点发货操作，并打印配送单交至司机。商品配送单如图实 6-15 所示。

序号	商品编码	商品条码	商品名称	单位	整件	零头	调发数量	含税单价	含税金额	备注
1	8000164	9556437003219	可康牌荔枝味果冻(果味型)	盒	1		36.00	4.80	172.80	
2	8000165	9556437003226	可康牌甜橙味果冻(果味型)	盒	1		36.00	4.80	172.80	
3	8000166	9556437003233	可康牌芒果味果冻(果味型)	盒	1		36.00	4.80	172.80	
4	8000167	9556437003493	可康牌多果味果冻(果味型)(纸加多果果肉)236g	盒	1		36.00	5.00	180.00	
5	8000168	9556437003721	可康牌味果冻(哈密瓜果肉)	盒	1		36.00	5.00	180.00	
6	8000169	9556437005619	可康牌菠萝味果冻(果味型)	盒	1		36.00	5.00	180.00	
7	8000242	9331275000145	瑞丹多威化卷心酥(巧克力香橙味)150g	罐	1		24.00	15.50	372.00	
8	8002344	8998001355602	爱时乐巧克力味威化卷心酥330g罐装	罐	2		24.00	21.80	523.20	
9	8004754	6953029710143	喜力330ml(瓶)	袋	1		24.00	7.90	189.60	
10	8004755	5410316518536	斯米诺伏特加750ml	袋	1		12.00	50.00	600.00	
11	8004777	4001187005778	狩猎神白啤酒568ml	包	3		72.00	6.50	468.01	
12	8004778	4001187005785	狩猎神黑啤酒568ml	包	3		72.00	6.50	468.01	
13	8004803	5412858000081	罗斯福8号啤酒	盒	2		48.00	15.00	720.00	
14	8007960	9556437002632	可康牌芒果味果冻80g*3	板	1		32.00	5.00	160.00	
15	8007961	9556437002656	可康荔枝椰果果冻80g*3	板	1		32.00	5.00	160.00	
16	8014496	9330615055909	morningfresh洗洁精柠檬400ml	瓶	1		12.00	19.70	236.40	
17	8017538	8001110016303	帝萨诺力娇酒	瓶	1		6.00	86.00	516.00	
18	8017543	3012993024922	卡夫卡朗姆白	瓶	1		6.00	65.00	390.00	
19	8023056	3475380044857	法国波尔多梦丹庄园干红	瓶	3		18.00	95.00	1710.00	
20	8023060	3475380055747	法国梦丹干白葡萄酒	瓶	2		12.00	95.00	1140.00	
21	8023220	4711617420797	台竹乡旋风棒棒糖	件	2		24.00	19.00	456.01	
22	8023296	4715219779055	台竹乡芒果醇	盒	1		15.00	20.70	310.50	
23	8023471	3211203426956	圣雷奥酒庄酒	瓶	1		10.00	183.20	1832.00	
24	8023490	3308440058603	尚蓝男爵干红	瓶	30		180.00	35.00	6300.00	
25	8025541	9311043054785	夏迪诺丁山卡西红葡萄酒	瓶	2		48.00	30.40	1459.20	
26	8025545	4003310012554	德国丹赫低泡葡萄酒	瓶	1		24.00	23.20	556.80	
27	8025546	8436032033457	衣倍丽EKOSAN除绳良衣浆保湿清洁攻提升型3L	瓶	4		16.00	34.00	544.00	
28	8025547	8436032033341	衣倍丽EKOSAN除绳良衣浆保湿箱绳地去阳鸟香型3L	瓶	6		24.00	34.00	816.00	
29	8025548	8436032033464	衣倍丽EKOSAN除绳良衣浆白色衣物特清香型3L	瓶	6		24.00	34.00	816.00	
30	8025549	8436032033471	衣倍丽EKOSAN除绳良衣浆彩色衣物自然在客型3L	瓶	6		24.00	34.00	816.00	
31	8025550	8436032037240	花香驿浓缩洗衣凝珠570g	盒	2		16.00	26.00	416.00	
32	8025551	8436032037257	花香驿浓缩洗衣凝珠儿童装427.5g	盒	1		6.00	26.00	156.00	
33	8026260	4897032669079	露安适婴儿乐享甜睡纸尿裤(L码)	件	1		4.00	135.96	543.84	
34	8026261	4897032669093	露安适婴儿乐享甜睡纸尿裤(XL码)	件	1		8.00	135.96	1087.68	

图实 6-15 商品配送单

5. 商品退货收货流程(门店退货至配送中心)

5.1 退货收货流程

退货收货流程如图实 6-16 所示。

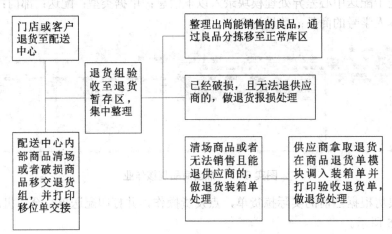

图实 6-16 退货收获流程

5.2 退货收货操作步骤

5.2.1 配送中心退货操作，进入"商流管理→商品管理→商品退货→退货收货→退货(配送)收货"，录入需要退货的部门编码以及需要退货的商品信息，一般是通过调订单直接调取门店申请生成的配送退货订单生成退货单信息。若无订单，则直接录入商品及退货数量信息。录入完后，点"确认"，商品自动分配至退货区，如图实 6-17 所示。

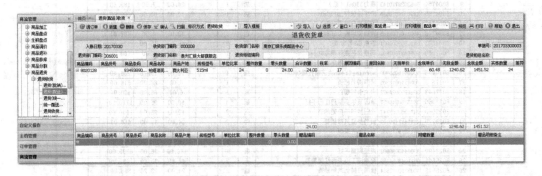

图实 6-17 退货单生成

5.2.2 配送退货商品处理

(1) 良品分拣：退回的商品仍可以当正常商品处理，将退货区 99999999 中的良品移到正常储位，生成移位单。进入"商流管理→商品管理→商品退货→退货商品处理→退货良品分拣单"，调退货收货或者手工录入需要分拣的商品，选择移入的正常的储位和数量，如图实 6-18 所示。

配送退货(收货)处理，于退货(配送)收货模块，选择退货部门：校内超市；退货商品编码为本人学号的商品；数量为 99 个；并于退货良品分拣单模块将此商品移至正常储位。

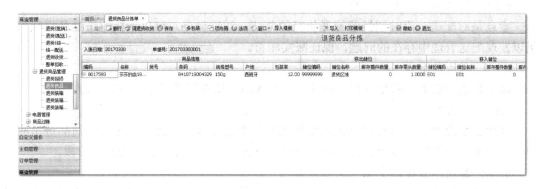

图实 6-18　退货良品分拣

(2) 退货装箱：将退货储位 99999999 需要退给供应商的商品进行系统装箱，方便在商品退货模块中用调装箱将退货商品调出。进入"商流管理→商品管理→商品退货→退货商品管理→退货装箱"模块，录入需要退货装箱的供应商及商品信息，如图实 6-19 所示。

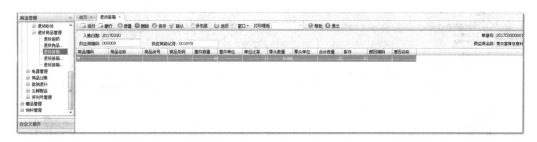

图实 6-19　退货装箱确认

(3) 退货报损：录入退货区 99999999 中需要报损的商品，生成损溢单。进入"商流管理→商品管理→商品退货→退货商品管理→退货报损"模块，录入需要报损的退货区商品信息，如图实 6-20 所示。

图实 6-20　退货报损

6. 商品盘点与损溢

6.1 商品盘点

6.1.1 配送中心盘点的目的

盘点是对配送一段时期经营管理状况的总结,通过盘点,可以考核配送商品损耗率,借以发现配送管理中存在的问题,保证账实相符。

6.1.2 盘点前准备

确定盘点负责人、初复盘组、审核组、输入组、稽查组及盘点前货位整理工作。

6.1.3 盘点阶段

仓库在盘点开始至所有商品盘点结束期间不得进行货物进出,临时性的商品进出应征得主管同意。一般需要经历初盘→复盘→录入→找差异→盘点正式结转几个阶段。

6.1.4 配送中心盘点步骤

(1) 盘点设置:设置盘点的日期及盘点区域信息,进入模块位置"商流管理→商品盘点→盘点设置"操作,如图实 6-21 所示。

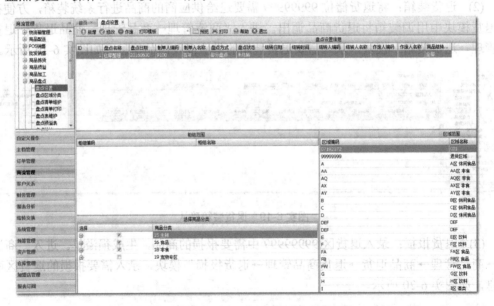

图实 6-21　盘点日期与区域信息设置

(2) 盘点表维护:录入实盘数量,进入模块位置"商流管理→商品盘点→盘点表维护"操作,如图实 6-22 所示。

(3) 盘点损溢表:盘点损溢表的主要作用是在转损溢之前,反映实盘数和账面数量的差异情况即损溢结果,依据损溢结果追查损溢产生的原因。通过盘点损溢可以对整个损溢情况做一个了解,以便确定损溢是否正常,如有不正常可再次复核及查找异常损溢的原因,及时调整。进入模块位置"商流管理→商品盘点→盘点损溢表"操作,如图实 6-23 所示。

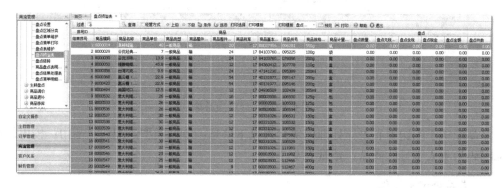

图实 6-22　盘点表维护

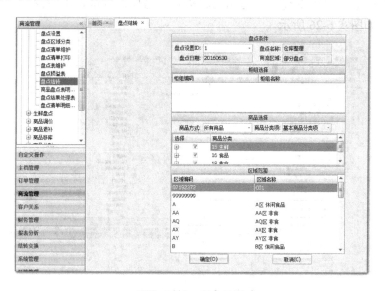

图实 6-23　盘点损溢表

(4) 盘点结转:盘点结转,形成正式损溢,进入模块位置"商流管理→商品盘点→盘点结转"操作,如图实 6-24 所示。

图实 6-24　盘点结转

6.2 商品损溢单

学生登录配送中心后台管理系统,进入"商流管理→商品管理→商品损溢→商品损溢单"模块,录入需要损溢的商品信息,如图实 6-25 所示。负数表示损溢,以红色字体显示;升溢则默认字体显示,保存确认。

配送商品损溢操作:录入商品损溢单,商品为商品编码为本人学号的商品,损溢类型为普通损溢,损溢数量为 5 个。

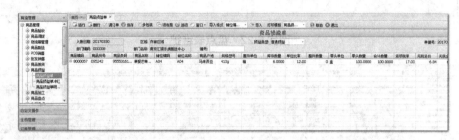

图实 6-25　盘点损溢单

商品配送于配送中心差异处理模块录入以下信息:单据类型:配送;部门:校内超市;商品编码为本人学号的商品;数量为 9 个。

7. 常用查询及操作

7.1 商品查询

学生登录配送后台管理系统,进入"主档管理→商品档案→商品浏览"模块,输入需要查询的商品信息,可以查询商品的编码、条码、名称、进价、供应商、合同、控制信息等相关信息,如图实 6-26 所示。

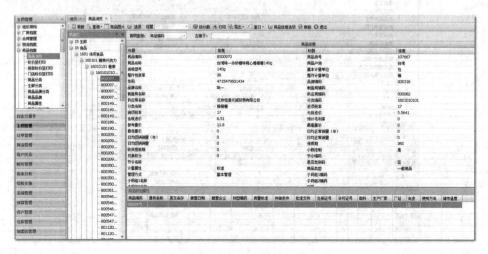

图实 6-26　商品信息查询

7.2 数据交换与日结

7.2.1 数据加载：将总部维护的档案(如新增商品档案、变更商品的进价、供应商档案等)、门店做的配送订单等数据加载到配送中心数据库中。

登录配送中心后台管理系统，进入"结转交换→数据加载"模块操作，如图实 6-27 所示。

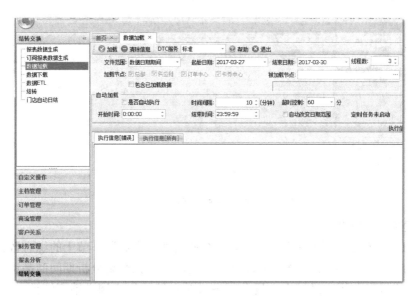

图实 6-27　数据加载

7.2.2 数据下载：按设定的下载日期，将配送发生的进销调存数据下载到指定的数据库里。

登录配送中心后台管理系统，进入"结转交换→数据下载"模块操作，如图实 6-28 所示。

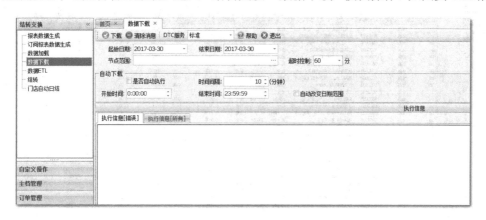

图实 6-28　数据下载

7.2.3 日结
日结：日结的功能是通过结转保证商品的进、销、调、存数据的完整性和连续性。

日结的步骤如下：

(1) 按商品核算方式和成本结转方式，生成当日的商品销售成本和毛利；

(2) 根据本日的期末数据生成下一日的期初数据。

日结如图实 6-29 所示。

图实 6-29　日结

7.3　配送常用报表查询

7.3.1 进销存统计
进销存统计：该统计提供商品在企业内部各个流通环节上的综合数据。可以查询部门、供应商、多种商品方式、商品品牌、商品类型在查询分析期间商品进、销、存的数据。进入"报表分析→进销存主题分析→进销存统计"查询进销存统计，如图实 6-30 所示。

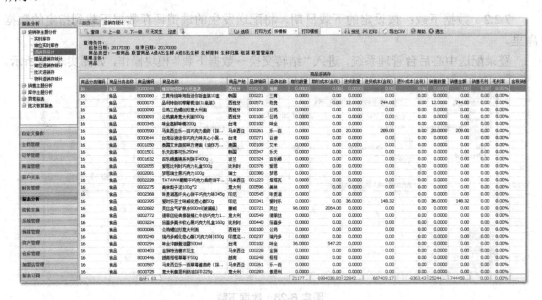

图实 6-30　进销存统计

7.3.2 实时库存：查询配送中心商品的实时库存信息，进入"报表分析→进销存主题分析→实时库存"操作，如图实 6-31 所示。

图实 6-31 实时库存查询

7.3.3 储位实时库存：查询配送中心商品的所有储位实时库存信息，进入"报表分析→进销存主题分析→储位实时库存"操作，如图实 6-32 所示。

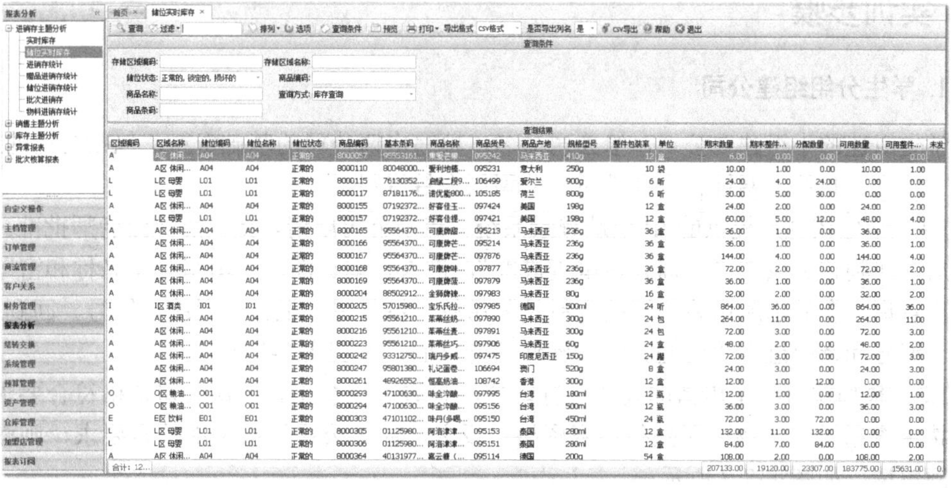

图实 6-32 储位实时库存查询

实训七　经营决策实训准备

一、实训目标

(1) 成立公司，了解业态类型和经营结构。
(2) 了解经营决策的市场环境和经营政策。
(3) 了解经营规则和后台竞赛评价指标。
(4) 模拟决策前软件认知。

二、实训内容

(1) 学生每 3~5 人组成一组，建立公司。
(2) 教师介绍商业企业经营环境和经营规则。
(3) 了解和掌握配送中心的拣货发货流程。
(4) 了解和掌握配送中心的退货收货流程。
(5) 了解和掌握配送中心的盘点流程。
(6) 了解和掌握配送中心日常的报表查询。

三、实训步骤

1. 学生分组组建公司

学生组建的小组建立公司，给公司命名，填写申请公司的基础资料，包括公司的地址、电话、传真、邮箱、网址、企业性质、公司简介等资料。

1.1 学生按教师提供的 IP 地址登录系统，点击公司申请。提交后，由老师批准。老师审批后，回到首页点击"查询公司审查进度"，进入查询页面，再填写公司名称和密码，点击送出查询，会显示所申请公司的资料及公司统一编号等，记住公司统一编号，回到首页，以统一编号和密码进入"流通大师"软件功能页面，如图实 7-1 所示。

1.2 教师端对学生申请的公司进行审核，签署审核意见。如该公司资格符合要求，教师可按审查通过，即该公司获得参赛资格；反之，如该公司资格未能符合要求，则教师可按驳回申请，如图实 7-2 所示。

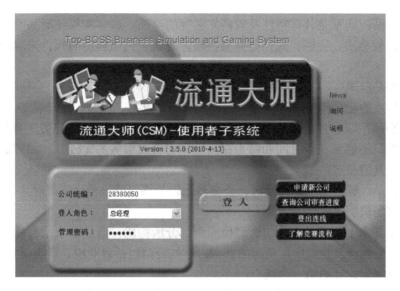

图实 7-1　CSM 子系统界面

图实 7-2　竞赛管理系统流程

2. 经济环境介绍

2.1　名词定义及说明

2.1.1　各类商品的定义

(1) 特定品：针对特殊节庆或需求的商品如中秋礼品、情人节礼盒等。

(2) 特殊品：通常是具有特性及较高知名度的产品，顾客购买此商品时，会花许多精力与时间来比较品质、价格、式样等商品特质，也愿意付出较多的代价来取得，如相机、计算机等。

(3) 选购品：顾客购买此商品时，有"货比三家不吃亏"的心态，会比较品质、价格、式样等商品特质的后再作出决定。如冰箱、洗衣机、家具、服装、运动鞋等。

(4) 便利品：顾客对此商品的需求是经常的、立即的，因此在购买此类产品时，以方便为首要条件，不愿意花费时间和精力在品质、售价或服务的比较上，如香烟、肥皂、零食、毛巾、文具用品等。

(5) 特价品：顾客购买此商品时，会强烈比较价格，或等价格下降时才购买。

2.1.2 市场机制说明

市场机制基本上由商品需求与资源供应两部分所构成。商品需求指商品在市场的需求状况；资源供应则涉及企业所需资源的获得，这些资源包括营业税、资金借贷与商品采购。市场机制是本赛局设计的第一个核心。

商品需求包括各竞赛企业所拥有的门市甲、门市乙、门市丙在各区域销售特定商品群、特殊商品群、选购商品群、便利商品群、特价商品群的状况。各类商品在各区域有不同价格与数量的需求状况，其需求曲线表现为需求总量随商品定价的下降而增加，如图实 7-3 所示。但是需求曲线并非固定不变，这条曲线会受市场规模度、市场需求度、价格偏好度、品质偏好度、品牌偏好度、促销偏好度、忠诚偏好度及服务偏好度等状况的影响而改变。

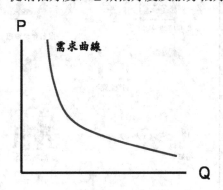

图实 7-3 市场需求曲线图

市场规模度：市场对商品的需求量大致由商品定价所决定，但赛局的市场总量规模设定将左右市场对商品的总需求量，即参与赛局的竞赛企业数量决定此商品的总需求量，参与企业多，市场对商品的总需求量即多，参与企业少，市场对商品的总需求量即少。

(1) 市场需求度：各区域对商品的需求程度值。商品的总需求量虽已确定，但此商品在各区域应有不同的需求度，例如特定商品群在门市甲、门市乙、门市丙的需求度可能为 20%、35%、45%，总需求度为 100%。

(2) 市场规模度及市场需求度虽已决定各区域市场对商品的需求量,但此区域消费者对价格、品质、品牌、促销、忠诚及服务等因素的偏好度会有所差异,也就是说实际的市场需求量会受这些偏好度的改变而调整。

(3) 价格偏好度:各区域市场对商品价格的重视程度值。

(4) 品质偏好度:各区域市场对商品品质的重视程度值。

(5) 品牌偏好度:各区域市场对广告及促销方式诉求的重视程度值。

(6) 促销偏好度:各区域市场对广告及促销方式诉求的重视程度值。

(7) 忠诚偏好度:各区域市场对门市拥护的程度值。

(8) 服务偏好度:各区域市场对门市服务的重视程度值。

3. 成本的构成项目和说明

成本的构成项目和说明如表实 7-1 所示。

表实 7-1 成本的构成项目和说明

	项 目	说 明
1	门市固定成本	门市每期的平均营运费用(元/期),此值由教师设定
2	门市变动成本	除门市固定成本,门市于销售所产生奖金、加班费、服务等变动的费用(元/期),其值为营业额的某比例值,比例值由教师设定
3	采购管理费	总公司及门市以类别计算采购商品的管理费用(元/期),此值由教师设定。但总公司及门市的采购管理费未必相同
4	银行利息	请参照市场机制
5	营业税	请参照市场机制
6	广告及促销费	运用广告促使销售主题被消费者知悉的费用(元/期)。促销方式分为以下几种:①周年庆;②换季;③特价季;④无促销。每期于其中四选一,周年庆每年得选一次、换季每年得选二次、其他不限,总公司需依据不同的促销方式,以营业目标的一定比例付出最低广告及促销费(元/期),此最少广告及促销费的值由教师设定。若为提高促销影响力,企业可增加广告及促销费
7	服务训练费	运用教育训练提升店员服务水准的费用(元/期),服务水准提升多少与服务训练费的多寡成正比,此比例值由教师设定
8	采购费用	采购各类商品的进货费用,厂商供货商品的单价随采购量的增加而降低,此商品的供应曲线值由教师设定
9	库存管理费	商品未售完存放于仓库的管理费用(元/期),随商品的平均购入成本(元/份)的比例值而变动,此比例值由教师设定

4. 软件基本规则介绍

4.1 价格订定

各产品的计划销售价格如图实 7-4 所示。

计划销售价格	总公司	门市甲	门市乙	门市丙
A产品	910			
B产品	550			
C产品		160	130	12
D产品		160	130	12
E产品		160	130	12

图实 7-4　计划销售定价

(1) 各商品的价格订定，若大于其他公司的平均价格三成，则无法销售任何数量，即销售量为零。

(2) 上面所填的数字皆为基准参考值，可以随公司经营策略而改变。

(3) 总公司决定 A 与 B 商品的三个门市的统一定价。

(4) 其余门市皆由个别店长决定各商品价格。

各类商品的性质及门市所在区域如表实 7-2 所示。

表实 7-2　商品性质及门市所在区域

A 商品	B 商品	C 商品	D 商品	E 商品
特定商品	特殊商品	选购商品	便利商品	特价商品
门市甲		门市乙		门市丙
位于高收入群体区		位于中收入群体区		位于低收入群体区

4.2 商品采购量订定

商品的计划采购量如图实 7-5 所示。

计划采购量	门市甲	门市乙	门市丙	合计数量	平均进货单价	采购总金额
A产品				1200	500	600000
B产品				900	325	292500
C产品	6000	6000	6000	18000	95	1710000
D产品	15000	15000	15000	45000	33	1485000
E产品	120000	120000	120000	360000	5	1800000
					合计	5887500

图实 7-5　计划采购量

(1) 平均进货单价决定于采购数量的多寡。价格与数量的关系如表实 7-3 所示。

表实 7-3　采购价格与数量的关系　　　　　　　　　　　　　　　　单位：元

采购价格		基准价	第一级价	第二级价	第三级价	第四级价
	A	540	520	500	480	470
	B	325	310	305	290	275
	C	105	100	95	90	82
	D	37	35	33	30	25
	E	8	8	7	6	5
采购数量门槛		基准价	第一级价	第二级价	第三级价	第四级价
	A	<300	301~600	601~1500	1501~2400	>2400
	B	<1500	1501~2500	2501~3500	3501~4500	>4500
	C	<3000	3001~5000	5001~8000	8001~10 000	>10 000
	D	<6000	6001~10 000	10 001~16 000	16 001~20 000	>20 000
	E	<9000	9001~20 000	20 001~30 001	30 001~50 000	>50 000

(2) 总公司决定 A 与 B 商品统一采购量与各门市分配量。
(3) 其余门市皆由个别店长决定各商品采购量。
(4) 采购总金额为采购单价与采购数量的乘积。

4.3　商品计划销售量订定

商品计划销售量如图实 7-6 所示。

计划销售量	门市甲	门市乙	门市丙	合计数量	销售收入	本期预计库存数量
A产品	400	400	400	1200	1092000	1200
B产品	300	300	300	900	495000	900
C产品	6000	6000	6000	18000	1812000	18000
D产品	15000	15000	15000	45000	4530000	45000
E产品	12000	12000	12000	36000	3624000	360000
				合计	11553000	

图实 7-6　计划销售量

(1) 各商品的销售量的确定，皆不能大于本期预计库存数量。
(2) 起始出现在决策页面上的数字皆为基准参考值，可随公司经营策略而改变。
(3) 销货收入为计划销售量与计划销售价格的乘积。

4.4　商品促销方式

商品促销方式如图实 7-7 所示。

图实 7-7 促销方式

(1) 促销共有三种方式可供选择，周年庆、换季、特价，不管选取哪种方式，皆必须额外加上一笔广告促销的费用。额外值为原本广告促销费的倍数，选取周年庆为 2 倍，换季为 1.8 倍，特价为 1.6 倍。各种方式的选择对于各市场的市场需求有不同的加乘效果。

(2) 起始出现在决策页面上的数字皆为基准参考值，可随公司经营策略而改变。

(3) 销售收入(销售额) = 计划销售量 × 计划销售价格

4.5 决策依据及重要参考数据

(1) 市场规模：三家门市合计约有 15 000 000 元营业额。

(2) 可动用资金：每家公司起始都有 15 000 000 元现金。

(3) 固定费用：总公司：150 000 元；甲门市：400 000 元；乙门市：350 000 元；丙门市：300 000 元。

(4) 采购管理费用：总公司：200 000 元。(每项产品)管理端的设定值可变动。

(5) 促销活动费：0~3 000 000 元。

(6) 员工训练费：0~1 000 000 元。

(7) 营利事业所得税率：10%~40%。

(8) 库存管理成本率：1%；管理端的设定值可变动。

(9) 门市变动成本率：5%；管理端的设定值可变动。

(10) 市场需求度：如表实 7-4 所示。

表实 7-4　市场需求度

项　目	A 商品	B 商品	C 商品	D 商品	E 商品
甲门市	1	3	1	2	4
乙门市	1	3	1	2	3
丙门市	1	4	1	2	3

(11) 市场偏好度：如表实 7-5 所示。

表实 7-5　市场偏好度

项　目	价　格	品　质	品　牌	活　动	服　务	忠　诚
甲门市	1	3	3	1	2	1
乙门市	2	3	2	2	2	1
丙门市	3	2	2	3	2	1

(12) 影响促销的参考权重：如表实 7-6 所示。

表实 7-6　影响促销的参考权重

项目别	立地别	A 商品	B 商品	C 商品	D 商品	E 商品
周年庆	门市甲	2	2	3	3	1
	门市乙	2	2	3	3	1
	门市丙	2	2	3	3	1
换季节庆	门市甲	2	3	4	1	1
	门市乙	2	3	4	1	1
	门市丙	2	3	4	2	1
特价	门市甲	2	2	2	2	1
	门市乙	2	2	2	2	1
	门市丙	2	2	2	2	1
无促销	门市甲	0	0	0	0	0
	门市乙	0	0	0	0	0
	门市丙	0	0	0	0	0

(13) 售价基准：如表实 7-7 所示。

表实 7-7　售价基准

A 商品	B 商品	C 商品	D 商品	E 商品
880	500	140	46	7

(14) 毛利率基准：如表实 7-8 所示。

表实 7-8　毛利率基准

A 商品	B 商品	C 商品	D 商品	E 商品
约 40%	约 35%	约 25%	约 20%	约 10%

(15) 进价基准：如表实 7-9 所示。

表实 7-9　进行基准

项　目	A 商品	B 商品	C 商品	D 商品	E 商品
消费者价	800	450	120	40	6.8
基准价	540	330	110	38	6.3
第一阶级	530	325	107	36	6.2

续表

项 目	A商品	B商品	C商品	D商品	E商品
第二阶级	520	320	104	34	6.1
第三阶级	510	315	101	32	6
第四阶级	500	310	98	30	5.9
第五阶级	490	305	95	28	5.8
第六阶级	480	300	92	26	5.7
第七阶级	470	295	89	24	5.6
第八阶级	460	290	86	22	5.5
第九阶级	390	240	75	15	4.9
第十阶级	330	190	60	13	4.1

(16) 进货数量门槛：如表实 7-10 所示。

表实 7-10　进货数量门槛

项 目	A商品	B商品	C商品	D商品	E商品
消费者价	100 以下	500 以下	5000 以下	30 000 以下	50 000 以下
基准价	>100	>500	>5000	>30 000	>50 000
第一阶级	>200	>700	>6000	>50 000	>90 000
第二阶级	>300	>900	>7000	>70 000	>130 000
第三阶级	>400	>1100	>8000	>90 000	>170 000
第四阶级	>500	>1300	>9000	>110 000	>210 000
第五阶级	>600	>1500	>10 000	>130 000	>250 000
第六阶级	>700	>1700	>11 000	>150 000	>290 000
第七阶级	>800	>1900	>12 000	>170 000	>330 000
第八阶级	>900	>2100	>13 000	>190 000	>370 000
第九阶级	>1500	>3500	>25 000	>300 000	>500 000
第十阶级	>2500	>6000	>40 000	>500 000	>800 000

实训八 经营决策 PK 模拟赛

一、实训目标

(1) 使学生熟悉商业经营环境。

(2) 锻炼学生运用商品流通理论、批发管理、零售管理、市场营销管理、会计学等知识经营一家连锁商业企业的能力。

(3) 锻炼学生制定商业企业的定价策略、采购策略、营销策略等方面的能力。

二、实训内容

(1) 教师设置竞赛经营环境。

(2) 学生了解竞赛环境、市场各类报表和竞赛评价指标。

(3) 学生制定商品价格、商品采购量、计划销售量、促销方式、广告费投入和员工培训费用等 45 个决策值。

(4) 学生试做春、夏、秋、冬一年四季的经营决策竞赛。

三、实训步骤

1. 教师设置竞赛经营环境

1.1 教师进入竞赛管理员首页点击"公司管理",可以对各参赛公司的资格进行审查,如该参赛公司资格符合要求,可按审查通过,即该公司获得参赛资格;反之,如该公司资格未能符合要求,则可按驳回申请,如图实 8-1 所示。

图实 8-1 参赛资格审查

1.2 教师审核公司后选择"产生竞赛",给该竞赛(或课程)命名并填写本次课程所要作出的说明(如做几期、每期多长时间等)。

1.3 课程名称和模式确定后,老师就可开始定义商品类型。

(1) 设定经营环境,如图实 8-2 所示。

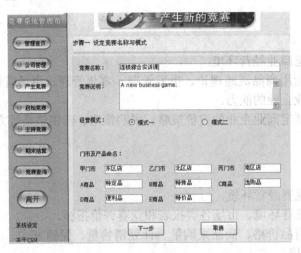

图实 8-2 竞赛名称与模式设定

(2) 对总体市场经济环境如市场规模、产品季节指数、市场利率、所得税率进行设定,如图实 8-3 所示。

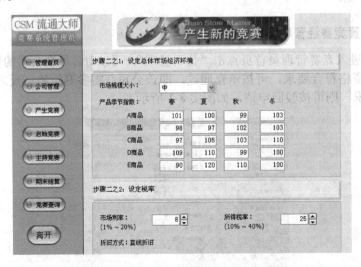

图实 8-3 总体市场经济环境设定

(3) 对产业背景环境如员工服务训练递延效果、五种商品的行销活动影响、价格弹性进行设定,如图实 8-4 所示。

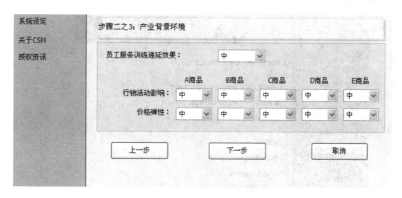

图实 8-4　产业背景环境设定

(4) 教师要确定竞赛评分标准，可选择 EVA 加总值来评比，也可选择综合评价指标来评比，如图实 8-5 所示。

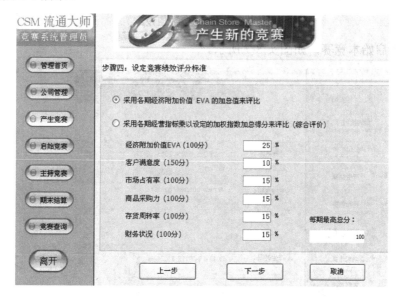

图实 8-5　竞赛绩效评分标准确定

(5) 最后，教师需对设置的竞赛经营环境指标进行确认，如图实 8-6 所示。

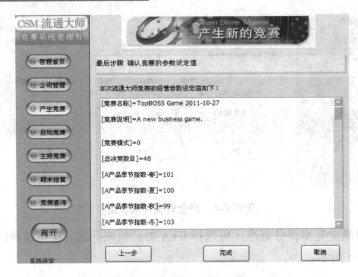

图实 8-6　竞赛参数值设定

(6) 点击启始本竞赛，如图实 8-7 所示。

图实 8-7　启始本竞赛

(7) 系统自动产生竞赛的名称，如图实 8-8 所示。

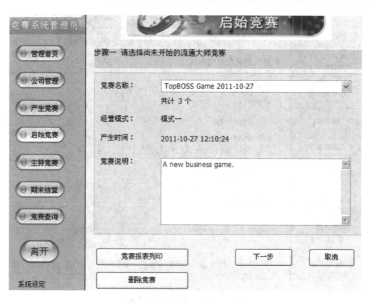

图实 8-8　竞赛名称生成

(8) 选择参赛的公司，每个竞争环境企业数量为 2～10 家，如图实 8-9 所示。

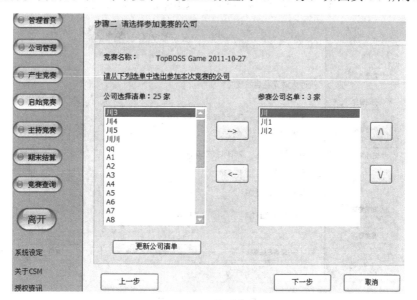

图实 8-9　参加竞赛公司的选择

(9) 竞赛可以预先设置起止时间，也可直接点击开始竞赛，如图实 8-10 所示。

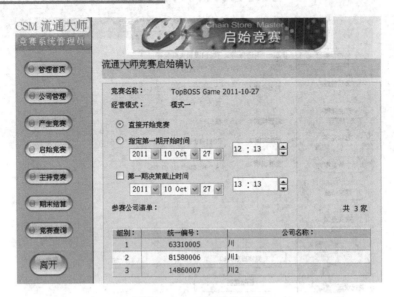

图实 8-10　竞赛启始确认

(10) 点击开始主持本竞赛，这样，竞赛就开始了。学生端可以登录到竞赛中逐项了解竞争的环境、规则等内容，进行经营决策制定，如图实 8-11 所示。

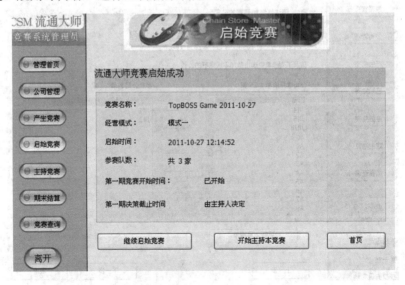

图实 8-11　启始竞赛

(11) 第一期竞赛对应的是春季经营决策，依此类推，后面就是夏、秋、冬季决策，每次竞赛可以支持公司连续 4 年 16 个季度的经营决策，如图实 8-12 所示。

实训八　经营决策 PK 模拟赛

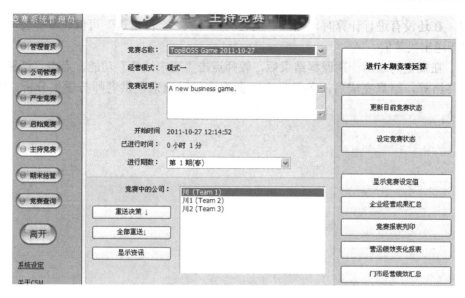

图实 8-12　本期竞赛运算

1.4　课程或竞赛开始，老师等待参赛公司送出决策。当所有公司全部送出决策后，点击"进行下期竞赛运算"进行计算。计算完后点击"企业经营成果汇总"生成经营报表并交给各公司分析，本期竞赛结束，下期开始。如图实 8-13 所示。

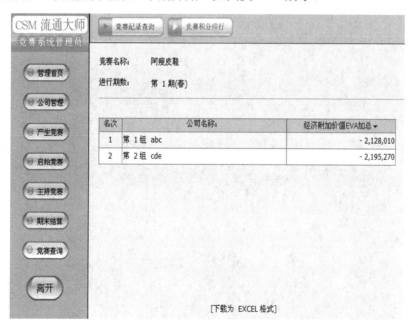

图实 8-13　最终结算

1.5 在还没有进行计算时，点击"重送决策"或"全部重送"可以让参赛公司部分或全部重新送出决策值。

1.6 在规定的最后一期课程结束后，教师点击"期末结算"功能，点击"结算绩效"进行最终结算，结算完成后，各类报表、图表均呈现出来，供老师与学生分析、比较、评判。

实训九 经营决策 PK 大赛

一、实训目标

(1) 锻炼学生熟悉运用商品流通理论、批发管理、零售管理、市场营销管理、会计学等知识经营一家连锁商业企业的能力。

(2) 锻炼学生制定商业企业的定价策略、采购策略、营销策略等能力，提高学生商业企业经营管理能力和市场竞争能力。

二、实训内容

(1) 介绍综合评价指标和公式。

(2) 学生制定有关商品价格、商品采购量、计划销售量、促销方式、广告费投入和员工培训费用等 45 个决策值。

(3) 学生制定春、夏、秋、冬一年四季的经营决策进行竞赛。

(4) 优胜组和落后组总经理、名牌店长、优秀采购经理、优秀营销经理发言，教师点评。

三、实训步骤

1. 介绍综合评价指标和公式

教师介绍六个综合评价指标和系统公式。

1.1 经济附加价值 EVA 指标

EVA 的基本理念是收益至少要能补偿投资者所承担的风险，即股东必须赚取至少等于资本市场上同类或类似风险投资回报的收益率。

EVA = 营业净利 × (1 - 税率) - WACC × (短期借款 + 股本)

其中 WACC = 税后负债成本 × 负债比率 + 权益成本 × 权益比率

1.2 客户满意度

客户满意度可以显示员工的服务质量与效率，代表企业对客户需求掌握的精准程度，精确程度高，则客户满意度程度高。

客户满意度 = 门市商品分配量 - 门市商品潜在销售量

1.3 市场占有率

市场占有率反映了企业某一时期的相对销售业绩。通常，根据计算的基础不同，可得出三种市场占有率：全部市场占有率、可达市场占有率与相对市场占有率。其计算公式如下。

全部市场占有率=企业某产品的销售额或销售量÷行业同类产品的销售额或销售量

可达市场占有率：企业某产品的销售额或销售量可达市场同类产品的销售额或销售量。所谓可达市场是指企业市场营销努力所及的市场。

相对市场占有率=企业某产品的销售额或销售量÷标杆企业的同类产品的销售额或销售量

根据所选标杆企业的不同，可得出两类相对市场占有率：以同行业 3 个最大的竞争者的总和作为"标杆企业"，可计算出一类相对市场占有率。一般情况下，该指标高于33%时即认为企业是强势的；以本行业的市场领导者作为"标杆企业"，可计算出另一类相对市场占有率。

由上述三种市场占有率的计算公式可看出，以本企业以及同行业其他企业已经实现的销售额或销售量作为计算依据，反映了本企业过去或临近现在的某一时期的相对销售业绩。这是关于市场占有率最直接的解释。

1.4　存货周转率

周转率的概念对于零售业是非常重要的，要保证一家门市以最佳的周转率营运，是企业提升营运绩效的基本功夫，也是所有经营管理层必须达到的多项经营指标之一。

存货周转率= 本期销货收入 ÷ 本期存货

存货周转是零售业获利的关键，商品周转快可以减少企业的费用，因为商品周转越快，企业所需的库存成本就越低，相关的利息费用、保险费用、仓储费用等都会减少。但另一方面，周转快也可能增加费用，商品的平均库存减少，企业在一段时间内的订货频率就会增加，这样可能会损失一定数量的折扣机会，并增加运输成本、通信费用、管理费用等。

1.5　商品采购力

创造利润是采购单位的重要职责，因此，综合评价中，以毛利率代表采购绩效，一方面应该以最适当的采购量争取采购成本最低；另一方面要与销售部门配合，以最适当的销售价格卖出。采购单位是零售业创造业绩的重要部门，建立完备的采购机制及评估制度对零售业的生存及发展有十分重大的影响。实务上，采购绩效的表现与进销存、商品结构比例、毛利率及商品周转率都有关联。

存货采购力= 本期商品定价 ÷ 商品采购进价

1.6　财务状况指标

财务状况指标用以检测企业在短期内可变现偿还流动负债的能力，速动比率越高，表示企业短期偿债能力越佳。

速动比率 = 速动资产 ÷ 流动负债

速动比率的高低能直接反映企业短期偿债能力的强弱，它是对流动比率的补充，并且所反映的情况比流动比率更加可信。如果流动比率较高，但流动资产的流动性却很低，则企业的短期偿债能力仍然不高。在流动资产中，有价证券一般可以立刻在证券市场上出售，转化为现金、应收账款、应收票据、预付账款等项目，可以在短时期内变现；而存货、待摊费用等项目变现时间较长,特别是存货很可能发生积压、滞销等情况,其流动性较差,因此流动比率较高的企业并不一定具有很强的偿还短期债务的能力,而速动比率就避免了这种情况的发生。速动比率一般应保持在100%以上。

速动比率更能精确地表明企业的偿债能力,用于衡量企业流动资产中可以立即用于偿付流动负债的能力。一般来说,速动比率越高,企业偿还负债的能力越高;相反,企业偿还短期负债的能力则弱。它的值一般以1为恰当。

2. 经营决策竞赛

各公司进行春、夏、秋、冬一年四季经营决策竞赛,结果以综合评价指标来排名。

3. 期末结算

系统进行期末结算,算出各家公司的经营业绩和排名。

4. 赛后总结

优胜组和落后组总经理、名牌店长、优秀采购经理、优秀营销经理发言,教师点评。

参 考 文 献

[1] 晁钢令. 商业业态创新是新一轮流通现代化的重要标志[J]. 中国流通经济，2013(09)：14-17.
[2] 陈文玲. 论社会化大流通的形成与发展[J]. 经济研究参考，1998(41)：8-19.
[3] 陈文玲. 现代流通体系的革命性变革[J]. 中国流通经济，2012(12)：21-23.
[4] 陈文玲. 当代流通发展的若干趋势[J]. 财贸经济，2001(04)：43-44.
[5] 陈文玲. 论社会化大流通[J]. 财贸经济，1998(02)：28-32.
[6] 刘义峰. 买断经销初探[J]. 经济经纬，1997(03)：42-43.
[7] 邓旭. 外贸代理制度的问题与重构[J]. 国际贸易问题，2011(06)：167-173.
[8] 郭军升. 委托代理视角下消费者间电子商务物流体系发展策略研究[J]. 生态经济，2011(06)：102-106.
[9] 胡晋青. 商品期货交易市场的发展创新[J]. 当代经济研究，2010(08)：65-68.
[10] 帕特里克·J.&卡塔尼亚. 商品期货交易手册[M]. 北京：中国对外经济贸易出版社，1990.
[11] 洪涛. 加快网上交易方式创新 促进期货市场现代化[J]. 财贸经济，2003(09)：50-52.
[12] 洪涛. 浅论我国商流批发市场的粮食栈单交易[J]. 北京工商大学学报(社会科学版)，2002(05)：20-22, 26.
[13] 徐从才，李颐. 论流通创新与贸易增长方式转变[J]. 商业经济与管理，2008(11).
[14] 徐从才. 流通经济学：过程、组织和政策(第二版)[M]. 北京：中国人民大学出版社，2011.
[15] 刚翠翠，任保平. 城乡双向商贸流通下连锁经营网络体系研究[J]. 中国流通经济，2011(03)：21-25.
[16] 李庆文，康博. 连锁经营发展问题的实证分析[J]. 统计与决策，2011(24)：186-188.
[17] 郑秀平. 浅析电子商务和现代物流融合发展[J]. 生产力研究，2012(01)：218-220.
[18] 丹下博文，姜旭. 从商流到现代物流时代的转变[J]. 中国流通经济，2010(11)：42-44.
[19] 霍焱. 传统百货向现代百货转型的战略研究[J]. 江苏商论，2010(09)：14-16.
[20] 金汉信，王亮，霍焱. 仓储与库存管理[M]. 重庆：重庆大学出版社，2008.
[21] 徐从才. 流通经济学：过程、组织、政策(第二版)[M]. 北京：中国人民大学出版社，2012.
[22] 徐从才. 高觉民. 贸易经济学[M]. 北京：中国人民大学出版社，2015.
[23] 吴小丁，王丽. 流通原理[M]. 北京：机械工业出版社，2015.
[24] 郭国庆，陈凯. 市场营销学(第五版)[M]. 北京：中国人民大学出版社，2015.
[25] 赵启兰，商品学概论[M]. 北京：机械工业出版社，2015.
[26] 陆影，陈文汉等. 商品学概论[M]. 中国人民大学出版社，2014.
[27] 陈葆华. 连锁经营管理与实务[M]. 北京：北京大学出版社，2014.
[28] 迈克尔·利维，巴顿·韦茨. 零售管理(第6版)[M]. 北京：人民邮电出版社，2016.

后　　记

  本书原计划于 2016 年春季结稿，但由于其中一款软件为企业版软件，用于教学上还需要做大量的程序调试、教学后台管理程序编译等工作，后经过多次和江苏创纪云网络科技有限公司沟通教学需求，在该公司的大力协助下，这款企业版的软件终于克服了各种困难被应用到贸易经济专业综合实验课上。虽然距离计划时间延长了一年，但能够给学生提供一款市场上为 300 多家零售、连锁企业提供优秀信息化产品及解决方案、客户规模和品牌价值在国内同业中名列前茅的商业管理软件，感觉很是欣慰。

  这本书是结合实验课上所使用的两款软件而进行编写的，同行中有需要了解两款软件的教学效果和相关信息，可联系作者 13770635294。另外，教材的基础认识部分主要是根据商品流通活动和实验操作内容进行的取舍，其实每一个章节都涉及一门完整的课程，但作为一本实验教材，实难囊括太多知识点和理论深度，只能力求选择实验课程中必备的知识基础作一铺垫。

  本书编写过程中，南京财经大学贸易经济专业高觉民教授、原小能教授、陶金国副教授都提出了许多宝贵的意见，清华大学出版社给予了大力支持，在此表示衷心感谢！

  本书汲取和引用了国内外许多学者的研究成果，已尽可能在脚注和参考文献中作了说明，在此一并表示感谢！由于实务实验课教材还处于探索阶段，加之本人水平有限，书中一定存在一些不足和有待改进的地方，欢迎读者多提宝贵意见。

编　者

2017 年 2 月 16 日完成